遇见 智识 与 思想

新悦

科学与宗教：不可能的对话

L'impossible
dialogue
SCIENCES ET RELIGIONS

中国社会科学出版社

图字：01-2019-2571号
图书在版编目（CIP）数据

科学与宗教：不可能的对话／（加）伊夫·金格拉斯著；范鹏程译. -- 北京：中国社会科学出版社，2019.10（2025.3 重印）
ISBN 978-7-5203-4479-1

Ⅰ.①科… Ⅱ.①伊… ②范… Ⅲ.①科学—关系—宗教—研究 Ⅳ.①B913

中国版本图书馆CIP数据核字（2019）第097557号

Original title: L'impossible dialogue: Sciences et religions
© Les Éditions du Boréal 2016
This simplified Chinese translation rights arranged through Rightol Media
（本书中文简体版权经由锐拓传媒取得Email: copyright@rightol.com）
Simplified Chinese translation copyright 2019 by China Social Sciences Press.
All rights reserved.

出 版 人	赵剑英
项目统筹	侯苗苗
责任编辑	侯苗苗　桑诗慧
责任校对	韩天炜
责任印制	郝美娜

出　　版	中国社会科学出版社
社　　址	北京鼓楼西大街甲 158 号
邮　　编	100720
网　　址	http://www.csspw.cn
发 行 部	010-84083685
门 市 部	010-84029450
经　　销	新华书店及其他书店
印刷装订	北京君升印刷有限公司
版　　次	2019 年 10 月第 1 版
印　　次	2025 年 3 月第 4 次印刷
开　　本	880×1230　1/32
印　　张	11.75
字　　数	220 千字
定　　价	72.00 元

凡购买中国社会科学出版社图书，如有质量问题请与本社营销中心联系调换
电话：010-84083683
版权所有　侵权必究

如果历史中有什么是确凿无疑的，那便是宗教对社会生活的影响越来越微弱了。最早的时候，宗教无所不包，任何社会事物都带有宗教色彩，"宗教"与"社会"俨然是一对同义词。后来，随着政治、经济、科学等功能逐渐从宗教功能中脱离出来另立门户，它们的世俗性质便表现得越来越明显。

——埃米尔·涂尔干《社会分工论》

| 目　录 |

引　言　001

第一章　科学解放遭遇神学羁绊　001
亚里士多德与早期的学院之争　/// 004
哥白尼"以身试法"　/// 012
开普勒遭到路德教的贬责　/// 017
伽利略诘问神学家　/// 021
红衣主教贝拉尔米内的天主教认识论　/// 026
宗教裁判所及其审理程序　/// 030
伽利略遭到检举，哥白尼成为罪人　/// 033
伽利略的"良机"　/// 045
致信英戈利投石问路　/// 048
伽利略获罪入狱　/// 051

第二章　哥白尼与伽利略：扎在教皇脚底的两根刺　065
佩雷斯克请求释放伽利略　/// 066

莱布尼茨捍卫哥白尼 /// 069
来自《百科全书》的恳求 /// 072
迟来的葬礼：伽利略终于入土为安 /// 077
激烈的对抗偃旗息鼓 /// 078
拿破仑获得卷宗 /// 081
为伽利略正名 /// 085
伽利略与第二次梵蒂冈大公会议：又一次良机 /// 087
若望·保禄二世登场 /// 094

第三章 从科学的中心到边缘：上帝的隐退 100

探求自然规律 /// 108
自然神学：为上帝服务的科学 /// 110
上帝：一个无用的假设 /// 118
地质学驳斥洪水神话 /// 119
达尔文的进化论 /// 125
人类的自然史 /// 131
宗教的自然史 /// 135
上帝的自然化 /// 138

第四章 被禁的科学 142

天主教学者的自我查禁 /// 143
鲁汶大学的查禁 /// 150

令教会不安的原子　　/// 155

世界的多重性　　/// 160

别了，女士们的天文学……　　/// 163

以"假说"为名的《自然史》　　/// 165

唯物主义与宗教历史批评遭到查禁　　/// 169

被排斥的进化论　　/// 182

第五章　从对抗到对话？　201

论调的演变　　/// 209

冲突的兴起　　/// 217

上帝的两本书不会相互矛盾　　/// 226

"对话"成为热门话题　　/// 229

邓普顿效应及科学与宗教关系史"产业"　　/// 234

第六章　何为科学与宗教的"对话"？　245

对话是一种辩论形式　　/// 247

对话的信徒　　/// 250

两个毫无交集的话语空间　　/// 253

物理学被用于玄秘神学　　/// 263

自然神学的回归　　/// 270

信仰的合理化无法实现　　/// 280

理性有边界吗？　　/// 283

第七章 信仰对战科学 288

两种文化的冲突　　/// 293
认识论走进法庭　　/// 298
无法相通的世界观　　/// 300
当祷告取代医学　　/// 304
西医范式对战祖传医术　　/// 309
选择及其后果　　/// 312

结　论　理性的赌局 314

鸣　谢 322

索　引 323

引　言

宗教让人各有所属，而理性却让道不同之人亦可相为谋。

——埃内斯特·勒南（Ernest Renan）[1]

无论从对象还是从方法上讲，科学与宗教都是截然不同的两大领域，然而自20世纪八九十年代起，它们二者的关系便一再引起人们的讨论，甚至不断有人提出要让二者进行"对话"。为什么会出现这种现象呢？本书的诞生正是源自这个问题。玛丽-维克托兰修士（Marie-Victorin）在20世纪20年代中期曾经提出，我们应当"让科学和宗教走上两条平行的道路、互不相犯"，而不应费尽心机、不惜一切代价地寻求科学发现与宗教信仰的"和谐共生"，[2] 事实上，在此前很长一段时间里，这个想法大概是科学界共同的心声。20世纪70年代，我还是物理学专业的学生，回想起来，当时的老师和同学们并不曾在课间就这方面的话题展开

---

[1] Ernest Renan, «L'islamisme et la science», CE uvres complètes, tome 1, Paris,Calmann-Lévy, 1947, p. 961.
[2] Frère Marie-Victorin, Science, culture et nation, textes choisis et présentés parYves Gingras, Montréal, Boréal, 1996, p. 85.

讨论，公开的辩论、文章或书籍就更是没见过了。20世纪80年代，我开始从事科学史和科学社会学的研究，这样的讨论依然少见，对此感兴趣的仅限于"反正统文化"主义者以及"新纪元运动"的信徒们。所以我便开始思考，究竟是什么原因让"科学与宗教的对话"再次得到了人们的关注呢？

正如我们将在本书第五章看到的那样，这些问题之所以会在知识分子中再度兴起，其中一个原因就是1979年11月教皇若望·保禄二世（Ioannes Paulus Ⅱ）决定重新审理伽利略案。无论是对于普通大众还是专家学者来说，提到科学思想与宗教信仰的冲突，伽利略无疑是最具代表性的例子。教廷圣职部对伽利略的判决发生在1633年6月，仅这个事实就足以让我们意识到，科学与宗教早已是旧相识，而且在不同的历史阶段，它们还因为种种原因经历过几次算得上激烈的交锋。可是，即便1979年天主教教皇的决定将人们的视线再次引到了科学与宗教的关系上来，这个决定也仅仅是一个"导火索"，并不至于让这个问题大热。那么除此之外的原因就是，20世纪60年代和70年代兴起了反正统文化主义与新纪元运动融合而成的新思潮。这种思潮试图将古老的哲学和宗教传统与在人们看来"神秘"的、有违逻辑与"常理"的量子物理联系起来，这便创造出了一片沃土，不少大众书籍应运而生，纷纷声称"最先进"的科学证实了宗教传统"最古老"的直觉。[1] 其中最具代表性的便是物理学家弗里肖夫·卡普拉（Fritjof Capra）在 1975 年出版的《物理学之道》。自此之后，出版商们便发现了商机，20 世纪 80 年代以来，以科学、宗教、神（上帝）三个词语为题的书籍如雨后春笋一般。我们不需要知道究竟有多少本书将上帝与科学联系在了一起，这些联系通常都是肤浅的。它们的作者是虔诚的宗教信徒也好，是只为谋取利益的无耻之徒也罢，这都无关紧要。正如我们在第六章将会看到的那样，我们在这里所要分析的，是科学发现如何成了证明宗教或神学见解的帮手。宗教、神学本与科学毫无关联，但它们利用自己的威望告诉最虔诚的信徒们，现代科学与他们的信仰其实是一致的。此外，基要派逐渐兴起，外界对科研人员内心深处的信仰不断产生质疑，不少科学家及其所在的科学机构为了表示自己并不抵制宗教，不得不支持科学与宗教的结合。可是，这种结合虽然不再质疑现代科学，但其最终的结论并不是引导人们走向无神论，而是让人们相信大自然是由一个超自然的存在所创造的。

还有一个原因导致了近 30 年来讨论科学与宗教关系的书籍大量增加，那就是约翰·邓普顿（John Templeton, 1912—2008）及其基金会的作用。我们会在第五章和第六章看到，这个资产超过

---

[1] Yves Gingras et Geneviève Caillé, «Nouvel Âge et rhétorique de la scientificité», *Interface*, vol. 18, n° 2, 1997, pp.3-4, pp. 6-8.

十亿的基金会每年都会将数千万美元的资金资助给有志于对科学、宗教和精神之间的关联性进行研究的科研人员。而且从20世纪90年代中期开始，邓普顿奖曾多次被颁发给了直接或间接用宗教或精神来解释现代物理学的天体物理学家。此外，为使科学与宗教的"对话"成为科学史的一大主题，邓普顿基金会也发挥了重要的作用——如果信仰能够拔山举鼎，金钱只会让这个过程更加容易。通过第六章我们还会知道，这些所谓的"对话"实际上只是将自然神学的老话题进行了重新阐述，其观点自17世纪末以来一直都没有太大的变化。

但是在分析科学与宗教的对话为何会再度成为热点之前，我们首先需要回顾它们漫长的交锋史。如今许多科学史专家都倾向于认为，科学与宗教之间的斗争并非是一种必然，但事实上，一些科学理论的确与某些宗教信仰格格不入。宗教信仰全都来自经书，而经书上的内容往往被认为是神圣不可侵犯的。宗教与科学对世界有着不同的认识，从某种意义上讲，因认识上的差异而造成斗争是一种偶然，因为只有当社会团体或机构有组织地采取行动来抵制与宗教相违背的科学主张时，二者之间的矛盾才会演变为公开的斗争；但从另一方面来看，一旦科学研究所涉及的问题在"神圣"的宗教经文中已有论述，出现冲突其实也是意料之中的事情，甚至可以说是在所难免的。总体看来，数学和分类学几乎很少与宗教交手，但宇宙学、地质学、进化生物学以及宗教史、人类起源史等人文社会科学则与宗教存在着诸多纷争。正如社会学家马克斯·韦伯（Max Weber）在20世纪初所指出的那样，"只要理性经验认识有条不紊地揭开世界的神秘面纱、揭示事物的因果关系，它就终将与上帝主宰一切的伦理观念相对峙"。这种对峙"对意识与思维的冲击程度因人而异，差别很大"。[1]

不可否认，科学与宗教在历史上有过多次交锋，这些交锋通常都牵扯着不同利益团体，甚至关系到利益相对立的团体之间的权力斗争。在现代科学发展的初期，即17世纪，基督教会掌握着绝大部分的知识分子，而科学机构的力量相对薄弱。1633年，伽利略受到了教会的惩治，这成为科学与宗教整个交锋史中的一个标志性事件，我们将分两章对此进行研究。在第一章，我们会看到，学者和神学家之间的权力斗争是伽利略最终被判刑的原因。第二章将回顾科学家们在随后三个世纪为给伽利略平反所做出的诸多努力。1992年，在伽利略逝世350周年之际，教皇若望·保禄二世终于改写了历史。在第三章我们会知道，尽管长期以来科学与基督教神学争论的焦点一直是宇宙学，但到了19世纪初，自然历史学与地质学不断发展，逐渐站稳脚跟，自然主义的方法被渐渐应用于整个自然界，最终导致科学与神学逐渐分离开来。第四章将回顾罗马教廷及其下属的禁书审定院和宗教裁判所在17世

---

[1] Max Weber, *Sociologie des religions*, traduction de Jean-Pierre Grossein, Paris, Gallimard, coll. «Tel», 1999, p. 448.

纪初到20世纪中叶屡次查禁科学书籍的历史——这段历史可以反驳20世纪80年代末以来，认为科学与宗教在历史上不存在或是基本不存在严重冲突的主流论调。我们还会发现，尽管许多新教教派的机构建设并没有天主教会那么完善，但禁止图书出版、排斥异己的手段却一点儿不比天主教会逊色，只要某个学者的科学观念与宗教信条相违背，宗教组织就有办法让他闭口不言。

虽然天主教会最终失去了对世俗社会的掌控力，但中央集权程度较低的地方宗教组织（如新教团体和穆斯林团体）却一直具有很大的影响力。事实上，对于在他们看来有违宗教教义的科学理论（如进化论）或是有违伦常的科学研究（如干细胞研究），他们往往会施加压力，设置重重障碍阻挠这些科学成果进入课堂。一些团体会以他们的宗教信仰为由，希望某些话题彻底消失，说这些话题"伤害"或"冒犯"了他们"灵魂深处"的信仰。为了限制科学理论的教学，这些团体有的会控制当地的学校，有的会让政府制定相关法律，这类情况在一些伊斯兰国家（自20世纪80年代以来）以及美国最保守的几个州（自20世纪20年代以来）都有出现。他们还会用科学外壳来包装宗教观念，然后通过教学将其灌输到年轻人的思想中（如"智慧设计论"）。[1]

---

[1] 关于该问题的书籍浩如烟海，在此列出一本文献供参考：Randy Moore, Mark Decker et Sehoya Cotner, *Chronology of the Evolution-Creationism Controversy*, Santa Barbara (Californie), Greenwood Press, 2010。

尽管如此，现如今，科学的权威性几乎已经无可争议，而正是因为科学变得强大了，好多教派开始借助科学的力量来证明宗教的合理性，我们将在第六章谈到这一点。可以说，与宗教信仰相违背的科学理论遭到了何等的抵制，与宗教信仰相契合的科学道理就受到了何等的追捧。

在这里，我们需要对"科学"和"宗教"两个词语进行一些说明，以免造成混淆。尽管科学所包含的研究对象和研究方法种类繁多，在本书中，该词的书写以单数形式为主，这样做一方面是为了简化书写，更重要的是为了强调现代科学的共性：无论是自然科学还是社会科学，各个学科都旨在对人们能够观察到的现象进行解释，所有理论和概念均不涉及任何超自然的力量。这便是人们所说的"科学自然主义"，也有人称之为"方法论自然主义"，因为一切都是以科学方法为基础的。当然，正如本书的前几章将会展现的那样，科学与宗教的分离是一个循序渐进的过程。一些历史学家以科学与宗教的内涵在不断演化为由，建议避免谈论"科学与宗教"之间的冲突，但这是不可能的，就连他们自己都做不到——所有关于这个主题的书籍都用到了"科学"和"宗教"这两个词。[1]

至于"宗教",众所周知,给这个词下一个完美的定义是不可能的。[2] 本书并不以界定宗教的"本质"为目的,我们只是试图分析西方世界 17 世纪以来科学与宗教组织之间的历史关系,因此我们只需要区分哪些是个人的宗教信仰,哪些属于宗教组织的范畴。个人的宗教信仰是私人领域的问题,并不是本书所关注的内容。宗教组织是指中央集权程度或高或低的团体、教会,其发言人由神学家、牧师、伊玛目等来担任,他们是宗教教义的守护者、捍卫者和宣扬者。在不同时期、不同地区以及中央集权程度不同的宗教组织里,这些发言人或多或少都能够直接或间接地对当地社会和人民行使一定的管理职能。因此,宗教社会学家达妮埃尔·埃尔维厄-莱热(Danièle Hervieu-Léger)将宗教定义为"构成、维持、发展并管控同一信仰派系中的个人意识与集体意识、具有实用性和象征性的意识形态机构"。[3] 显然,本书所关注的是宗教置科学的自主研究权于不顾、对科学所施加的管控。尽管宗

---

[1] David B. Wilson, «On the Importance of Eliminating *Science* and *Religion* from the History of Science and Religion: The Cases of Oliver Lodge, J. H. Jeans and A. S. Eddington», dans Jitse van der Meer (dir.), *Facets of Faith and Science,* Lanham (Maryland), University Press of America, 1996, vol. 1, pp. 27-47; David N. Livingstone, «Which Science? Whose Religion?», dans John Hedley Brooke et Ronald L. Numbers, *Science and Religion Around the World,* Oxford, Oxford University Press, 2011, pp. 278-296.
[2] Pierre Gisel, *Qu'est-ce qu'une religion?*, Paris, Vrin, 2007.
[3] Danièle Hervieu-Léger, *La Religion pour mémoire*, Paris, Éditions du Cerf, 1993, p. 119, 摘自 Gisel, *Qu'est-ce qu'une religion?*, p. 16。

教如今已经成为社会科学的一个研究对象,但在过去,"宗教是科学的敌人",前人"为使知识脱离宗教获得解放"做出了诸多"抗争",这才造就了今天相对自主的科学界。[1]

现代科学偶尔会被称为"西方"科学,它产生于意大利和西欧的一些国家(英国、法国、荷兰以及日耳曼国家),主要是在基督教的环境中发展起来的。另外,总体来讲,伊斯兰国家自17世纪以来在科学领域并没有发挥核心作用。基于这两个原因,本书所涉及的宗教组织主要为基督教会。[2] 因此,与现代科学多次交锋的就是基督教,尤其是其中的一个分支——天主教,教廷圣职部(宗教裁判所)和禁书审定院是它的左膀右臂,在宗教改革之后,一些新产生的新教教会也参与了进来。[3] 一些辩论在伊斯兰世界也引起了共鸣,比如19世纪下半叶关于达尔文主义的讨论就曾延伸到一些殖民地教育机构。19世纪60年代中期,美国福音派基督徒在贝鲁特开设了叙利亚新教学院(1920年成为贝鲁特美国大学),关于物种进化的讨论通过这些教徒传播到了那里。这所

---

[1] Danièle Hervieu-Léger, «Faut-il définir la religion? Questions préalables à la construction d'une sociologie de la modernité religieuse», *Archives des sciences sociales des religions*, vol. 63, n° 1, 1987, p. 13.
[2] Ahmed Djebbar, *Une histoire de la science arabe*, entretiens avec Jean Rosmoduc, Paris, Seuil, coll. «Points sciences», 2001; 另参见 Ahmad Dallal, *Islam, Science and the Challenge of History*, New Haven (Conn.), Yale University Press, 2010。
[3] David C. Lindberg et Ronald L. Numbers (dir.), *God and Nature: Historical Essays on the Encounter Between Christianity and Science*, Berkeley, University of California Press, 1986; David C. Lindberg et Ronald L. Numbers (dir.), *When Science and Christianity Meet*, Chicago, University of Chicago Press, 2003.

学校培养的年轻穆斯林知识分子发现,人们对科学与宗教的关系已经形成了一种固定的认识,于是他们就仿照这个思路提出了科学与《古兰经》之间既相合又相斥的关系。[1] 但是,石油生产国的国家地位和政治地位自 20 世纪 80 年代才得到肯定,伊斯兰教对进化论的批评之声从那时起才日渐高涨起来。[2]

正如社会学家金承哲(Seung Chul Kim)所指出的那样,在"科学与宗教"这一类别下的许多文章实际上都是在研究科学与基督教之间的关系,绝大多数文章甚至只涉及基督教。[3] 这是因为,如果一种信仰没有能够给人以启发的经文、没有唯一的神灵,我们大概就不能称之为"宗教"。[4] 此外,泛神论的宗教认为自然就是造物主,因此很少与科学产生矛盾。这样看来,与科学多少有过"斗争"的宗教仅为基督教、伊斯兰教和犹太教也就并不是一种偶然了,这三种宗教的信徒都受到经书的指引,他们认为他们的经文具有启示意义、神圣无比,而这些经书对宇宙都有自己

---

[1] Donald M. Leavitt, «Darwinism in the Arab World: The Lewis Affair at the Syrian Protestant College», *The Muslim World,* vol. 71, n° 2, 1981, pp. 85-98; Nadia Farag, «The Lewis Affair and the Fortunes of al-Muqtafat», *Middle Eastern Studies,* vol. 8, n° 1, 1972, pp. 73-83; Marwa Elshakry, «The Gospel of Science and American Evangelism in Late Ottoman Beirut», *Past & Present,* n° 196, 2007.8, pp. 173-214.
[2] Stefano Bigliardi, «The Contemporary Debate on the Harmony Between Islam and Science: Emergence and Challenges of a New Generation», *Social Epistemology,* vol. 28, n° 2, 2014, pp. 167-186.
[3] Seung Chul Kim, «Śūnyatā and Kokoro: Science-Religion Dialogue in the Japanese Context», *Zygon,* vol. 50, n° 1, mars 2015, pp. 155-171.
[4] 这一点参见 Daniel Dubuisson, *L'Occident et la Religion. Mythes, science et idéologie, Bruxelles, Éditions Complexe, 1998*。

的阐释，因此，对其字面意思的解释就可能会与现代科学发现相抵触。

***

从组织的角度来讲，在某种程度上，本书并不符合 20 世纪 80 年代中期以来科学史学家对于科学与宗教关系的主流思想。在所有关于科学与宗教关系的讨论中，相当一部分都混淆了科学家的个人宗教信仰与教会作为一个组织所发表的主张。令人惊讶的是，人们总是如出一辙地低估科学与某些宗教信仰以及宗教组织之间最为严重的冲突，他们混淆分析标准，甚至还会有意忽略某些信息（第五章将具体举例）。某位学者因为宗教信仰或是出于宗教方面的原因产生了某种想法，最终在科学研究中有所建树，这在人物传记中也许是个有趣的故事，但它完全不能说明宗教组织对于科学发现的态度。[1]科学史学家约翰·赫德利·布鲁克（John Hedley Brooke）可能是 20 世纪 80 年代末以来对科学与宗教关系史"产业"贡献最大的一位，他写道："通过对科学史的严肃研究，我们发现，科学与宗教的关系十分复杂、内容极为丰富，总述性

---

[1] 这样的例子不胜枚举，在此仅举一例作为参考：Michael J. Crowe, «Astronomy and Religion (1780-1915): Four Case Studies Involving Ideas of Extraterrestrial Life», *Osiris*, vol. 16, 2001, pp. 209-226。

的观点往往会以偏概全。"[1]在他这句话里,"严肃"就意味着不能无视各个事件的独特细节、不能跨过某些历史阶段、不能"不严肃"地笼统概括;"复杂"就意味着不能将不同的组织混为一谈,同时也不能认为所有的事件都完全是偶然发生的。这种说法让人无法做出任何总结性的断言,也使科学与宗教成为一锅"大杂烩",最终只能让我们得出"万物尽在万物之中"的结论,难以理出头绪。然而,在个人层面隐而未现的问题在组织层面往往会变得一目了然。说起科学与宗教之间的"复杂性"——有些人甚至称之为"复杂性论题",生怕别人不知道历史研究的一切都无比复杂!——我们不禁想起了一位物理学家的故事:他试图通过研究单个分子的轨迹来了解封闭空间内气体的特性。在分子层面,单个分子会与其他分子不断发生不可预测的碰撞,它的轨迹显然也就是随机的了。但如果从更高一级的层面来看,这种微观世界的混沌遵循着一个非常简单的法则,那就是气体的压力与它的体积和温度相关(玻意耳定律)……

所以,从方法论的角度来讲,首先必须要明确我们所要分析的层次。此外,正如第三章将要说明的那样,还有必要将研究范畴和评判范畴区分开来。科学研究与每个人的个人信念有关,因此会包含强大的宗教或精神力量。对于科学研究的评判则是组织层面的事

---

[1] John Hedley Brooke, *Science and Religion: Some Historical Perspectives,* Cambridge, Cambridge University Press, 1991, p. 5.

情，游戏规则由组织来制定，哪些观点是科学界可以合法接受的也由组织来界定。由于科学是一项集体性的活动，科学研究的成果会受到学术界的评判，或得到认可，或遭到驳斥，或被进一步讨论，在这个过程中，尽管有些学者显然会出于宗教的考虑选择自己的立场，但每个人的宗教信仰都不构成成文的评价标准。爱因斯坦便是一个很好的例子。他发表了很多关于"宗教"的文章，但他其实更应该算是一位泛神论者，他认为，如果一位人格化的上帝可以满足世人的各种需求，那这种信仰未免也太过简单化了。20 世纪 40 年代初，他提出"宗教和科学之所以会产生当前这样的冲突，主要原因就在于人格化上帝这个观念"，宗教界的高层人士"应当达到一定的思想高度，舍弃人格化上帝这一教义"。[1] 我们当然可以对这两个范畴都进行研究，但本书将会重点关注第二个范畴（组织范畴），因为长期以来，人们一直都过于集中在第一个范畴（个体范畴）上，而忽略了第二个范畴的问题。

在立场上，近来的研究大多将科学与宗教之间广为人知的冲突"大事化小"，甚至还会努力发掘压制科学的积极意义。最好的事例便是将在第一章出现的有关亚里士多德（Aristote）的例子：1277 年巴黎主教艾蒂安·唐皮耶（Étienne Tempier）公开谴责亚

---

[1] Albert Einstein, *Conceptions scientifiques, morales et sociales*, traduction de Maurice Solovine, Paris, Flammarion, 1952, pp. 30-32. 关于分析各宗教对爱因斯坦科学研究的应用，参见 Max Jammer, *Einstein and Religion, Princeton (New Jersey),* Princeton University Press, 1999。

里士多德提出的自然哲学。大卫·C.林德伯格（Lindberg）和罗纳德·L.南博斯（Numbers）认为，这件事很好地说明了"基督教与科学关系的复杂性"，因为哲学家们虽然失去了一定的思辨自由，但仍然有所收获！只要他们接受了上帝万能的观念，他们完全可以思考其他的问题，比如去想一想亚里士多德所不相信的虚空的存在。两位作者在他们的文章中援引了物理学家、化学家、天主教哲学家皮埃尔·迪昂（Pierre Duhem）在20世纪初提出的观点，此人甚至认为对亚里士多德的谴责为现代物理学开辟了道路。[1]这种推理实际上是非常值得质疑的，因为它以"复杂性"为幌子，最终认为对科学采取的查禁措施具有积极意义！按照这种思维方式，我们应该感谢天主教会判处伽利略永远不得踏出住所，因为这让他能够潜心写作，在被关押了五年之后于1638年发表了新的著作——《关于两门新科学的对话》！这些分析总是将一切都归结于个人信仰，而完全忽视了宗教组织的作用以及科学相对于其他社会领域的相对自主性。

17世纪初以来，人们开始寻找"适当的立场"，其结果是科学与宗教的冲突被大大弱化。关于科学与宗教这个话题，布鲁克的作品最常被学者们所引用，但我们惊异地发现，在这本350页

---

[1] David C. Lindberg et Ronald L. Numbers, «Beyond War and Peace: A Reappraisal of the Encounter Between Christianity and Science», *Church History*, vol. 55, 1986, pp. 338-354. 林德伯格和南博斯都认为科学与宗教是相互一致的关系，他们二人和布鲁克都是这一观点的主要推崇者。

的书中，只有一处提到了科学类书籍被天主教会列为禁书，布鲁克由此得出，"我们不应当夸大禁书审定院和宗教裁判所对科学的压迫"，"相比而言，只有很少的科学类书籍被列入了禁书目录"。[1] 另一种弱化冲突的方法是单纯从知识的角度来阐述科学与宗教之间的关系。布鲁克就是这样，他非常全面地介绍了布封（Buffon）的《地球形成史》，但该书与宗教的关系却被一笔带过，只说了一句他的理论"使他受到了指责，教士们谴责他亵渎宗教，一些自然主义者也批评他考虑不周"。[2] 在这样一本专门阐述科学与宗教之间关系的作品中，读者通过如此模糊的表述很难猜到批判布封的正是索邦神学院，也不会想到索邦神学院作为官方审查机构罗列了布封作品中所有应受谴责的观点，更不会知道布封最终不得不宣布放弃某些观点，我们将在第四章对此进行详述。理查德·奥尔森（Richard Olson）也对科学与宗教的关系做了研究，他研究的阶段是从哥白尼时期到达尔文时期。在提到布封时，他只写了寥寥数语："为了尽量减少与基督教传统之间的分歧，布封提出地球的历史可分为六个时期，这与上帝用六天的时间创造了世界的说法相吻合，只是每一个历史时期长达几千年而已。"[3] 同布鲁克

---

[1] Brooke, *Science and Religion*, p. 108. 除特别说明，所有引文均由本书作者翻译。另外，在此处的引文中，原书作者布鲁克并没有给出具体数据进行比较。
[2] Ibid., pp. 234-235.
[3] Richard Olson, *Science and Religion, 1450-1900: From Copernicus to Darwin*, Baltimore, Johns Hopkins University Press, 2004, p. 183.

一样，他也没有写明索邦神学家对布封的指责，因为如果写出来，那么"冲突"就太显而易见了，而世界的主流论调是宗教与科学的和谐统一，是"对话"，是"和合"。最后，还有一种方法可以粉饰科学与宗教的冲突，那就是诡辩。例如，历史学家彼得·哈里森（Peter Harrison）认为，伽利略受到斥责不能说明科学与宗教之间存在矛盾，而是说明一方面，科学内部存在矛盾，另一方面，宗教内部存在矛盾！这仿佛是说，科学家之间存在争议就意味着科学与宗教之间不存在争议。这种诡辩也是因为忽视了宗教组织在伽利略一案中发挥的作用。[1]

在19世纪前三十多年里，科学与宗教之间的冲突频频被人们提及（我们将在第五章谈到），这些冲突首先关系到的是各个宗教组织，而不是科学家个人的信仰，因为一直以来[2]，科学家们显然都能够根据自己的需要将私人的宗教信仰与全社会共享的科学实践进行调和。因此，我们在此并不需要知道哪些科学家是宗教信徒、哪些是无神论者、哪些是不可知论者，而是要知道科学界是如何在组织层面、方法论层面和认识论层面逐渐从种种神学或宗

---

[1]　Peter Harrison, *The Territories of Science and Religion,* Chicago, University of Chicago Press, 2015, pp. 172-173. 此书是吉福德讲座的成果，该讲座开办于1888年，旨在宣传自然神学和对上帝的认识（www.giffordlectures.org）。在这样的背景下，作者最大限度地弱化了科学与宗教之间的紧张关系，并且继许多人之后，也认为科学与宗教之间的冲突不过是一个"传说"。
[2]　可参看作品集 *Le Savant et la Foi,* sous la direction de Jean Delumeau, Paris, Flammarion, coll. «Champs», 1991.

教观念中脱离出来，获得自主。当然，所有的科学都有一些形而上的假设，这些假设并不是属于个人的，而是体系内普遍接受的，不应当使用"类宗教"或"形而上宗教"[1]这样的词汇将其与宗教信仰相混淆。牛顿相信，绝对时空是"上帝的感官"，但这并不意味着那个时代的物理学家在应用牛顿的理论时都必须相信这一点。正如我们将看到的那样，17—19世纪，科学与宗教信仰之间的界限日渐明晰，这种现象在各个学科都有体现：最初是天文学（哥白尼）和物理学（伽利略），后来是地质学（赖尔）和自然历史学（达尔文），最后还出现在了人类起源学说（达尔文）和宗教史（勒南）领域。科学与宗教在体制上和认识论上相互分离至关重要，也正是因为这一点，即便是信仰天主教的科学家也从不会直接用上帝来解释他们学科中的自然现象。换句话说，方法论和认识论的自然主义为科学获得自主做出了贡献。此外，科学与宗教的冲突的确也存在于组织层面和认识论层面，因为很多支持科学自主的人本身也是神甫、牧师或耶稣会士，他们知道如何将个人信仰和独立的科学知识区别开来。[2]

几个世纪以来，每一次科学与宗教的冲突诚然都有其特定的社会背景和政治背景，事件的形式及发展过程都会受到这些背景

---

[1] 可参考 Crowe, «Astronomy and Religion (1780-1915)», p. 225, 以及 John Hedley Brooke, «Religious Belief and the Content of the Sciences», *Osiris*, vol. 16, 2001, pp. 3-28。
[2] Don O-Leary, *Roman Catholicism and Modern Science. A History,* New York, Continuum, 2007.

的影响，但除了时间、地点不同之外，如果我们能够超越个人层面，不把目光聚焦在事件发生的当年、当周（微观科学史通常会关注这些细微的内容），那么我们就有可能发现这类事件的一些共性。由于本书要对科学从宗教中独立出来这个漫长的过程进行回顾，我们不妨先来回味哲学家皮埃尔·迪昂写过的一段话：

> 一个仅仅向大海望了几眼的人是看不出潮涨潮落的。他会看到浪花翻腾、涌向沙滩，然后又毅然离开刚刚被征服的那一片狭长的沙地，向后退去。浪花来了又走，走了又来，有的走得更远，有的却连刚才被打湿的石子都没有碰到。但是，波浪来而复去、去而复来都只是表面现象，深层的海水事实上都在向同一个方向运动。对于逗留片刻的游客来说，这种更深刻、更缓慢的潮涨潮落是他们无法感知的。[1]

本书将追溯17世纪至今宗教与科学相互分离的历史以及期间发生的多次冲突。我们会从科学的角度而不是神学或宗教组织的角度来讨论这个问题。因为从神学或宗教组织的角度，自然科学被应用于神学，成为诠释经书的助手，这种调和主义的做法使经文所要表达的意思与最新的科学成果并无矛盾，如果要详尽这些

---

[1] Pierre Duhem, *La Théorie physique. Son objet, sa structure*, deuxième édition revue et augmentée, Paris, Vrin, 1981, p. 53.

历史，恐怕就需要另外成书了。在本书中，我们会简要介绍这些为宗教信仰提供理性依据的"自然神学"。"自然神学"的主要论证方法在四个世纪以来从未改变过，那就是借助大自然的美不胜收和巧夺天工来证明超乎自然的上帝是真实存在的。唯一的区别在于不同时期的例子各不相同：17世纪，人们会拿"钟表匠"或结构复杂的眼睛来"说明"造物主的作用，如今，"大爆炸理论"或"精密微调"（fine tuning）则会更多地被人们所提及。这种体现着理性主义的宗教观念源于托马斯主义，第二次梵蒂冈大公会议以前的天主教神学都是以托马斯主义为基础的。信仰主义当然不同意这一套，因为它认为信仰属于信念的范畴，是一种内在的观念，无关理性和科学。[1]至于科学如何能够证明宗教神学，当某种科学发现得到广泛认可时，已经无力驳斥它的神学家们为了迎合这些科学发现又是如何阐释《圣经》的，这些有趣的故事还是留给研究神学史的学者们来书写吧（神职人员对于现代物理学和天文学的一些解读甚至会令人捧腹）。[2]

---

[1] Yves Gingras, «Duns Scot vs Thomas d'Aquin: le moment québécois d'un conflit multi-séculaire», *Revue d'histoire de l'Amérique française*, vol. 62, n° 3-4, 2009, pp. 377-406.

[2] 关于对当代科学的诸多神学解释，请参阅弗朗索瓦·厄韦（François Euvé）在下述刊物中对科学与神学的汇总分析 *Recherches de science religieuse*, tome 96, 2008/3, pp. 459-478, tome 98, 2010/2, pp. 303-319, tome 100, 2012/2, pp. 295-312, tome 102, 2014/4, pp. 609-632; 另参见 Alexandre Ganoczy, «Quelques contributions récentes au dialogue entre sciences de la nature et théologie», *Recherches de science religieuse*, tome 94, 2006/2, pp. 193-214; 关于对"新自然神学"的辩证批评，参见 Barbara Herrnstein Smith, *Natural Reflections: Human Cognition at the Nexus of Science and Religion*, New Haven (Conn.), Yale University Press, 2010, pp. 95-120。

最后，尽管科学机构和宗教组织越来越泾渭分明，各种宗教组织仍然不断从外部施压（社会压力和政治压力）来限制科学研究的自由。事实上，各种宗教团体一直相信他们的经文是上帝的旨意，甚至是上帝的金口玉言，因此是"神圣"的，其字面意思不容置疑。对于那些有悖于"神谕"的研究，他们也许永远都不会放弃抵制。20世纪80年代以来，受到抵制的主要是进化论，由于这一理论对伊斯兰世界和基督教世界都有很大的冲击力[1]，所以全球多地都出现了抵制活动。一些有组织的团体希望人人都信仰他们的宗教，一直试图以信仰之名削弱科学的自主权，抵制进化论便成为他们近来的工作之一。

正如我们将在第七章看到的那样，原住民信仰的影响力越来越大，所谓的传统医学得到了越来越多人的信赖，这都提醒着我们，科学实践既不是与生俱来的，也没有被所有人所接受，同时，正如社会学家马克斯·韦伯所说的那样，科学实践建立在文化假设之上，如果这些假设没有得到各方的一致认可，那么就会产生聋人之间的对话，形成无法相容的思想阵营。近来科学思想遭到的质疑也让我们再次意识到，科学的相对自主是斗争取得胜利的结果，但如果认为这是一场一劳永逸的斗争，那也未免太过天真。在本书的结尾，我们提出，必须要选定自己的立场，而且个人和

---

[1] Stefaan Blancke, Hans Henrik Hjermitslev et Peter C. Kjærgaard (dir.), *Creationism in Europe, Baltimore (Maryland),* Johns Hopkins University Press, 2014.

集体的选择一旦确定,就要勇于承担其后果。

1616年3月5日,禁书审定院颁布教谕,正式禁止了哥白尼的"地动说"(伽利略的观点也间接被禁)。2016年,这次用宗教教条否定科学自主的查禁事件"迎来"了400周年"纪念日"。纪念活动向来都可以帮助我们反思历史,哥白尼事件的400周年纪念日提醒我们,尽管人们常常使用"科学与宗教的对话"这样平和的字眼,但事实是很难被掩盖的。正如哲学家亚瑟·叔本华(Arthur Schopenhauer)在1850年所说的那样,"一仆不能同时侍奉二主:在理性和《圣经》之中,我们只能选择其一。试图在二者之间找到恰到好处的位置,无异于在两把椅子之间落座"。[1]

---

[1] Arthur Schopenhauer, *Sur la religion*, traduction d'Étienne Osier, Paris, Flammarion, 2010, p. 170.

第一章
科学解放遭遇神学羁绊

夜晚,我迷失在一片无边的森林之中,只能映着微弱的烛光踽踽而行;这时出现了一位陌生人,他对我说:"朋友,把蜡烛熄灭更容易找路。"这个人是位神学家。

——狄德罗

物质研究、精神研究以及社会研究最初都属于哲学范畴。17世纪，现代自然科学建立起来，逐渐脱离了哲学领域，在19世纪发展出了专业性日渐增强、研究工具日益完善的众多学科。在这个过程中，涉猎多个知识领域、通常是自学成才的"自然哲学家"渐渐被专业更加明确、将全部精力投入研究之中的"科学家"所取代。19世纪30年代初，哲学家、数学家、英国国教牧师威廉·休厄尔（William Whewell）创造了scientist（科学家）这个英语词，用来取代之前的natural philosopher（自然哲学家），法语根据scientist这个新词也为原来只做形容词来使用的scientifique一词增加了名词词性。[1]新词的诞生说明社会发生了显著的变化，体现出科学已经成为一项专业分工更加细致、需要由专业人员来从事的活动。

正如我们将在本章看到的那样，科学逐渐从其他的社会领域中脱离出来获得自主、科学思维传播到整个自然领域和社会领域的过程并非一帆风顺，其间与神学家产生了诸多冲突。神学家一词是柏拉图创造的，其希腊语theologos是指"关于神灵的理性话语专家"。基督教会延续了古希腊哲学的这一传统思想，让神学家来诠释唯一的上帝。就这样，一神论教会（基督教、犹太教、伊斯兰教）的领袖们成了宗教的守护者，他们将经书（《旧约全书》

---

[1] 在现代法语中，scientifique做名词表示"科学家、科学工作者"，做形容词表示"科学(上)的、具有科学性的"。——译者注

《摩西五经》《古兰经》）奉为"圣物",认为世俗知识必须服从于神通过经书向人们揭示的知识,在很长的一段时期内,这种观念一直是社会的主流观念。当然了,只有当学者的研究内容有可能与宗教相悖时,教会才会和他发生冲突。事实上,冲突的双方从来都不是整个科学领域和整个宗教世界,只有那些研究内容已经有神学解释的个别学科与宗教存在矛盾。这样看来,物理学和天文学首当其冲就不足为奇了,因为这些学科直接触及了基督教的宇宙论。

信仰与理性之间的交锋甚至可以追溯到基督教起源之时,最初的论战发生在坚持古希腊多神论的哲学家与基督教的神学家、神父之间。基督教神学家和神父需要证明基督教思想符合希腊语中"哲学"一词的定义、是一种名副其实的哲学,而且秉持这种新哲学的人能够用理性的理由来证明世间存在着唯一的上帝,这样一来,他们便与此前占主导地位的多神论思想产生了矛盾。[1]然而,科学与宗教的冲突真正进入组织层面,则要等到亚里士多德关于自然的著作在中世纪被人们发现的时候。伊斯兰世界同样就信仰与理性的关系展开了论战,安萨里(Al-Ghazali, 1058—1111)认为哲学必须服从神学,而伟大的法学家、亚里士多德哲学的诠

---

[1] Sébastien Morlet, *Christianisme et Philosophie. Les premières confrontations (Ier-VIe siècle)*, Paris, Le Livre de poche, 2014; Georges Minois, *L'Église et la Science. Histoire d'un malentendu: de saint Augustin à Galilée*, Paris, Fayard, 1990.

释家伊本·路世德（Ibn Rushd, 1126—1198）则认为哲学必须要独立自主。[1]13 世纪初，基督教世界各个大学的文学院都讲授亚里士多德的自然哲学，这便与神学院产生了冲突，因为神学院认为这门课程应当是神学专业的一门预备课程。[2]然而，哲学与神学的公开对抗真正形成规模是在神学成为能够主导社会的一种体制之后，哲学是关于自然的理性论述，而神学是关于上帝启示的理性话语，由于宗教界希望对所有质疑宗教教义和教诲的观点进行管理和制裁，冲突的影响便更大了。

正如人们常常认为的那样，科学与宗教之间反复不断的交锋并不是几个顽固分子互不相让的结果，而是不同组织之间的权力斗争所造成的。科学迫切需要独立和自由，教会则希望依靠神学家对科学进行管制，这便是矛盾所在。

▶▷ 亚里士多德与早期的学院之争

1798 年，75 岁的德国哲学家、新教徒伊曼纽尔·康德（Emmanuel Kant, 1724—1804）发表了他最后一本著作《学院之

---

[1]　Nathalie Raybaud, «Le logos en terre d'Islam: Averroès contre al-Ghazali», dans Laurence Maurines (dir.), *Sciences & Religions. Quelles vérités? Quel dialogue?*, Paris, Vuibert, 2010, pp. 41-49.
[2]　Luca Bianchi, *Censure et liberté intellectuelle à l'université de Paris (XIIIe-XIVe siècles)*, Paris, Les Belles Lettres, 1999; Alain de Libera, Foi et Raison, Paris, Seuil, 2000.

争》，其主题是大学院系内的思想自由。康德呼吁的不仅仅是哲学系教授要享有绝对的自主权和全面的言论自由，更重要的是要终结神学对哲学的控制。他写道，哲学系"必须能够用冷静的理性对待一切所谓的教育之根本，要对它的根源和内涵进行自由、公开的审视和评判，不要因为研究对象带有某种神圣感便心怀畏惧，而要坚定地把这所谓的神圣感归结到观念上来"。[1] "教育中的某些内容是从过去沿袭下来的，人们只要愿意，总是可以将其奉为不可违背的信仰，对其无条件地顺从"，但是这绝不能阻止哲学家"带着批判的眼光严格审视这些内容的根源"。[2] 哲学追求的是真理，"对于哲学来说，并不存在哪些文章是批判不得的"。[3] 在康德的时代，自然哲学属于哲学的分支，因此科学也涵盖在哲学的范畴之内。

在发表这部作品的四年前，康德本人就曾有过言论自由受到限制的经历，当时他发表了《纯粹理性界限内的宗教》。普鲁士国王腓特烈·威廉二世（Frédéric-Guillaume Ⅱ）向他发来了谴责信，指责他的哲学"歪曲和贬损了《圣经》和基督教诸多至关重要的基本教义"。[4] 康德接受了国王的训诫，并承诺在这位国王在位期

---

[1] Emmanuel Kant, Œuvres philosophiques, vol. 3, Paris, Gallimard, coll. «Bibliothèque de La Pléiade», 1986, p. 833.
[2] Ibid..
[3] Ibid. ,p. 824.
[4] Ibid. ,p. 806.

间不再公开谈论自然宗教或启示宗教。1797 年，国王逝世，康德这才重拾笔墨。老国王在宗教政策方面对神学家言听计从，但新国王腓特烈·威廉三世（Frédéric-Guillaume Ⅲ）却没有继续如此，因此康德觉得终于可以放开手脚将问题的实质公之于众了。他直言，神学在大学教育中对哲学的控制就是问题的症结之所在。康德一直是令天主教神学家谈之色变的人物，即便在他死后，神学家们依然对他的批评性言论严加防范：1781 年出版的《纯粹理性批判》在 1827 年被天主教会列入禁书目录。80 年后，教会掀起了反现代主义的高潮，红衣主教梅西耶甚至称康德和达尔文是现代主义之源，天主教徒必须予以抵制。[1]2006 年，教皇本笃十六世（Benedictus ⅩⅥ）再次提起这一点，称康德提出了"理性的自我约束"，而这一观点后来被"自然科学思想极端化"，他认为如今有必要对此进行质疑。[2]

康德谴责了基督教神学对哲学的控制，而这种控制甚至可以追溯到中世纪大学起源之时。事实上，从 13 世纪初开始，亚里士多德关于自然的著作便流传开来，逐渐成为各个大学文学院的一

---

[1] Fanny Defrance-Jublot, «Le darwinisme au regard de l'orthodoxie catholique. Un manuscrit exhumé», *Revue d'histoire des sciences humaines*, n° 22, 2010, p. 233.
[2] Benoît XVI, «Foi, Raison et Université: souvenirs et réflexions», conférence de Ratisbonne, 12 septembre 2006, texte repris dans l'ouvrage collectif *Dieu sauve la raison*, Paris, Desclée de Brouwer, 2008, pp. 22-23.

门固定课程，特别是巴黎文学院。[1] 古希腊哲学家亚里士多德的这些作品比耶稣的诞生要早四个世纪，所以当然是"没有信仰的"。书中所呈现的自然界并非由谁所创，是永恒不灭的，这显然与《圣经》（以及《古兰经》）不相符。中世纪，安萨里在谴责亚里士多德的哲学时，也指出世界永恒的说法是"异端"的体现。[2]

从1210年开始，巴黎的一个省级主教委员会就禁止信众阅读亚里士多德关于自然哲学的文章，违者便会被逐出教会。1215年，这条禁令不断被重申。1231年，教皇格列高利九世（Gregorius IX）下令对全部禁书进行审查，删除"一切可能是谬论的观点"，只将有用的部分保留下来。[3] 他认为，世俗科学必须服务于"《圣经》科学"。也就是说，"耶稣的信徒必须将神圣天主的意志放在第一位，然后才可以从事科学研究"。因此，将有用的部分保留下来，同时将"误导读者或违背读者信仰的部分谨慎删除"，[4] 这样的做法再正当不过。就这样，13世纪初，教会对书籍的查禁制度应运而生，著书传播可疑观念的作者一经发现或举报就会被宗教组织

---

[1] Yves Gingras, Peter Keating et Camille Limoges, *Du scribe au savant. Les porteurs du savoir de l'Antiquité à la révolution industrielle*, Montréal, Boréal, 1998, pp. 121-131.
[2] Averroès, *L'Islam et la Raison*, traduction de Marc Geoffroy, présentation d'Alain de Libera, Paris, Flammarion, coll. «GF», 2000, p. 13.
[3] 引文摘自 Bianchi, *Censure et liberté intellectuelle à l'université de Paris*, p. 104。
[4] 引文摘自 Jean-Barthélémy Hauréau, «Grégoire IX et la philosophie d'Aristote», *Comptes rendus des séances de l'Académie des Inscriptions et Belles-Lettres*, 16e année, 1872, pp. 531-532。

逐出教会。[1] 正如我们在后文将会看到的那样，为应对 16 世纪的宗教改革，这个制度得到了进一步强化，教廷圣职部（宗教裁判所）和禁书审定院于 1542 年和 1571 年相继诞生。

教会的三令五申并没有遏止亚里士多德学说的继续发展。哲学家和神学家两大阵营开始了抗争，1272 年，文学院颁布了新的章程，1277 年 3 月，巴黎主教艾蒂安·唐皮耶宣布了最著名、最常被后世所提及[2]的判决，这一判决随后也被英国的坎特伯雷主教所认可。[3] 判决罗列了 219 条异端言论，这些言论许多都以亚里士多德在书中阐述的观点为依据。[4] 唐皮耶明确指出，文学院教给学生的哲学应当遵从神学。他开头便说，"一些杰出、认真、满怀虔诚信仰的人"告诉他，巴黎"某些文学院的人僭越了本学科的界限，胆敢在他们的学院里大言不惭地讨论一些显而易见的错误观点，这些谬论令人憎恶"，还列出了"谬论"清单。[5] 清单中的一部分内容专门针对亚里士多德的自然哲学，我们选取了一些例子列在表 1 中。

---

[1] Maxime Dury, *La Censure*, Paris, Publisud, 1995.
[2] 参见 Alain Boureau, *Théologie, science et censure au XIIIe siècle*, Paris, Les Belles Lettres, 2008；以及 Bianchi, *Censure et liberté intellectuelle à l'université de Paris*。
[3] 关于更详尽的情况，参考书目同上。
[4] *La Condamnation parisienne de 1277*, texte latin, traduction, introduction et commentaire par D. Piché, Paris, Vrin, 1999.
[5] Ibid.,p. 73，请留意。

表1
1277年巴黎主教艾蒂安·唐皮耶所谴责的观点（节选）

4. 对于起点来说，永恒是无尽的终点；对于终点来说，永恒并不存在。

9. 世界上不曾有第一个人，也不会有最后一个人，古往今来，只有一代又一代的人。

29. 上帝可以拥有无限长的时间，但不会拥有无限大的力量，因为无限大的力量是不存在的，除非存在着一个无限大的躯体。

34. 始源之因不可能创造出许多个世界。

35. 如果没有一个合适的媒介，比如父亲或另外一个男人，即便是上帝也无法造人。

37. 除了显而易见之事以及能够通过显而易见之事证明的事情之外，什么都不要相信。

38. 上帝无法创造原材料，除非借助一个天体。

40. 没有什么能够与钻研哲学相媲美。

49. 上帝无法以直线运动的方式移动天空，因为那样就会留下一片虚空。

63. 上帝无法创造出无因之果，如果没有新的原因，便不会有这个原因所导致的结果。

90. 自然哲学家必须坚决拒绝世界的超凡，因为他们相信的是自然规律。宗教信徒可以否认永恒，因为他们相信的是超自然的信条。

面对教会的贬责，巴黎文学院教授、哲学家戈德弗鲁瓦·德·方丹（Godefroid de Fontaines，1250—1304）回应道：

正因为醉心科学的学者、专家们观点迥异，因为他们为了在不同的观点中去伪存真而争论不休，人类才在寻求真理的道路上事半功倍。对这种研究方式进行阻挠，显然会影响人们认识真理的进程。[1]

13世纪中叶，哲学从属于神学的地位被进一步固化。在接下来的几个世纪里，这种学科划分方式一直是造成权力斗争的根本原因。到20世纪60年代中期，第二次梵蒂冈大公会议终于决定放弃对信徒的思想控制。1966年，保禄六世（Paulus Ⅵ）废除了与禁书相关的教规，禁书目录正式退出历史舞台。[2]

尽管遭到了唐皮耶的口头攻击，亚里士多德关于物理学和宇宙学的论著依然产生了重大的影响，以至于在13世纪的时候，哲学家和神学家们最终接受了他的观点，他们对他的学说重新进行了阐释，使其与《圣经》的教诲相一致。其中最著名的一个人便是多明我会的托马斯·阿奎纳（Thomas d'Aquin）。就这样，虽然亚里士多德的自然哲学曾经遭到了教会的谴责，但从14世纪开始，基督教世界的所有大学都将其视为正式的科学，并且在思想上愿意为所有观察到的现象赋予与《圣经》和教会的教义相一致的解释。托马斯·阿奎纳将与宗教无关的哲学转化为基督教哲

---

[1] 引文摘自 Bianchi, *Censure et liberté intellectuelle à l'université de Paris*, p. 84；另外参见 William J. Courtenay, «Inquiry and Inquisition: Academic Freedom in Medieval Universities», *Church History*, vol. 58, n° 2, 1989, pp. 168-181。
[2] Peter Godman, *Histoire secrète de l'Inquisition. De Paul III à Jean-Paul II*, traduction de Cécile Deniard, Paris, Perrin, coll. «Tempus», 2008, pp. 330-331.

学，实现了亚里士多德与《圣经》的和解，从而解决了学院之间的第一次冲突，这一伟大的功绩让他在 1323 年获得了圣人的封号，1567 年，庇护五世（Pius V）封他为"教会圣师"。即便到了 19 世纪末，教皇利奥十三世（Leo XIII）在 1879 年的教皇通谕《永恒的天主》（AEterni Patris）中依然要求所有天主教哲学家都要遵从托马斯的教义，要"根据圣托马斯的精神复兴基督教哲学"。[1]

1513 年，拉特朗大公会议通过了一项法令，正式规定哲学从属于神学。正如历史学家弗朗西斯科·贝雷塔（Francesco Beretta）所解释的那样，这样的划分方式就意味着"真理的发现是源于神灵给人们带来的启示，而不是源自镜花水月的科学。如果一个命题在神学上不成立，那么它就是错的：即便它严格遵循哲学的思维，但只要与教义相违背，就不可能是真命题。正是基于这样的原则，那些依然坚持这些'伪命题'的人不断受到控诉，甚至被判为异教徒。"[2] 17 世纪，认为自然哲学（即科学）从属于神学的基督教正统观念受到了质疑，日渐动摇。那个时候，"现代科学"开始兴起，一场新的对抗即将展开，其中影响最为深远的事件便是 1633 年 6 月宗教裁判所对伽利略的惩治。

---

[1] 引文摘自 Pierre Thibault, *Savoir et Pouvoir. Philosophie thomiste et politique cléricale au XIXe siècle*, Sainte-Foy, Presses de l'Université Laval, 1972, p. 143。
[2] Francesco Beretta, «Une deuxième abjuration de Galilée ou l'inaltérable hiérarchie des disciplines», *Bruniana et Campanelliana*, n° 9, 2003, pp. 15-16.

▶▷ 哥白尼"以身试法"

在撰写《天体运行论》[1]这本著作时，著名天文学家、天主教议事司铎尼古拉·哥白尼（Nicolas Copernic, 1473—1543）非常清楚地知道，将太阳置于宇宙的中心，不但让地球自转，同时还让它绕着太阳转，这些观点一定会与一些读者心灵深处的信仰相抵触，而这些言论一旦传开，仅仅是只言片语就会冒犯所有人。[2]这本书的前言是哥白尼写给教皇保罗三世（Paulus Ⅲ）的一封长信。哥白尼在信的开头便坦言：

> 在这本关于天体运行的书里，[我]让地球按一定的规律运行。[我]完全能够想象，一些人读了这些内容，一定会大嚷大叫，要求将我和我的这些观点统统封禁。

他承认自己在发表这部作品前曾"踌躇良久"，是他的朋友们"让他结束了漫长的犹豫、坚持了下来"。哥白尼还向教皇指

---

[1] 该书用拉丁文书写，1543年在路德教城市纽伦堡出版。
[2] Owen Gingerich, *Le Livre que nul n'avait lu. À la poursuite du «De Revolutionibus» de Copernic*, Paris, Dunod, 2008.

出,"数学文章是为数学家撰写的[1]",如果"对数学一窍不通的空谈家自诩有资格对这方面的问题进行评判","为自己的目的扭曲《圣经》的本义",并以《圣经》之名对他和他的学说"妄加批评和指责",他将不予理睬,甚至"认为他们的批评是无稽之谈"。也正是为了让"受过教育和未受教育的人都相信"他"决不回避任何人的批评",他将这本书交到了教皇的手中,"而不是其他任何人"。这不仅因为教皇是天主教会的最高领袖,地位尊贵,还因为教皇"热爱一切研究,尤其是热爱数学"。"尽管俗话说'流言之伤无药医'",但教皇的"威望和明断可以轻而易举地制止诽谤者的中伤"。[2] 然而,矛盾的是,哥白尼极力恭维的这个人在此前不久(1542年)刚刚一手创建了宗教裁判所。这个机构是专为追捕异教徒而成立的讨伐机器,我们很快就会看到,1616年,它的矛头便直指哥白尼的学说。

1543年5月24日,哥白尼逝世,此时他的著作刚刚发表一个月。如果他在世,他究竟会如何捍卫自己的学说呢?这个问题的答案我们永远都不会知道了。[3] 我们可以确定的是,《天体运行

---

[1] 当时,天文学是数学的一个分支,所以哥白尼在原文中并未使用"天文学"一词,而是用"数学"来指天文学。
[2] 这段前言的法语译文参见 Jean-Pierre Verdet (dir.), *Astronomie et Astrophysique, textes essentiels*, Paris, Larousse, 1993, pp. 205-208。中译本参见[波]尼古拉·哥白尼著《天体运行论》,叶式辉译,陕西人民出版社2003年版。有改动。——译者注
[3] Owen Gingerich, *The Eye of Heaven: Ptolemy, Copernicus, Kepler*, New York, AIP, 1993, p. 167.

论》发表于宗教改革运动如火如荼的政治宗教大环境下，其印刷情况非常不利于它被天主教世界所接受：作品在纽伦堡印制，而纽伦堡是路德教徒的圣地，印刷厂厂主因为曾发行过宣传路德教思想的书籍被天主教视为"异教徒"。此外，哥白尼的大弟子格奥尔格·约阿希姆·雷蒂库斯（Georg Joachim Rheticus, 1514—1574）在1540年发表了一本名为《初述》的书，首次粗略地介绍了哥白尼的学说，而他本人是路德教徒，也就是所谓的异教徒。在1559年的禁书目录中，他被归为新教作者一类，这类作者的书都是禁止阅读的。[1] 雷蒂库斯非常清楚，人们会认为这个新的理论与《圣经》的字面意思相违背，所以他专门出版了一本书来说明"地动说"与《圣经》并不矛盾。[2]

同他那个时代的许多科学家一样，雷蒂库斯认为，对于有关自然现象、同时又无关信仰的问题，人们应该拥有自由思考的权利。在《初述》的封面上，他引用公元2世纪柏拉图学派哲学家阿尔吉努斯（Alcinous）的一句话——"探讨哲学之人应享有思辨

---

[1] Massimo Bucciantini, *Galilée et Kepler. Philosophie, cosmologie et théologie à l'époque de la Contre-Réforme*, Paris, Les Belles Lettres, 2008, p. 99.
[2] Reijer Hooykaas, *G. J. Rheticus' Treatise on Holy Scripture and the Motion of the Earth*, Amsterdam, North Holland, 1984.

之自由"[1]，引文采用了希腊语原文。这句话被后世崇尚新科学的人们不断提起，比如约翰内斯·开普勒（Johannes Kepler, 1571—1630）在 1609 年发表的《新天文学》，伽利略在 1612 年发表的《浮体论》，托马索·坎帕内拉（Tommaso Campanella, 1568—1639）在 1616 年撰写、但因伽利略受哥白尼事件的影响被调查、于 1622 年才得以发表的《捍卫伽利略》[2] 都引用了这句话。这些引文提醒读者，除了要解决《圣经》与科学之间的矛盾之外，更重要的是让自然哲学从神学中脱离出来获得自主。

哥白尼的这部著作虽然是由新教徒出版发行的，但问世后并没有立即在天主教世界引起很大的争议。其实很快就有人谴责该书的内容：多明我会的一位神甫曾到教廷圣职部去检举它，但不知为何无疾而终；路德教的哲学家、改革派菲利普·梅兰希通（Philippe Mélanchton, 1497—1560）也反对该书的观点，有人因此认为一些批评性的言辞实际上来自马丁·路德（Martin Luther）本人。[3] 应当指出的是，在新书印刷之前，路德教的神学家安德烈亚斯·奥西

---

[1] Georgii Joachimi Rhetici, *Narratio Prima*, édition critique, traduction française et commentaire d'Henri Hugonard-Roche et Jean-Pierre Verdet, avec la collaboration de Michel-Pierre Lerner et Alain Philippe Segonds, Wrocław, Académie polonaise des sciences, 1982, p. 91. 阿尔吉努斯的译者皮埃尔·路易（Pierre Louis）给出了另一种译文："若想成为哲人，就需要有开放的思想"，参见 Alcinoos, *Enseignement des doctrines de Platon*, Paris, Les Belles Lettres, 1990, p. 1。
[2] Tommaso Campanella, *Apologie de Galilée*, texte, traduction et notes de Michel-Pierre Lerner, Paris, Les Belles Lettres, 2001.
[3] Michel-Pierre Lerner, «Aux Origines de la polémique anticopernicienne (I)», *Revue des sciences philosophiques et théologiques*, vol. 86, 2002, p. 683.

安德（Andreas Osiander, 1498—1552）曾对图书的内容进行审阅。哥白尼并不知道，这位神学家在著作的开头插入了一篇《告读者：关于本书的假说》（以下简称《告读者》），而且没有署名。由于哥白尼早在1510年代初期就已经将他的观点简要地写在了一本小册子里（即著名的《要释》），所以这篇《告读者》开篇便承认，"本书提出的假说，特别是太阳静止不动、而地球围绕太阳运行之说，让一些博学之士倍感愤怒。他们认为已有的科学基石不容撼动"。但奥西安德接着写道，"作者并没有做任何应受斥责之事"，因为天文学要做的只不过是"提出最适合的假说"来解释我们观察到的现象。我们"无法知晓真理"，因为"只有神的启示才能够知晓真理"，既然如此，"建立最适合的假说来方便计算"也是可以的。[1]

简而言之，按照奥西安德的说法，哥白尼创建的模型应当被理解为一种便于天文计算的数学假设，而不是客观事实，因为世俗科学是无法洞察真理的。所以，天文学假说并不真实，也不可能是真实的，它的存在只是为了方便计算和预测。这种对天文学的认识颇具实用主义风范，[2] 但这个观念很有用，因为它承认地球在宇宙的中心静止不动，这便与《圣经》相一致了，只不过这与哥白尼在书中表明的观点恰恰相反。中世纪时，为了避免与坚守

---

[1] 奥西安德所写文章的法语译文参见 Jean Czynski, *Kopernik et ses travaux*, Paris, Librairie de Jules Renouard, 1847, pp. 75-76。
[2] Nick Jardine, *The Birth of the History and Philosophy of Science*, Cambridge, Cambridge University Press, 1984.

伊斯兰教义的保守派产生冲突，穆斯林学者也有过类似的观念，即将天文学视为一种工具。[1] 理论上，将真实的观点与实用性或描述性的假说区分开来，就可以让神学家和天文学家不再就《圣经》（或《古兰经》）中关于宇宙的真理争论不休。正如我们在后文将会看到的那样，红衣主教贝拉尔米内在反对哥白尼提出的天体系统时就曾提及这一实用主义的认识论。然而，毋庸置疑的是，哥白尼认为他所提出的模型就是事实。实际上，奥西安德的《告读者》与紧随其后的序言是相互矛盾的（我们在前文对该序言已有论述），而且与整部著作的内容也明显不一致——无论对于当时的读者来说，还是在今天看来，哥白尼的口吻俨然都是在阐述客观事实。[2]

▶▷ 开普勒遭到路德教的贬责

凡是支持哥白尼观点的天文学家都需要证明他们的理论与《圣经》相一致，因此，1598 年，当开普勒发表他的第一本著作《宇宙的奥秘》时，他就已经做好了应对驳斥之声的准备。那时的他

---

[1]　F. Jamil Ragep, «Freeing Astronomy from Philosophy: An Aspect of Islamic Influence on Science», *Osiris*, vol. 16, 2001, pp. 49-64.
[2]　哥白尼的著作遭到了诸多改动，具体细节参见 Michel-Pierre Lerner, «Copernic suspendu et corrigé. Sur deux décrets de la Congrégation romaine de l'Index (1616-1620)», *Galilæna*, vol. 1, 2004, pp. 21-89。

年纪尚轻，毫无名气，是奥地利格拉茨一所路德教学校的普通教员。出版商同意出版他的作品，条件是路德教的图宾根大学要提供出版许可。迈克尔·马斯特林（Michael Maestlin, 1550—1631）是开普勒读大学时的老师，是他最早向开普勒介绍了哥白尼的学说，这位老师写了一份报告，充分肯定了开普勒的著作。但路德教的神学家马蒂亚斯·哈芬雷弗（Matthias Hafenreffer, 1561—1619）却不这么认为。这个人也是开普勒的老师，担任大学校长。他建议开普勒不要插手哥白尼与《圣经》之间的问题，因为这样做只会与他所在的宗教团体产生矛盾。就像后来红衣主教贝拉尔米内劝导伽利略时一样，他也劝开普勒只把哥白尼的体系当作数学运算工具。为了保证自己的书能够出版，开普勒听从了他的话，仅在第一章开篇写了一段简短的声明：[1]

人的信仰应当是虔诚的，因此在这本关于大自然的书中，我们首先应当审查是否存在任何有悖于《圣经》的言论，可是我认为，在我还没有表达的时候便开始论战并不恰当。但我承诺，我不会说出任何诋毁《圣经》的话语，如果我的言论与哥白尼有相似之处，那么就当我什么也没有说。另外，自从我开始研究哥白尼的《天体运行论》以来，我一直坚持

---

[1] Jean Kepler, *Le Secret du monde*, introduction, traduction et notes d'Alain Philippe Segonds, Paris, Les Belles Lettres, 1984, p. 31.

这样的观念。

马斯特林老师还告诉开普勒，神学家们已经发出了警告。因此，开普勒只能小心自律，避免冒犯神学。他想出了一个"双重话语"的办法：表面上仿照毕达哥拉斯的神秘主义传统、在公众面前谨言慎行，但如果有人私下与自己讨论这一问题，那么就坦诚相待。如果不这样做，他的研究就会危险重重，甚至会危及天文学工作人员的生计，毕竟这个学科对于普通大众来说都太过复杂和抽象了。[1]

在接下来的十年间，开普勒的地位更加尊贵，他的言行也就可以更大胆一些了。1601年，他接任天文学家第谷·布拉厄（Tycho Brahe），成为神圣罗马帝国皇帝鲁道夫二世（Rodolphe Ⅱ）座下的数学家。此时的他已经不需要母校的支持就可以发表学说，他觉得凭借自己的地位，完全可以公开自己的立场，对哥白尼与《圣经》之间的问题进行剖析。因此，在1609年出版的《新天文学》一书中，他在序言部分用了很大的篇幅对驳斥"地动说"的观点进行了回击。他认为，所有这一切都可以归结为对《圣经》的误读，因为宗教经文是写给所有人看的，它的语言是日常的语言，而不

---

[1] Edward Rosen, «Kepler and the Lutheran Attitude Towards Copernicanism in the Context of the Struggle Between Science and Religion», *Vistas in Astronomy*, vol. 18, 1975, pp. 317-338; voir la lettre à Maestlin de juin 1598, longuement citée p. 329.

是学者的语言，而人们却忽视了这一点。至于神学家的权威，开普勒认为没有必要挂怀，因为这并不是哲学问题。他声明自己真心诚意地敬重神学人士，但也追溯了神职人员在科学领域犯过的诸多错误，言语间不乏讽刺意味，他的结论是，在神学问题上"当然要尊重权威"，但在哲学问题上，理性是唯一的标准。[1] 无论是对于开普勒本人还是对于他的老师马斯特林来说，天文学都是一门科学学科，它有自己的方法，与神学和《圣经》毫不相干。另外，对于那些试图控制天文学家言论的神学家们，马斯特林感到非常不满，他认为尽管他们是优秀的学者，但是对天文学的基本知识一窍不通。[2]

幸亏新教教派繁多，没有中央集权的裁定制度，因此当时最重的判决不过是将信徒逐出当地教会，"异端分子"开普勒就受到了这种惩罚。但是，当教会在当地的势力达到一定程度时，惩罚就会严酷得多了。1553年，医师、神学家米歇尔·塞尔韦（Michel Servet）正是因为"异端"罪[3]被日内瓦共和国处以火刑。在新教改革的作用下，基督教的教派日益增多，受此影响，为了对违反

---

[1] Jean Kepler, *Le Secret du monde*, pp. 187-188.
[2] Rosen, «Kepler and the Lutheran Attitude Towards Copernicanism», p. 326.
[3] Valentine Zuber (dir.), *Michel Servet (1511-1553). Hérésie et pluralisme du XVIe au XXIe siècle: actes du colloque de l'École pratique des hautes études, 11-13 décembre 2003*, Paris, Honoré Champion, 2007; Catherine Santschi, «Les instances de contrôle protestantes», dans Catherine Brice et Antonella Romano (dir.), *Sciences et Religions. De Copernic à Galilée (1540-1610): actes du colloque international*, Rome, École française de Rome, 1999, pp. 467-471.

宗教信仰的言论严加监督和惩处，天主教在 16 世纪末进一步加强了相关的管理机构。

▶▷ 伽利略诘问神学家

在关于大自然的问题上，神学家以《圣经》和教会圣师们的教导为依据，学者们通过观察、计算、理性推理得出结论，究竟该听谁的？关于这个问题的纷争到伽利略时期终于真正爆发了。伽利略（Galileo Galilei, 1564—1642）是意大利的天主教学者，他相信哥白尼提出的天体系统并不仅仅是一种实用的运算方法，而是真实的存在。开普勒也这样认为。我们在前文提到，《天体运行论》那篇未署名的前言并非出自哥白尼本人之手，而是奥西安德写的，发现这一问题的正是开普勒。在 1609 年出版的《新天文学》一书中，开普勒在引言部分首次将这一发现公之于众，纠正了大部分人一直以来的误解。

1610 年，伽利略发表了《星际信使》，意大利的学者们从此便都知道了伽利略对哥白尼体系深信不疑。在书中，他向世人展示了他通过更先进的天文望远镜所观察到的现象，如木星的卫星、月球的山脉、金星的盈亏、太阳黑子等。这些发现有力地撼动了宇宙永恒不变、完满无缺的主流观念，而这本书也让伽利略一时间变为了整个欧洲学术界的名人。[1]

从1612年起，伽利略就不断受到充满恶意的匿名攻击。1615年初，为了为自己辩白，他决定给托斯卡纳大公夫人克里斯蒂娜（Christine de Lorraine）写一封长信来解释哥白尼的学说。实际上，早在1613年12月，他在与好友比萨大学数学教授、本笃会修士贝内德托·卡斯泰利（Benedetto Castelli, 1578—1643）通信时就已经表达了相关的观点。写给朋友的那封信简明扼要，其内容在1615年的长信寄出之时就已经开始流传了。大公夫人收到的长信堪称论文（法文版本长达50页），后来成了名篇。伽利略在信中捍卫了新天文学，批判了"大肆宣扬"哥白尼学说"有违《圣经》，应当予以查禁并列入异端邪说"的做法。[2] 此外，伽利略还不无夸张地指出，哥白尼的著作刊印之后，立即"便被教会所接纳，所有人都对其进行了阅读和研究，没有任何一个人对他的学说有丝毫顾虑"[3]。

人们在攻击哥白尼学说时，并非仅针对其中的物理学或天文学问题，它与《圣经》相互矛盾的地方也成了众矢之的。伽利略

---

[1] Sur la vie de Galilée, voir Stillman Drake, *Galileo at Work. His Scientific Biography*, Chicago, University of Chicago Press, 1978; John L. Heilbron, *Galileo*, Oxford, Oxford University Press, 2010.
[2] Galilée, «Lettre à Madame Christine de Lorraine, grande-duchesse de Toscane (1615)», dans Maurice Clavelin (dir.), *Galilée copernicien. Le premier combat, 1610-1616*, Paris, Albin Michel, 2004, p. 416.
[3] Ibid., p. 418.

不能对这些神学问题视而不见，只好也做出回应，虽然神学并不是他的专长。尽管早期的神学家已经提出《圣经》包含多种意义，例如隐含的寓意等，但对《圣经》的诠释大体上仍然停留在文字表面。伽利略认为，神学家对《圣经》的诠释与学者对自然现象的解释是相互联系的，他详细阐述了自己在这一问题上的立场。这样一来，他便将矛头直接指向了当时的学科划分制度。当时的学科划分制度诞生于中世纪，在16世纪通过拉特朗大公会议和特伦托会议最终确立下来。伽利略并不是唯一一个对《圣经》的解读方式提出质疑的人，正如前文所述，此前几年，开普勒也坚定地认为不应该从字面上理解《圣经》。但由于开普勒是路德教徒，所以伽利略自始至终都不曾提到他的名字。

同开普勒一样，伽利略也不认同科学不得与《圣经》（即宗教）相违背的观点。他指出，一位级别很高的教士曾经说过，"圣灵的本意在于教我们如何去往天国，而不是要告诉我们天上的日月星辰是如何运行的"。[1] 伽利略同哥白尼一样都是虔诚的天主教徒，他提议不要将不同类别的东西混为一谈，要将"纯粹关乎自然、无关信仰的命题"与"超乎自然、与信仰相关的命题"区别开来。[2] 他认为，对宗教经文的解释始终要与以事实为依据的科学发现相适应，只要解释得当，经文就不会与事实不符。他多次引用在宗

---

[1] Galilée, «Lettre à Madame Christine de Lorraine», p. 427.
[2] Ibid., p. 435.

教界颇有名望的圣奥古斯丁（Augustin, 354—430）的讲话来论证这一问题。例如，为了证明《圣经》的作用并不是回答科学问题，他指出，圣奥古斯丁曾在文章中写道，至于"宇宙究竟是什么形状"，圣灵"无意将无关拯救灵魂的事情教给人们"。他还提到，圣奥古斯丁一直希望宗教经典的诠释家们在涉及较为晦涩的问题时要保持谨慎，言辞不要太过绝对，因为"以后发现的真理也许"会为我们带来新的阐释，而这种新的阐释"无论与《旧约》还是《新约》可能都不矛盾"。[1] 在写给大公夫人的长信中，伽利略坚称，哥白尼的著作《天体运行论》"完全不涉及宗教或信仰问题，也没有以任何方式用到出自《圣经》的观点（倘若用了可能也会使用不当），他以直观的实验和细致的观察为依据，通过天文学和几何学方法进行论证，得出的结论始终围绕着天体运动这一物理现象"。[2]

在伽利略的观点中，自然哲学家在某种程度上是独立于神学家的，可是正如我们看到的那样，在当时那个年代，神学家的地位更高。伽利略深知这一点，他在信中说，某些神学家"仰仗《圣经》的权威，把他们所认为的与《圣经》相一致的观点强加给科学"，但对于那些与科学现象和科学论断不一致的宗教阐释，这些

---

[1] Galilée, «Lettre à Madame Christine de Lorraine», p. 414. 伽利略引用了圣奥古斯丁的话。
[2] Galilée, «Lettre à Madame Christine de Lorraine», p. 419.

神学家却不需要做出说明,他对此感到"有些担忧"。他想不出"宗教神学从哪一点上能够统领"科学。对于神学"绝不应该自降身份与科学原理握手言和"[1]的观点,他也拒不接受。他甚至认为,任何一位"对科学有些许了解"的神学家都不会觉得"宗教经典中的几何学、天文学、音乐、医学比阿基米德、托勒密、波爱修斯、盖伦的学说更完整、更准确"。他由此指出,任何神学家"都不应该擅自对其从未从事、从未研究过的学科发表教谕",否则就如同以至高无上的君王自居,"他知道自己可以掌控一切、可以无限度地让别人唯命是从,虽然明知自己既不是医生也不是建筑师,却一心只想让人们按照自己的想法治病救人、建造房屋,完全不顾病人的性命,也不管这样建起的房子会不会轰然倒塌"。[2]

然而伽利略未免有些天真了,他以为对学科划分制度的讨论是纯粹的理性讨论。虽然有托斯卡纳大公做保护人,但他低估了制度化的等级划分的强大的力量。自13世纪中叶以来,自然哲学就一直处在神学之下。在这样的体系中,当然需要科学去适应神学,而不是神学反过来适应科学。在几位宗教界朋友的帮助下,伽利略找到了教会圣师说过的一些话来证明自己的想法。此外,他还引用了西班牙神学家迭戈·德·苏尼加(Diego de Zúñiga,1536—1597)的观点。1584年,这位神学家在西班牙托莱多出版了《论约伯》,该

---

[1] Galilée, «Lettre à Madame Christine de Lorraine», pp. 432-433.
[2] Ibid., pp. 434-435.

书于1591年在罗马再版，书中指出"地动说"[1]与《圣经》毫无矛盾。加尔默罗会修士保罗·安东尼奥·福斯卡里尼（Paolo Antonio Foscarini, 1565—1616）也持有同样的观点，他在1615年也出版了一部关于哥白尼和"地动说"的作品。但正如后文我们将会看到的那样，1616年，这两本书都被列入了禁书目录。在学术界，开普勒虽然是非常虔诚的教徒，但他也认为神学无权插手有关自然的问题，而且只要合理地解释《圣经》，"地动说"就与《圣经》毫不相悖。[2]

▶▷ 红衣主教贝拉尔米内的天主教认识论

1615年，在伽利略与宗教权威爆发冲突之时，红衣主教罗伯特·贝拉尔米内（Robert Bellarmin, 1542—1621）是罗马教廷宗教法庭的核心人物。贝拉尔米内在教会学校接受了教育，对天文学颇有造诣，刚开始工作时就在鲁汶耶稣会士学院教授天文学。无论是在教廷圣职部还是在禁书审定院，他都有很大的影响力。[3]在他的带动下，梵蒂冈教廷对改革派采取了坚决抵制的态

---

[1] "地动说"即"日心说"。依据原书的用词，为保证行文连贯，此处以及后文基本采用了"地动说"这种译法。——译者注
[2] Michel-Pierre Lerner, «Vérité des philosophes et vérité des théologiens selon Tommaso Campanella o.p.», *Freiburger Zeitschrift für Philosophie und Theologie*, vol. 48, n° 3, 2001, p. 297.
[3] George V. Coyne et U. Baldini, «The Young Bellarmine's Thoughts on World Systems», dans G. V. Coyne, M. Heller et J. Zycinski (dir.), *The Galileo Affair: A Meeting of Faith and Science*, Cité du Vatican, Specola Vaticana, 1985, pp. 103-109.

度。当时，人们都把他看作"讨伐异教徒的铁锤"。他最有名的事迹就是在宗教裁判所审理了哲学家焦尔达诺·布鲁诺（Giordano Bruno, 1548—1600）的案件。经过七年的审理，1600年2月，布鲁诺被判处异端罪，在罗马鲜花广场被处以火刑。布鲁诺是哥白尼天体系统的支持者，他认为宇宙是无限的，在浩瀚的宇宙中存在着许多个有生命存在的世界，这在当时都属于异端邪说。关于教会与国家政府的关系，贝拉尔米内也有一套理论。他在1923年被列入真福品，1930年被列入圣品，1931年又被尊称为"教会圣师"，与托马斯·阿奎那齐名，由此可见他一直以来在罗马教会的重要地位。[1]

福斯卡里尼非常了解贝拉尔米内的影响力，所以曾请求他对自己的新书进行评价，当时伽利略也正在给大公夫人写信。但贝拉尔米内的回复非常简短，他说，福斯卡里尼修士"无暇阅读"，而他本人也"无暇写作"，所以一切从简。[2] 这封信意义重大，因为它确立了对《圣经》进行诠释的认识论底线，在此后相当长的一段时间内，这条底线一直被天主教会所遵从。

在信的开头，贝拉尔米内指出，福斯卡里尼修士和"伽利略

---

[1] Godman, *Histoire secrète de l'Inquisition*, p. 92; Pietro Redondi, *Galilée hérétique*, Paris, Gallimard, 1985, p. 11; Bernard Bourdin, *La Genèse théologico-politique de l'État moderne*, Paris, Presses universitaires de France, 2004.
[2] 贝拉尔米内在1615年4月12日写给福斯卡里尼的信，摘自 *Clavelin, Galilée copernicien*, p. 381。更多内容详见 Richard J. Blackwell, *Galileo, Bellarmine and the Bible*, Notre Dame (Indiana), University of Notre Dame Press, 1991。

先生"的行为"小心谨慎，[他们]只是提出了一些假说，言辞并不绝对"。虽然"数学家只需要"单纯地将哥白尼提出的体系作为一种便于运用的假说，而且这样做也"毫无危险"，但如果把这种体系视为真理，那就"很可能会激怒教会中所有的哲学家和神学家，同时，让《圣经》出现谬论也有损神圣的信仰"。他还说："大公会议规定，禁止违背教会圣师的一致意见自行解释《圣经》。"在信的最后，贝拉尔米内似乎提前回答了伽利略提出的问题，这也是这封信最关键的一点。在写给大公夫人的信中，伽利略问道，"一个与灵魂的救赎毫不相干的观点怎么就是异端邪说了呢？"[1] 贝拉尔米内是这样对福斯卡里尼说的：在有关宇宙的问题上，"我们不能说这个问题无关信仰，因为即便宇宙本身与信仰无关，谈论宇宙的人也是有信仰的"。[2] 这样，贝拉尔米内再一次肯定了托马斯·阿奎那在《神学大全》中的立场，教会的官方立场大体上都出自这本书。[3]

事实上，伽利略非常了解贝拉尔米内的态度，因为他的朋友费代里科·切西公爵（Federico Cesi, 1585—1630）曾在 1615 年 1 月初写信给他，提醒他说红衣主教贝拉尔米内"是（禁书）审定院负责这方面问题的一位重要人物"，这个人认为哥白尼"是异

---

[1] 引文摘自 Clavelin, *Galilée copernicien*, p. 426，请留意。
[2] Ibid., pp. 381-382.
[3] 相关内容参见 Beretta, «Une deuxième abjuration de Galilée», p. 11。

教徒",还认为"地动说""违背《圣经》,这一点无可争议"。(切西公爵在1603年创立了意大利猞猁之眼国家科学院,伽利略在1611年成为该科学院成员。)一个月后,伽利略又收到了另一位朋友乔瓦尼·钱波利(Giovanni Ciampoli, 1590—1643)的来信。信中说,红衣主教马费奥·巴尔贝里尼(Maffeo Barberini,也就是后来的教皇乌尔班八世,此人非常景仰伽利略)前一日告诉他,"不要超越物理或数学的界限",这样更稳妥一些,"因为在神学家看来,只有他们才能够解释《圣经》"。[1]这些立场与此前唐皮耶主教的立场如出一辙。正如我们在前文看到的那样,在1277年的判决中,唐皮耶就曾提醒巴黎大学的哲学家们不要去触碰本该属于神学领域的问题。

总之,在认识论层面,天主教坚持认为上帝的能力是无穷的,而人类的认识水平是有限的。如果像伽利略这样,坚信自己知晓了自然事物的真正面貌,那就是把自己当成了上帝。所以说,在他们看来,人们认识到的现实不可能是真正的现实,人们唯一能够做到的是以实用主义或唯名论的形式"自圆其说",即通过一些说得通的模型来解释自然现象,这些模型并不是客观现实,只是一种"假设"。[2]

---

[1] 引文摘自 Clavelin, Galilée copernicien, pp. 407-408,请留意。
[2] Pierre Duhem, *Sauver les apparences. Essai sur la notion de théorie physique de Platon à Galilée*, Paris, Vrin, 2005.

▶▷ 宗教裁判所及其审理程序

伽利略的发现让意大利的一些天主教哲学家、神学家、神甫们惴惴不安，他们感到《圣经》的权威遭到了质疑，而在此时，负责管控思想的机构已经相当完善了。事实上，在宗教改革运动期间，为了对批判天主教教条的言论进行惩治，从而进一步稳固并加强罗马教会的权威，教皇保罗三世在1542年创立了罗马教廷的宗教裁判所法庭，宗教裁判所由此正式成形。（要知道，哥白尼正是把自己的著作《天体运行论》献给了保罗三世。）自此之后，教会要求，天主教徒只要发现与宗教信仰或教会的教义不甚相符的可疑事实和行为，就必须向宗教裁判所派驻当地的负责人报告。教廷圣职部随后会传唤目击证人，展开调查，肯定或驳回检举人报告的情况。1571年，禁书审定院成立，这个机构专门负责对出版物进行审查，以更好地管理、审核并查禁对教会或信仰有害的危险印刷物，控制其在天主教信徒中的传播。至此，对意识形态进行管理的制度机器就更加完备了。

宗教裁判所虽然成立不久，其身后却有着悠久的历史。早在13世纪初，教皇英诺森三世（Innocentius Ⅲ，1160—1216）就设立了宗教审判法庭。随着时间的推移以及异端案件审理经验的积累，宗教法庭的审讯工作日渐规范，有了固定的审理程序。多明我会的贝尔纳·居伊（Bernard Gui, 1261—1331）是中世纪宗教法庭最著名审判官之一，他甚至还写了一本《审判官指南》，详述了审理办法。[1] 就这样，他将自己在法国图卢兹担任审判官积累的经验传给了后人。后来，到了1376年，另一位多明我会的修士尼古劳·埃默里克（Nicolau Eymerich, 1320—1399）也为主教们和审判官们写了一本指南，这本书在16世纪被多次重印，1578年的版本加入了教规法律学者、教廷圣职部及禁书审定院顾问弗朗西斯科·培尼亚（Francisco Peña, 1540—1612）的注解。[2]

埃默里克撰写的原文与培尼亚的补充和评注形成了一个整体，详细论述了不同类型、不同程度的异端案件应当遵循的审理程序。比如说，书中提出要将异端分子和异端言论区别开来。作者根据《圣经》、由各位使徒传达的耶稣基督语录、教会和大公会议的论断以及所有上述信念"所衍生出来"的观念，提出了评判异端言论的七大标准。书中还指出判断一个人是否为异端分子有八个标准，包括对信仰心存怀疑或对于信仰中某一内容的认识与罗马教会的观点不同、曾被逐出教会、反对教会、错误解释《圣经》等。虽然"错误"这个词的含义要比"异端"广泛得多，但培尼亚写道，"在信仰这个问题上，异端和错误就是毫无差别的同义词"。[3]

---

[1] Bernard Gui, *Manuel de l'Inquisiteur*, Paris, Les Belles Lettres, 2012.
[2] Godman, *Histoire secrète de l'Inquisition*, p. 94.
[3] Nicolau Eymerich et Francisco Peña, *Le Manuel des inquisiteurs*, Paris, Albin Michel, 2001, pp. 76-77.

就这样，宗教裁判所及其审判法庭构成了一个非常严整的司法体系，有着自己的司法理念和司法权。如果被告宣称他并不知道自己的观点具有异端性，并且"在内心深处一直都保有虔诚的信仰，那么法庭就会判定他有强烈异端倾向，要求他公开发誓与异教划清界限，同时还会对他处以严厉的惩罚"。[1] 异端倾向也是有程度划分的。指南定义了三种类型：轻度、强度以及重度。如果法庭认为某一观点有些"鲁莽"，那么就相当于判定这一观点为错误观点，会对当事人进行警告；如果法庭将某一观点认定为疑似异端或"极有可能是异端"，那就非常严重了。我们在后文将会看到，1632—1633年，伽利略一案正是用到了这个字眼。尽管"很可能有异端嫌疑并不意味着当事人一定就是异教徒"，但法庭还是会责令这些人"公开放弃所有异端邪说，尤其是那些非常可疑的观点"。像伽利略这样"被逮捕或被审判官传讯一次或多次后才宣布放弃"的悔罪者，"遭受的惩罚将会更加严酷"。[2] 最后，在司法权方面，如果一个人只是出言不逊亵渎神明，或者他的言行并没有"与宗教教义相悖"，这类案件就不属于审判官的管辖范围。普通的占卜者或预言者也不受其管辖。[3] 但是，如果有人说"上帝只能决定天气的阴晴变换"，这就属于宗教裁判所的管

---

[1] Nicolau Eymerich et Francisco Peña, *Le Manuel des inquisiteurs*, Paris, Albin Michel, 2001, p. 77.
[2] Ibid., p. 92.
[3] Ibid., p. 96.

辖范围了,"因为这句话直接否定了上帝的万能,与宗教信条相违背"。[1]

▶▷ 伽利略遭到检举,哥白尼成为罪人

历史学家弗朗西斯科·贝雷塔认为,罗马天主教会因伽利略支持哥白尼的学说于1615年开始对其审查,而不是人们通常所认为的1632年秋(即伽利略发表著作公开宣传哥白尼体系之时)。贝雷塔说,"1615年3月20日,多明我会的托马索·卡奇尼(Tommaso Caccini)向宗教裁判所的法庭检举伽利略,对伽利略的审查正式开始"。[2]

事实上,1615年2月7日,多明我会的尼科洛·洛里尼(Niccolò Lorini, 1544—1617?)就在一封密信中向禁书审定院的高级法官检举了伽利略的观点,因此从这一天起,罗马当局就开始了对伽利略的调查。在信中,洛里尼说自己读到了一篇文章,这篇文章"已经在我们这里广泛流传开来,它来自一群伽利略分子。这些人支持哥白尼的观点,声称地球在运动,而天空是静止不动的"。他和他们修道院里的其他修士都认为,这封信的内容

---

[1] Nicolau Eymerich et Francisco Peña, *Le Manuel des inquisiteurs*, Paris, Albin Michel, 2001, pp. 92-93.
[2] Francesco Beretta, «Le siège apostolique et l'affaire Galilée: relectures romaines d'une condamnation célèbre», *Roma moderna e contemporanea*, année 7, n° 3, 1999, p. 422.

"可能是可疑或鲁莽的",他觉得自己有义务提请当局注意。[1]

信中提到的这篇文章其实是伽利略在1613年12月写给数学家卡斯泰利的那封信的手抄本。我们在上文已经说过,他在信中就"地动说"与《圣经》之间的关系简要地进行了阐述,表明了自己的立场。他之所以将自己的观点以文字的形式呈现出来,是因为某次在托斯卡纳大公科西莫二世(Cosimo Ⅱ,将伽利略任命为数学家和哲学家的正是此人)的宫殿里参加午宴时,大公的母亲克里斯蒂娜提到了哥白尼的学说与《圣经》不相吻合的问题,当时卡斯泰利也在场。这个问题在当时是热门话题,因为1611年,亚里士多德派哲学家、伽利略的敌对者卢多维科·德科隆博(Ludovico delle Colombe, 1565—1616)在佛罗伦萨出版了《反对"地动说"》一书,他以亚里士多德的物理学说为依据提出了很多论据,指出地球的运动是不符合《圣经》的字面意思的。[2] 借此机会,伽利略提出,"在讨论自然问题时是否需要从《圣经》中引经据典,这值得深思"。[3] 幸运的是,被宗教裁判所派去审查这封信的神学家(姓名不详)在审查报告中写道,信中并未出现特别需要注意的问题,除了一些词语使用不当之外,该信的作者"并未离经叛道"。[4]

---

[1] 洛里尼的检举信全文参见 Clavelin, *Galilée copernicien*, pp. 357-359。
[2] Olaf Pedersen, «Galileo and the Council of Trent», *Studi Galileiani*, Cité du Vatican, Publications de l'Observatoire du Vatican, vol. 1, n° 6, 1991, p. 8.
[3] Galilée à Castelli, 21 décembre 1613, dans Clavelin, *Galilée copernicien*, pp. 348-349.
[4] 《关于写给卡斯泰利的信件的报告》出处同上,pp. 489-490。

虽然洛里尼对伽利略的检举以"不予起诉"而告终，但一个月后，另一位多明我会的修士托马索·卡奇尼（1574—1648）又向罗马的宗教裁判所法庭以及教廷圣职部检举伽利略公开支持哥白尼的"地动说"，称这一学说"与几乎所有的哲学家、与每一位神学家及神学院修士、与教会圣师的一致观点相违背"。他还指出，"任何人对《圣经》的解释都不得违反教会圣师所认可的见解"，因为这是"利奥十世（Leo X）主持的拉特朗大公会议以及特伦托会议所明令禁止的"。[1]

依据审查程序，宗教裁判所在 1615 年 11 月初传唤了两名证人，对他们进行了问话，以核实卡奇尼所说的情况。[2] 预审结束后，1616 年 2 月 24 日，宗教裁判所法庭的神学家做出了判决，认为太阳静止于世界中心的说法"在哲学上是荒诞且不合理的，在形式上是异端的，因为它明显违背了《圣经》中诸多段落的字面意思，也不符合教会圣师以及神学家们的一致解释"。他们还认为，严格来说，地球不是世界的中心也没有静止不动的说法并不是"异端邪说"，但"因为涉及神学真理，所以这种说法至少在信仰上是错误的"。[3]

次日，教皇保罗五世（Paulus V）便根据这一决定命令红衣

---

[1] Galilée à Castelli, 21 décembre 1613, dans Clavelin, *Galilée copernicien*, p. 492.
[2] 证词内容出处同上，pp. 498-505。
[3] 宗教裁判所审查记录出处同上，p. 506。

主教贝拉尔米内向伽利略发出警告，让他必须放弃哥白尼的观点，"如果他拒绝到庭，就让办案神甫在公证人和证人面前下达禁令，不准其传授或论证这一学说，不容其对此进行辩驳；如果他不接受判决，就将其监禁起来"。[1] 当时伽利略身在罗马，他一直在想办法让自己免遭此难，但收到这样的警告后，1616年2月26日，他只能来到贝拉尔米内以及证人面前。宗教裁判所的审查长告诉他，如果他拒不服从，"教廷圣职部就将对他提起诉讼"。最后，"伽利略接受了禁令，并承诺遵照执行"。[2]

这场诉讼从一年之前卡奇尼的检举开始，至此告终，应当算得上是"伽利略的第一案"了。针对此案的调查遵循了宗教裁判所的审理程序，最终产生了一份伽利略必须遵守的判决，一旦违反这一判决，他就会成为法官们口中的"累犯"，随之而来的当然是更重的惩罚。我们即将看到，1633年那场广为人知的审判正是以1616年的判决为基础的，伽利略著书宣传哥白尼学说的事实被认为是违背了当初的诺言，这位伟大的学者由此获刑。

在宗教裁判所开展审理工作的同时，禁书审定院的工作也在有条不紊地进行着。1616年3月5日，一项法令封杀了所有与"地动说"相关的作品。从这条法令的导语中，我们便可以清楚地看到禁书审定院的审核职能：

---

[1] Galilée à Castelli, 21 décembre 1613, dans Clavelin, *Galilée copernicien*, p. 507.
[2] Ibid., p. 509.

在近来一段时间出版的书籍中，多部作品都含有错误内容和异端言论。为避免这类书籍日复一日地对基督教世界造成更严重的影响，在罗马教会英明红衣主教领导下的禁书审定院希望对相关书籍实施彻底惩戒、全面禁止。

由于教会以普罗大众为己任，因此该法令规定"无论何时、何地以何种语言印制的书籍"[1]都受其约束。

法令特别指出迭戈·德·苏尼加以及哥白尼的作品"暂停传播以待修改"，加尔默罗会修士福斯卡里尼的作品则被"彻底查禁"，为他印书的印刷厂厂主在那不勒斯被捕。[2] 为了将所有相同主题的作品都涵盖进去、不留一条漏网之鱼，法令还规定，"包含相同观点的所有其他书籍"也属违禁作品，暂停使用。按理说，这样一条非常全面的禁令就应该足够了，可奇怪的是，1619年，禁书审定院又通过了一条新的法令，专门用来查禁开普勒在1617年出版的《哥白尼天文学概要》(*Epitome astronomiæ copernicanæ*)。然而，开普勒此前的作品《宇宙的奥秘》以及《新天文学》也是支持哥白尼学说的，法令却根本没有提及。这可能是因为根据禁书目录的规定，这两本书属于"地动说"一类，受上一条法令约束，或者也可能因为哥白尼是路德教徒，已经被划入"异教徒"之列了。

---

[1] Galilée à Castelli, 21 décembre 1613, dans Clavelin, *Galilée copernicien*, p. 510.
[2] Drake, *Galileo at Work*, p. 256.

就这样，天主教徒"无论等级高低、身份如何"均不得自行或通过他人印制违禁书籍，也不得持有或通过任何方式阅读这些书籍，违者"将依据特伦托会议以及禁书目录中的规定受到惩处"。[1] 最重的惩罚自然是逐出教会。此外，宗教裁判所还规定，被教会逐出一年以上的人即被视为异教徒。

法令公布后，凡持有违禁书籍的人必须立即将书籍交给宗教裁判所派驻当地的负责人。[2] 当然，在新教地区，这些法令是没有任何效用的，被禁止的书籍仍然可以继续传播。[3] 天主教学者如果想阅读禁书，则必须递交书面申请。伽利略的一位学生后来成了博洛尼亚大学的数学教授，1629年，在写给伽利略的信中，他说自己"还没有读到开普勒介绍哥白尼学说的《哥白尼天文学概要》"，他将"致信罗马，向尊敬的钱波利大人提出申请，请大人批准自己阅读此书"。[4] 此时这本书被列入禁书目录已有十年。

这条法令似乎没有伽利略预想的那么严格：他很高兴地发现，尽管一些人声称"地动说"是"异端邪说"，但禁书审定院在法令中却根本没有写明这一点，只是将"公然认为"《圣经》与"地动说"并无分歧的书籍禁止了而已。因此，教廷圣职部诸位红衣

---

[1] Clavelin, *Galilée copernicien*, p. 510.
[2] 要求将违禁书籍上交宗教裁判所的法令原文参见 Clavelin, *Galilée copernicien*, pp. 510-512。
[3] 哥白尼被禁书籍的样本参见 Gingerich, *Le Livre que nul n'avait lu*。
[4] 引文参见 Bucciantini, *Galilée et Kepler*, p. 358。

主教的立场其实与之前的奥西安德、后来的贝拉尔米内是一样的，而相当一部分天文学家也持有同样的态度。[1] 事实上，贝拉尔米内从一开始就预见了这个结果。皮耶罗·迪尼（Piero Dini，1570—1625）是伽利略的一位朋友，在梵蒂冈工作。1615 年 3 月初，他给伽利略写信说，红衣主教贝拉尔米内并不认为哥白尼学说会被查禁，"在他看来，最坏的结果就是要求加一行附注，说明引入他的学说只是为了自圆其说（或类似的说法），就像托勒密提出的本轮一样，在研究中使用它并不是因为相信它真实存在"。[2]

《天体运行论》的详细修订条目直到 1620 年才制定出来。在官方文件中，其实只有个别明显表明"地动说"真实存在的说法被责令删改。我们在前文提到，哥白尼在前言中致信教皇，称自认为这个学说与《圣经》并不矛盾，这一句话也没有通过审查。然而在写给大公夫人的信中，伽利略引用的正是这段文字。[3]

伽利略称自己丝毫不受这些审判的影响（事实并非如此），他"在参与此事的过程中对教会一直保持着敬畏之心，对信仰忠贞不渝，即便是圣人也不会比他更加虔诚"，[4] 人们可能因此便认为教廷圣职部在 1615—1616 年对他的审查算不上是一个"诉讼案件"。

---

[1] Nick Jardine, *The Birth of the History and Philosophy of Science*.
[2] 迪尼写给伽利略的信参见 Clavelin, *Galilée copernicien*, p. 366。
[3] 被要求修改的具体条目参见 Clavelin, *Galilée copernicien*, pp. 520-524。关于这些修改内容的详细分析参见 Lerner, «Copernic suspendu et corrigé»。
[4] 1616 年 3 月 6 日伽利略写给库尔齐奥·皮凯那（Curzio Picchena）的信，参见 Clavelin, *Galilée copernicien*, p. 514。

然而，之所以产生所有这些纷扰，那都是因为伽利略想要让人们认可哥白尼的理论是客观事实，这一点毋庸置疑。他提出，凡是涉及自然哲学的问题，学者的地位就应该在神学家之上。这一提议原本是为了让学者们免遭神学的惩罚，结果却让他自己受到了牵连，他最终不得不向审判官们郑重承诺，以后永远不再谈论"地动说"。他还专程前往罗马，试图左右法庭的决定，但他在幕后的奔走无济于事，并未改变最终的判决。当时流言四起，人们都说伽利略被判了刑，以至于在返回佛罗伦萨之前，伽利略请求红衣主教贝拉尔米内给他写一封书面证明信，证明"在罗马或任何一个我们知道的地方，我们或其他任何神职人员都不曾要求[伽利略]放弃任何观点或学说，[他]也没有受到任何形式的宗教惩罚"。但贝拉尔米内紧接着写道，"他只是接受了由教皇陛下提出、由禁书审定院颁布的声明，声明明确指出，哥白尼的学说[……]与《圣经》相违背，因此不得对该学说进行辩护或论证"。[1]

明眼人一看便知，伽利略受到了严重的打击。托斯卡纳驻布拉格大使朱利安·德·梅迪奇（Julien de Médicis, 1574—1636）便是这样认为的。判决宣布三个月后，他给伽利略的朋友、帕多瓦的神甫保罗·瓜尔多（Paolo Gualdo, 1553—1621）写了一封信。大使在信中写道，"得知伽利略遭遇重挫，[我]深感担忧"。但讽

---

[1]《贝拉尔米内的证明信》，参见 Clavelin, *Galilée copernicien*, p. 519。

刺的是，他认为伽利略"只要从这次错误中吸取教训，就会有所收获，因为从灌木丛穿过，身上总要留下几道划痕"。[1]

1616年3月，教会下达了禁止传播"地动说"的教令。几个月后，在罗马教廷颇有身份、对天文学很感兴趣的神甫弗朗切斯科·英戈利（Francesco Ingoli，1578—1649）写了一篇致伽利略的文章。在文章中，他试图证明"地动说"是不可能的。英戈利的论据完全都是传统论据，基本上再现了第谷·布拉厄的观点。第谷·布拉厄坚持认为地球是静止的，在伽利略公布了自己观测到的现象之后，第谷·布拉厄提出了一个介于地心说和"地动说"（即日心说）之间的混合体系，让太阳围绕地球运行，而其他的星球围绕太阳运行，以此来"自圆其说"。伽利略认为这个体系纯粹是人为构建的，在1632年出版的《关于托勒密和哥白尼两大世界体系的对话》（以下简称《关于两大世界体系的对话》一书中，他对这个体系只字未提。

作为深受经院哲学熏陶的老学究，英戈利在文章中一共罗列了22个论据，其中13个源自天文学，5个源自亚里士多德的物理学，4个源自神学。这篇文章很可能是在罗马教廷的授意下写就的，其目的是公开论证教廷圣职部的判决正确无误，要知道，教廷圣职部一直都没有将审判依据昭告天下。

尽管英戈利的这篇文章从未发表，但是却广为流传。伽利略

---

[1] 引文参见 Bucciantini, *Galilée et Kepler*, p. 325。

对此束手无策，因为他一旦做出回应，便违反了不再公开支持"地动说"、论证"地动说"的诺言。[1] 而开普勒则不受这个限制，他在1618年给英戈利写了一封长长的回信。在信的末尾，他总结了自己的观点，对英戈利的神学论据进行了反击，他说：

> 要么就不要允许基督徒去做天文学家，（……）一旦给予他们追寻宇宙真理的自由，神学就不应对权利有所保留、将真理的探寻限制在狭小的范围之内，也不应依据神学制定法律，并将其强加给全然是另一回事的天文学。[2]

在写给大公夫人的信中，伽利略试图将哥白尼的天体系统与《圣经》中的某些内容联系起来，但开普勒却没有这样做，他主张不同的学科就应该彻底分开：

> （天文学家）希望在研究天文学问题时不受神学的束缚、自由运用自己的推理能力，正如他也会自我克制，不侵犯神学的权利、不讨论信仰和道德问题，以免在推理中超越学科

---

[1] Annibale Fantoli, «Galilée. Pour Copernic et pour l'Église», *Studi Galileiani*, Cité du Vatican, Publications de l'Observatoire du Vatican, vol. 5, 2001, pp. 229-232.
[2] Johannes Kepler, «Repontio ad ingoli disputaionem… inédit 1618», dans Pierre-Noël Mayaud, *Le Conflit entre l'astronomie nouvelle et l'Écriture Sainte aux XVIe et XVIIe siècles*, Paris, Honoré Champion, 2005, vol. 3, p. 263.

的界限、一不小心陷入异端的阵营一样。[1]

此外，开普勒还隐晦地对伽利略进行了批判。在1619年出版的《宇宙和谐论》一书中，开普勒写了一封致意大利书商的信。他首先解释说自己"依照德国的习惯，秉持德国所特有的自由精神，以德国人的身份撰写了这部作品。德国对研究哲学之人给予了更多的信任，相信他们的忠诚之心，这样的做法使其更加伟大"。他认为他的作品在意大利"经得起审查，或者说他并不惧怕审查"。说到哥白尼的学说被禁止，他认为"只有地球每年绕太阳运行一周这个观点引发了争议"，其原因是"一些人在谈论天文学理论时采用了不适宜的方法、没有站在自己原本应该在的位置上"。"出于对罗马教会判决的尊重"，他建议书商不要将他的作品出售给"普通百姓"。书商就如同哲学思想和优秀作品的"公证人"，他们"能够将辩护词带到法官面前"，因此，对于他这本书，他建议书商"只将其售给最杰出的神学家、最有名的哲学家、最高明的数学家，售给他通过其他方式无法接触到的、思想最为深邃的形而上学者"。他甚至认为，一旦神学家能够理解他的作品，了解到这一本书以及他之前的几本书全部都凸显了"神圣宗教经文的无上

---

[1] Johannes Kepler, «Repontio ad ingoli disputaionem… inédit 1618», dans Pierre-Noël Mayaud, *Le Conflit entre l'astronomie nouvelle et l'Écriture Sainte aux XVIe et XVIIe siècles*, Paris, Honoré Champion, 2005, vol. 3, pp. 263-264.

光辉",神学家们就会对判决进行修正。他说,"哲学和哥白尼都需要一切恢复本初,这并不会影响审判官的名誉",因为审判官在判决时并没有收到他在书中所提供的这些新论据。[1]

英戈利可能并不欣赏这种将天文学从神学中分离出去的做法,在给开普勒的回信中,他写道,对于天主教徒来说,神学"是一种构造科学","对下级科学"具有"控制权,因此有权左右天文学,这样天文学才不会与《圣经》的道理相抵触"。[2]

英戈利的文章论证了教廷圣职部的判决,为了表示对他的认可,教廷很快就任命他为禁书审定院的神学顾问。上任后,他撰写了一份书籍审查报告。受此影响,1619 年,开普勒的《哥白尼天文学概要》被列入禁书目录。开普勒当然不知道英戈利在其中所发挥的作用。后来,又是这个英戈利负责起草了哥白尼作品的修正清单,这份清单最终于 1620 年由禁书审定院公布。[3] 至此,英戈利针对哥白尼学说的工作终于告一段落。1622 年,教皇格列高利十五世(Gregorius XV)创立了传布信仰圣部(简称"传信部"),英戈利荣升新圣部的秘书长。

---

[1] 约翰内斯·开普勒:《致外国书商(特别是意大利书商)的协同工作建议》(«Adminitio ad bibliopolas exteros, praestrim Italos, de Opere Harmonico»),原文为拉丁文,法语译文参见 Mayaud, *Le Conflit entre l'astronomie nouvelle et l'Écriture Sainte*, vol. 3, pp. 265-266。
[2] 引文参见 Lerner, «Vérité des philosophes et vérité des théologiens», p. 298。
[3] Maurice A. Finocchiaro, *Defending Copernicus and Galileo. Critical Reasoning in the Two Affairs*, Dordrecht (Pays-Bas), Springer, 2010, pp. 72-76; Fantoli, *Galilée. Pour Copernic et pour l'Église*, pp. 432-433; 文件参见 Clavelin, *Galilée copernicien*, pp. 520-524。

▶▷ 伽利略的"良机"

惨败之后，伽利略并没有放弃自己的信念，他回到物理学工作之中，继续研究科学问题。1623年夏末，教会选举产生了新一任教皇，伽利略认为这是一个"良机"，公开谈论"地动说"或将成为可能。他甚至认为，如果不抓住这个难得的契机，"至少对他而言，恐怕再也不会有这么好的机会了"，因为那个时候他已年近六十，身体日渐虚弱。[1]

其实，对于伽利略来说，乌尔班八世（Urbanus Ⅷ）当选新教皇完全是意外之喜，因为此人正是一直非常敬重他的红衣主教马费奥·巴尔贝里尼。1620年，巴尔贝里尼甚至用拉丁文写了一首颂歌，对伽利略关于木星、土星和太阳黑子的发现深表钦佩。[2]另外，巴尔贝里尼的侄子弗朗切斯科·巴尔贝里尼（Francesco Barberini）与伽利略的关系也非常亲密，伽利略曾在学业上引导他，他在比萨大学的老师还是伽利略的挚友贝内德托·卡斯泰利，因此他对伽利略是非常忠心的。就在当选教皇两个月之前，马费奥·巴尔贝里尼还写信给伽利略，称他的侄子刚刚获得了比萨大

---

[1] 伽利略在1623年10月9日写给切西的信，引文参见 Émile Namer, *L'Affaire Galilée*, Paris, Gallimard/Julliard, coll. «Archives», 1975, p. 167。
[2] Fantoli, *Galilée. Pour Copernic et pour l'Église*, p. 212.

学的博士学位，他对伽利略所做的一切深表感谢。[1] 更巧的是，就在选举之时，伽利略的新书《试金者》正准备印刷。他在这本小册子中探讨了彗星的特征，讽刺了耶稣会士奥拉齐奥·格拉西（Orazio Grassi）对他的理性批判。这本书的印刷工作在意大利猞猁之眼国家科学院的庇护下完成，伽利略决定将它献给新任教皇。

1623 年 9 月 29 日，乌尔班八世刚刚即位，伽利略便准备去罗马拜见他，以便试探教皇是否有可能让他重新投入到《论潮汐》一书的研究中去。这本书充分传达了伽利略观点，但后来在 1632 年被天主教会的出版许可负责人拦了下来，因为其内容太过具体，真实感过强，已经不像是一种假设了。事实上，伽利略坚信潮汐现象说明地球确实在自转，因此这是"地动说"的一个事实依据。1615—1616 年，在教会对是否查禁哥白尼的学说进行评议时，伽利略还就这一问题写了一篇文章，但红衣主教们并未被说服，在审理过程中也没有将此作为参考。[2] 后来，他便在宗教裁判所立下了誓言，从此之后，他再也无法提及相关话题了。

就这样，1624 年春天，伽利略起身前往罗马。他在罗马住了六周，其间六次参见教皇乌尔班八世。教皇赐给他一些礼物，还

---

[1] Drake, *Galileo at Work*, p. 287.
[2] 伽利略的《论潮汐》参见 Clavelin, *Galilée copernicien*, pp. 462-487。在 1632 年出版的《关于两大世界体系的对话》中，伽利略再次提及了相关内容，次年，他因此获罪，受到宗教裁判所的严惩。

承诺给他的儿子温琴佐发放年金。[1] 几位与伽利略关系较近的红衣主教与教皇谈起了哥白尼的问题，教皇说，哥白尼的天体系统从来没有被正式认定为异端邪说，他的想法只是太鲁莽而已。因此，只要不超出天文学的界限、不触及神学、客观公正地对待各种天体系统的优势和弊端，这个话题就是可以讨论的。[2] 从根本上讲，他只是重申了红衣主教贝拉尔米内的立场而已。

这次的罗马之行让伽利略有了信心，他认为自己终于可以谈论哥白尼学说了。回到佛罗伦萨，他便开始了新书的写作，也就是后来的《关于两大世界体系的对话》。正如上文所述，他在这本著作中对第谷·布拉厄提出的混合体系只字未提，然而耶稣会士们却对这个体系评价颇高，因为第谷·布拉厄的学说介于日心说和地心说之间，他将地球作为宇宙的中心，认为其他星体围绕太阳运行，而太阳围绕地球运行（这一点和托勒密体系一致），这样就能够自圆其说了。[3] 可以想见，在伽利略看来，这种混合体系只是主观臆断，而且比哥白尼体系复杂得多。

伽利略以为形势已经好转了，但正统宗教的捍卫者们其实并没有放松警惕。1625 年，伽利略得知，又有一个"虔诚之人"去宗教裁判所检举他，此人称《试金者》一书含有支持哥白尼学说

---

[1] Drake, *Galileo at Work*, p. 289.
[2] Ibid., p. 291.
[3] Kenneth J. Howell, «The Role of Biblical Interpretation in the Cosmology of Tycho Brahe», *Studies in History and Philosophy of Science*, vol. 29, 1998, pp. 515-537.

的言辞。[1] 但他的指责并没有确切的根据，因为《试金者》完全不涉及天体运行体系，而是在讨论另一个敏感的问题——原子论。[2] 我们将在第四章看到，这次检举的结果是宗教裁判所不予立案，伽利略认为，这意味着教廷是支持他的，从此之后他就有了保护伞。[3] 然而，1624 年 6 月，他的朋友切西公爵提醒他，那些曾与教皇讨论哥白尼学说的红衣主教都说，"所有异教徒（即新教徒）都认为哥白尼学说是真的"，所以"探讨这个问题时"一定要"非常谨慎"。[4]

▶▷ 致信英戈利投石问路

为了探知局势，伽利略决定投石问路，他要写一封信回应英戈利批判"地动说"的那篇文章。这封信写于 1624 年，表面上是写给英戈利的，实际上却直指罗马教廷的最高层。尽管英戈利从物理学、天文学、神学三个角度提出了论据对哥白尼的学说进行

---

[1] Fantoli, *Galilée. Pour Copernic et pour l'Église*, p. 233.
[2] Drake, *Galileo at Work*, p. 300.
[3] Francesco Beretta, «"Omnibus Christianae, Catholicaeque Philosophiae amantibus. D. D.": Le Tractacus syllepticus de Melchior Inchofer, censeur de Galilée », *Freiburger Zeitschrift für Philosophie und Theologie*, vol. 48, n° 3, 2001, pp. 308-309; 另外参见 Richard J. Blackwell, *Behind the Scenes at Galileo's Trial*, Notre Dame (Indiana), University of Notre Dame Press, 2006。
[4] 1634 年 6 月 8 日切西写给伽利略的信，引文摘自 Namer, *L'Affaire Galilée*, p. 173。

了批判，但伽利略听从了朋友们的建议，"至少在当下"[1]不谈及神学问题，只从另外两个角度进行回应。

伽利略的回信比英戈利的文章还要长三倍，信中的观点也写入了《关于两大世界体系的对话》这本书中——需要指出的是，他在这本书里依然有意没有反驳与神学有关的观点。因此，给英戈利的这封信是非常谨慎的，相对于他给大公夫人写的那封信，可以说他已经退了一大步，甚至是彻底改头换面了。尽管这封信从未公开出版，但其抄本流传甚广。

说到英戈利用来驳斥哥白尼的那些理由，伽利略写道，"以前，我一度也对这些观点确信不疑"。[2]至于为什么不对其中的神学论据予以回应，他说"神学论据和其他的论据不一样，应当用不同的方法来审视，因为在神学问题上我们只是有着不同的理解而已，并不需要争辩孰是孰非"。在这里他采用了诡辩的方法，就连他的朋友们都认为没有人会把这句话当真。伽利略明确表示"自己在谈论这一问题时并没有要支持或肯定[哥白尼]学说的想法，因为自然哲学和科学都应服从于神学，而神学已经认为哥白尼的学说存在问题、有违教义了。"他说，他写这封信"是为了让异教徒们无话可说"，一些大名鼎鼎的异教徒（言下之意即指开普勒，虽然没有写出他的名字）"都赞同哥白尼的观点"。他想通过这种

---

[1] Drake, *Galileo at Work*, p. 291.
[2] Galilée, *Écrits coperniciens*, Paris, Le Livre de poche, 2004, p. 241，请留意。

方式告诉世人，他们这些天主教徒之所以对神圣的宗教教义"坚信不疑"，并不是因为他们愚昧无知，"而是因为我们对圣师们的著作深表尊敬，因为我们的宗教信仰虔诚而热忱"。他说，"对于一个真正的天主教徒来说，如果他将宗教信仰以及对《圣经》的尊崇置于首位，将哲学、天文学的理论和实践放在第二位，那么即便异教徒嘲笑他，他也不会挂怀"。[1] 因为异教徒们也许会认为他是一个"顽固执拗"的人，但绝不会认为他是一个盲目无知的人。

不难看出，伽利略的这些话实际上是以退为进。接下来，他就开始从物理学和天文学角度展开大段论述，有力地证实了哥白尼的天体系统相较托勒密和第谷·布拉厄提出的体系更为合理，他相信读者能够在字里行间读懂他的意思，接受他的观点。在"信"的最后，他说，"如果时间和精力允许[他]妥善完成《论潮汐》一书的话，关于这个问题他还会有很多话可说"。这封信最终并没有送到英戈利手中，因为与罗马教会来往密切的人显然都不会相信伽利略在信中所言皆是他心中所想，所以伽利略的朋友们认为这样做会对他不利。1625 年 4 月，马里奥·圭杜奇（Mario Guiducci）向伽利略指出，给英戈利的信"明显维护了哥白尼的观点"。尽管"信中清楚地写道，上天指引着我们，让我们认识到这个学说是错误的，但那些心思不纯之人并不会认可这一点，他

---

[1] Galilée, *Écrits coperniciens*, Paris, Le Livre de poche, 2004, pp. 243-244.

们会卷土重来"。[1]事实上，即便是心思纯正的人恐怕都很难把伽利略的话当真，因为他在信中所写的内容与他几十年以来私下的很多言论都大相径庭。

▶▷ 伽利略获罪入狱

1630年，也就是向英戈利"投石问路"五年多之后，伽利略的著作基本成型了。他将书名《潮汐论》改为《关于潮汐的对话》（以下简称《对话》）。接下来，他只要选定出版城市、拿到那个城市的出版许可就大功告成了。他选定了罗马，所以要和该市负责授予出版许可的圣廷大人商议此事。当时担任此职的是多明我会的尼科洛·里卡尔迪（Niccolo Riccardi, 1585—1639）。伽利略认为此人是支持自己的，因为在1623年，他的上一本书《试金者》正是由此人审查，当时的审查报告非常正面，因此审定院批准了该书的发行。1629年，就在伽利略完成《对话》一书时，里卡尔迪被任命为圣廷大人。

历经一波三折，伽利略获得了佛罗伦萨和罗马两个城市的出版许可，其间的具体过程广为人知，我们在此不再赘述。[2]最

---

[1] 1625年4月18日马里奥·圭杜奇写给伽利略的信，摘自Fantoli, *Galilée. Pour Copernic et pour l'Église*, p. 233。
[2] 详细过程参见Fantoli, *Galilée. Pour Copernic et pour l'Église*, pp. 240-249；还可参见 Redondi, *Galilée hérétique, et Mario Biagioli, Galileo Courtier*, Chicago, University of Chicago Press, 1993。

终，他的书在佛罗伦萨出版，后来受审时，他因为此事受到了指责，因为他本应当先在罗马出版此书。在商讨过程中，书籍审查人员要求他更换书名，因为原书名使用了能够证明地球在转动的"潮汐"二字，审查人员要求他换一个更中性的名字，只体现书中所讨论的两大天体系统即可。此外，伽利略在书中需要保持中立，并且明确表示人类的思想无法证明哥白尼体系真实与否，因此不同的体系都可以用来解释天文现象。最后，伽利略还必须重申教皇乌尔班八世提出的观点，即上帝是万能的，如果我们自认为参透了宇宙运行的奥秘，那便是限制了上帝的能力，我们不能这样做。

伽利略悉数照做，可总是有各种各样的要求限制着他，出版时间一拖再拖。1631年5月初（实际上著作又过了一年才出版），他终于按捺不住，向佛罗伦萨的书记官表达了自己急切的心情，他指出：

> 审查人员认为一些观点与事实不符。对于能够证明这些观点的论据、论证，他们要求[他]使用假设、空想、可疑、谬论、不实等字眼，他一一照做，格外配合，审查官神甫可以为他作证。

他还补充说，自己的想法一向与"最为可敬的圣师和教会的教义相一致，从来不曾有过其他的主张或意念"。[1] 此外，鲜为人知的是，这本著作最终的题名非常长，"关于托勒密和哥白尼两大世界体系的对话"只是原题目的一部分而已，它的后面还写着"两大体系之哲学论据与物理学论据，绝无偏私"。[2]

在书中，伽利略首先向托斯卡纳大公致敬，紧随其后的是一篇《告读者》。这篇《告读者》体现了教廷圣职部签发出版许可时在言辞方面对他提出的要求，他回顾了1616年的判决，字里行间仍然流露着他的真实想法：[3]

> [……] 几年前，罗马颁布了一道英明的敕令，[……] 适时禁止了人们谈论毕达哥拉斯学派的"地动说"。一些人贸然声称这项法令的出台并未经过审慎的研究，是思虑不周的冲动之举。还有人抱怨说，神学顾问对天文观测并不在行，他们不应当用一道禁令就把思辨学者的羽翼瞬间折断。听到这一声声鲁莽的哀叹，我无法置若罔闻。我深知这项法令审慎非常，在此，我只想作为事实的见证者出现在世人面前，我认为这才是正确的做法。

---

[1] 引文摘自 Fantoli, *Galilée. Pour Copernic et pour l'Église*, p. 247。
[2] Galileo Galilei, *Dialogue sur les deux grands systèmes du monde*, Paris, Seuil, coll. «Points sciences», 2000, p. 86，请留意。
[3] Ibid., p. 89.

他提到，1616年教廷圣职部下达判决时，自己正在罗马。接着，他再次阐述了致信英戈利时所列出的论据，说"这本书的写作意图是要告诉其他国家"，他收集了"与哥白尼体系相关的所有看法"，希望"大家知道，教廷在查禁哥白尼学说之前，已经对相关情况有了全面的掌握"，"意大利不仅为世人提供了救赎灵魂的教义，还带来了许多振奋思想的天才发现"。[1] 他提醒读者，他将哥白尼的天文学视为"一种纯粹的数学假说"，即便他提出的论据能够有力地支持哥白尼学说，"显示出哥白尼学说相对于托勒密学说具有绝对的优越性"，这也并不意味着"大自然一定就是这个样子"。尽管他坚信潮汐现象就是地球转动所导致的，因此可以作为"地动说"的证据，但落笔时他只是将这个想法称为"巧妙的设想"，以便在论述时不至于偏离重点。他写道："外国人学习了我们的知识，可能会反过来指责我们，说怎么连如此重要的现象都没有发现。为了避免这样的事情发生，我认为我们有必要知道，如果假定地球在运动，那么潮汐现象有多大的可能性是由地球运动所导致的。"[2]

在这段开场白的最后，伽利略重申，如果意大利学者坚持"认为地球是静止不动的"，同时只"将'地动说'作为一种数学上的

---

[1] Galileo Galilei, *Dialogue sur les deux grands systèmes du monde*, Paris, Seuil, coll. «Points sciences», 2000, p. 89.
[2] Ibid., p. 90.

探索，这并不是因为[他们]对别的学说一无所知"，而是因为"他们虔诚，他们有宗教信仰，他们知道上帝是万能的，也自知人类智慧是有限的"。[1] 这一部分使用了有别于全书其他内容的字体，在受审时受到了法庭的指责，因为这样做可能给读者造成错觉，让他们以为这部分文字并非出自作者本人之手。

在这本对话体的书中，辛普利西奥代表亚里士多德一派。为了达到教会的要求，伽利略将教皇强加给他的反驳"地动说"的主要论据都通过这个人表达了出来。辛普利西奥承认自己并没有完全理解伽利略对潮汐现象的论断，所以也就不能认为他的观点"正确可信"，他认为他用来反驳伽利略的是"一种非常可靠的学说"，这个学说是"一个学识渊博、卓尔不群的人教给他的，任何人在他面前都只会洗耳恭听"，而这个学说肯定了上帝的万能。辛普利西奥的结论是，"想要用这样或那样的幻想来限制上帝的智慧和力量"，这无疑是"肆意妄为"。他的论证到此结束。站在伽利略这一边的是萨尔维亚蒂。他首先便认为伽利略的学说"令人敬佩，极其完美，与另外一种同样也很神圣的学说非常契合"，他的学说让人类能够用自己的智慧去理解世界，从而更好地认识伟大的上帝、更加钦佩造物主"无穷无尽的智慧"。[2]

---

[1] Galileo Galilei, *Dialogue sur les deux grands systèmes du monde*, Paris, Seuil, coll. «Points sciences», 2000, p. 91.
[2] Ibid., p. 655.

伽利略将这本书视作自己一生中最重要的作品——事实上也确实如此。为了它的出版，他可以说做好了万全的准备，但如果以为仅凭这些表面功夫就能瞒天过海，那也未免太过天真了。1632 年 2 月，这本书刚刚出版几个月便引起了激烈争议。教皇乌尔班八世感到伽利略背叛了他，大发雷霆（他周围的人早已对他的脾气习以为常）。教皇下令，从 7 月底开始，将此书从市场上撤回进行修改，如不修改，则彻底查禁此书。[1] 伽利略的敌对者们趁机散布谣言，说辛普利西奥是一个看待问题过于简单的人物形象，即便算不上愚蠢，起码也有些无知，而伽利略竟借他之口传达了教皇的观点。然而，伽利略选择这个人物是有原因的，这个人物的原型辛普利休斯（Simplicius）是六世纪的哲学家，也是亚里士多德最重要的注释者之一。他绝不是一个头脑简单之人，而是当时主流自然哲学思想的代表人物。他是哲学权威的代表，由他来阐述教皇的观点再合理不过。[2] 在伽利略看来，这位逍遥派哲学家"在领悟真理方面最大的障碍，正是解释亚里士多德的学说为他带来的盛名"。[3]

文艺复兴时期，为了扩大自己的影响力，教皇需要聚集起很多支持者。在这样的大背景下，此时的乌尔班八世仍然将伽利略视为自己的"朋友"。所以，在宗教裁判所介入进来正式展开调查之前，

---

[1] Fantoli, *Galilée. Pour Copernic et pour l'Église*, pp. 270-271.
[2] 在此感谢伽利略问题专家雷蒙·弗雷德特（Raymond Fredette）让我对这一问题有了更深入的了解。
[3] Galileo Galilei, *Dialogue sur les deux grands systèmes du monde*, p. 91.

教皇启动了一个特别审理程序来评判这本书究竟是否有违正统宗教。他让人组建了一个专家委员会，令专家们仔细研读伽利略的新书，然后向他汇报伽利略在书中是否将哥白尼体系作为唯一一个与现实相符的体系。[1] 这项调查又让人们想起了1616年的旧案，当时伽利略承诺不再捍卫"地动说"、不再宣传"地动说"。就连一向站在伽利略这边的圣廷大人也在私下里对托斯卡纳驻罗马的大使说，"单凭这句承诺，伽利略就在劫难逃"。[2] 事实上，一旦专家委员会得出肯定的结论，伽利略就会成为"累犯"，而根据宗教裁判所的规定，累犯是一定会入狱的，甚至可能被处以火刑。经过研究，专家委员会认为此案应交由宗教裁判所审理，教皇令宗教裁判所驻佛罗伦萨的审查官通知伽利略，让他前往罗马，接受教廷圣职部总检察长的审问。一般来说，案件应由当地的宗教裁判所负责调查，伽利略的著作在佛罗伦萨出版，他就应当在佛罗伦萨接受审查，但此案却直接被交给了罗马，其严重性不言而喻。

此时的伽利略已年近七十，疲乏无力，身体状况不佳，著作出版后的反响也让他深感不安，于是他想尽各种办法将行期一拖再拖。但是，协商数月之后，他再也没有托词了。托斯卡纳驻罗马大使建议他"遵照红衣主教们的意思"顺从于教廷、收回教廷不接受的主张，否则他就会面临很严重的后果，但无论他怎么做，

---

[1] Redondi, *Galilée hérétique*, pp. 273-278.
[2] Fantoli, *Galilée. Pour Copernic et pour l'Église*, p. 279.

教廷都会审判他，只是判刑的轻重会有不同罢了。[1]1633年1月20日，伽利略动身了，2月13日抵达罗马。考虑到伽利略的声望，同时为了表示对他的保护人托斯卡纳大公的尊重，候审期间，伽利略没有被监押在教廷圣职部的监狱里，而是被安排在大使的公寓内居住。两个月后，就在审判正式开始之前，教皇再次对大使说，伽利略谈论的问题"非常严重，对于宗教信仰来说意义重大"。[2]大使随后便将审判即将开始的消息告诉了伽利略。在给大公的报告中，他说他感到伽利略"极度痛苦"，"自昨日以来很是消沉"，甚至对他说"非常担心自己性命难保"。[3]

第一场审讯是在1633年4月12日。伽利略没有听从大使的劝告，而且犯了一个战略上的错误。他说他没有捍卫"地动说"，他"在这本书里表达的观点与哥白尼学说正相反，哥白尼提出的那些理由毫无根据，没有说服力"。[4]负责预审此案的是教廷圣职部的审理专员温琴佐·马库拉尼（Vincenzo Maculano），他希望尽快结束这件棘手的案子，而伽利略的态度完全出乎他的意料。他通过教皇的侄子弗朗切斯科·巴尔贝里尼向教皇做了汇报，教皇的侄子也是伽利略的朋友。汇报称，被告"在辩护中否认了他书中明确表达的

---

[1] Fantoli, *Galilée. Pour Copernic et pour l'Église*, p. 284.
[2] Ibid., p. 295.
[3] Ibid., p. 296.
[4] Franco Lo Chiatto et Sergio Marconi, *Galilée entre le pouvoir et le savoir*, Aix-en-Provence, Alinéa, 1988, p. 113.

内容"，似乎并没有意识到"这种拒不认错的态度将导致审理 [过程] 更加严厉，他能够得到的优待和尊重也将越来越少"。把这些外交辞令翻译过来，这句话的意思就是，依照宗教裁判所的审理程序，如果伽利略不能诚恳地承认错误，那么随之而来的将会是严刑拷打。埃默里克的《审判官指南》就是这样写的：对于不承认"在思想上支持异端"的人，应当进行"拷打，这样审查人员才能够判断出受审者的真实信仰"。[1] 更糟糕的是，"如果审判官认为被告有极大的异端嫌疑，而被告不愿在审判官面前发誓与异端划清界限，那么就将该被告交由政府相关部门处以火刑"。[2]

伽利略是欧洲最受尊敬的学者，受托斯卡纳大公的庇护。为了让他免受这些审理程序的折磨，马库拉尼神甫获准"通过'程序外'途径办理伽利略一案"。马库拉尼称要通过这一途径"让他意识到自己的错误，进而承认错误"。于是他便去往伽利略的住处：

> 经过漫长的说理、问答，[他]——感谢主——终于达到了目的：让伽利略认识到错误之所在。最终 [伽利略] 明确承认自己错了，在书中有夸大其词的行为。他说这些话的时候非常虔诚，仿佛在认错的时候得到了极大的安慰，他愿意在法庭上认错。

---

[1] Eymerich et Peña, *Le Manuel des inquisiteurs*, p. 82.
[2] Ibid., p. 126.

马库拉尼希望伽利略能够履行诺言，以便审判工作能够顺利进行，同时也可以"证明法庭对待有罪之人并无恶意"，从而保全"法庭的声誉"。[1] 在信的最后，马库拉尼写道，如果一切顺利，法院"可以将他监禁在 [梅迪奇] 别墅内"。毫无疑问，最终的判决一定会是重刑。《审判官指南》对伽利略这种情况做出了说明："对罪人的惩罚"应当考虑多方面因素，要"特别考虑到罪人的年龄、教育水平、身份（非信徒、信徒、神职人员）等"。[2] 培尼亚阐释埃默里克的《审判官指南》时指出，"在处理名人的案件时，许多审判官都不会让已经认罪的人去监狱里服刑，而是会把他们监禁在别墅甚至是城堡里"。[3]

1633 年 4 月 30 日星期六，也就是与马库拉尼非正式会面的两天后，第二场审讯开始了。宗教裁判所派来了十位红衣主教负责审判。伽利略发表了声明。他说，三周前的第一场审讯后，他想了又想，也在这段时间里重新读过了自己的书。这本书仿佛是"另一个人"写的，在写作风格上更偏向于支持哥白尼的观点，这个人"不认为哥白尼的观点缺乏说服力，也没有想要反驳"。他还特别强调了与太阳黑子和潮汐现象有关的论据，而他此前一直认为这两个现象是证明"地动说"最有力的证据。他引用了西塞罗

---

[1] 引文摘自 Fantoli, *Galilée. Pour Copernic et pour l'Église*, pp. 302-303。
[2] Eymerich et Peña, *Le Manuel des inquisiteurs*, p. 82.
[3] Ibid., p. 278.

（Cicéron）的名言，承认自己"贪慕不必要的虚荣"，说自己的错误完全是"无谓的野心"所导致的。

也许是不想让《对话》一书被彻底查禁，他郑重指出，"无论过去还是现在，[他]从来都没有认为受到谴责的'地动说'是真理，不认为太阳是静止不动的"，他愿意重新写书，将四天的对话延长为五天或者六天。这样，他就可以"找出哪些论据支持了万恶的错误观点，然后用天主赋予[他]的最有效的办法对其进行反驳"。他说，"请神圣的法庭支持[他]，让[他]能够完成此事"。[1] 其实他应该知道，他的真实意图无论如何都是掩盖不住的。

总之，伽利略的提议遭到了驳回。后来，又经过两次审讯，1633年6月22日，红衣主教审判官们做出了判决。由于伽利略具有"强烈的异端嫌疑，即支持并相信有违《圣经》的错误学说"，法院下令"颁布公开诏令，查禁《对话》一书"，将该书作者"监禁于教廷圣职部指定地点"，圣职部"保留为其减刑、更改判决或取消上述全部或部分惩罚的权利"。[2]

判决书宣读完毕，伽利略双膝跪下，将手放在《福音书》上，开始诵读公开放弃异端邪说的誓词。他说，教廷圣职部"已经对他做出了判决，要求他放弃太阳处于世界的中心且静止不动、地球不是世界中心的这一错误观点"，他也曾承诺日后"不再通过口

---

[1] Lo Chiatto et Marconi, *Galilée entre le pouvoir et le savoir*, p. 137.
[2] Ibid., p. 151.

头或书面的任何方式对这一观点进行支持、辩解或传播"。可尽管发了誓,他仍然发表了《对话》一书,在书中"谈论这个已经被禁止的学说,而且还提出了很多非常能够论证这一学说的论据",鉴于此,法庭判定他犯了"支持并相信"哥白尼学说之罪。对此,伽利略表示:

> [……]为了打消诸位阁下和所有基督徒对我产生的强烈怀疑,我以至真至诚之信仰郑重表态,对于上述错误观念和异端邪说,以及所有与神圣教会相抵触的谬论和教派,我都与其划清界限、对其深恶痛绝;我发誓,今后绝不再以口头或书面形式谈论或论证此类让别人对我心生怀疑的观点。

他还承诺,一旦发现"异端分子或有异端嫌疑之人",他就会"向教廷圣职部或向他所在城市的宗教裁判所审查官报告"。[1]

这次审判以伽利略的惨败而告终,欧洲最伟大的学者受到了极大的羞辱。罗马教廷的保守派力压温和派,占了上风。在十位红衣主教中,只有七位在严惩伽利略的判决书上签了字,这个事实说明教廷内部出现了分歧。教皇的侄子、红衣主教弗朗切斯科·巴尔贝里尼甚至没有出席这次令人不齿的会议,这当然也是

---

[1] Lo Chiatto et Marconi, *Galilée entre le pouvoir et le savoir*, pp. 152-153,请留意。

很能说明问题的。

为了更好地起到警示作用，让所有学者谨记一切都要服从于神学，教皇下令"将判决书和伽利略与异教划清界限的誓言发给每一位教廷大使、每一位审查官，要在第一时间传达到帕多瓦和博洛尼亚，以使所有的哲学教授和数学教授都知悉此事"。[1]

判决下达次日，对伽利略的惩罚由监禁于教廷圣职部减刑为"软禁"，这是判例所允许的，这样，他便回到了他在审判期间一直居住的托斯卡纳大使公寓。六个月后，教皇批准伽利略返回阿塞缇（Arcetri）的别墅（离佛罗伦萨很近），但只能"独居，不得邀请任何人，不得与探访人展开讨论；期限由教皇陛下决定"。[2] 历史学家彼得·戈德曼（Peter Godman）证实，"根据罗马教廷的惯例，如果服刑人员已有悔改行为"，那么"终身监禁"就是指"监禁三年"[3]，但是对于伽利略来说，他的软禁确实是"终身"的。其实他也知道教廷不会让他好过。1634年7月，他悄悄告诉他的朋友埃利亚·迪奥达蒂（Elia Diodati）说，当地的审查官刚刚下达了通知，让他从此"不要再请求回到佛罗伦萨了，否则不仅回不到佛罗伦萨，还会直接被押回罗马，住进教廷圣职部真正的监狱里去"。伽利略接着说道，"听到这些话，我想我很可能不会从

---

[1] 引文摘自 Namer, *L'Affaire Galilée*, p. 230。
[2] Ibid.,p. 332，请留意。
[3] Godman, *Histoire secrète de l'Inquisition*, p. 39.

这里出去了，除非是把我从现在这个地方被转移到另一个公共的、拥挤的地方，一直监禁下去"。[1]

1638年2月，伽利略已经完全失明了，为了便于治疗，教廷终于允许他搬到佛罗伦萨市内，但他仍然不得离开住所，也不得在市内出行，尤其是任何时候都不得与任何人就"地动说"进行"公开或秘密"的对话，否则就会受到"最为严厉的惩罚"。[2]来访者都必须获得圣部的书面批准。1639年4月，伽利略要求彻底恢复自由，但遭到拒绝。[3]就这样，他一直被关押到生命的最后一刻——1642年1月8日。尽管如此，教廷还是批准了年轻的数学家温琴佐·维维亚尼（Vincenzio Viviani, 1622—1703）来陪伴他。这位数学家也受大公的保护，他会帮助伽利略读信、写信并照顾他。

教廷对伽利略的打击有多么残酷呢？我们通过几个事实就可以看出。伽利略去世后，他的遗嘱起初被认定为无效，因为根据宗教裁判所的规定，异教徒不得立遗嘱，教会可将其财产全部没收。幸运的是，一位顾问在报告中指出，这份文件是有效的，因为伽利略已发誓与异端划清界限，所以他并不是真正的异教徒，只是有异端嫌疑而已，这是两个概念。[4]另外，教皇甚至不允许世人给伽利略办一场符合其地位和名望的葬礼，我们在下一章还会提到这一点。

---

[1] 引文摘自 Namer, *L'Affaire Galilée*, p. 233。
[2] 引文摘自 Jules Speller, *Galileo's Inquisition Trial Revisited*, Francfort, Peter Lang, 2008, p. 355。
[3] Ibid., p. 355.
[4] Léon Garzend, *L'Inquisition et l'Hérésie*, Paris, Desclée de Brouwer, 1912, p. 64.

第二章
哥白尼与伽利略：
扎在教皇脚底的两根刺

[如果教廷拒绝宽恕伽利略，那么]有朝一日，人们甚至会将这件事与苏格拉底的遭遇相提并论。要知道，苏格拉底也曾在自己的祖国遭到迫害，后来，其他国家乃至迫害者的后裔都对此事表示强烈谴责。

——佩雷斯克[1]

---

[1] 佩雷斯克在 1635 年 1 月 31 日致信红衣主教弗朗切斯科·巴尔贝里尼，法语译文摘自 Franco Lo Chiatto et Sergio Marconi, *Galilée entre le pouvoir et le savoir*, Aix-en-Provence, Alinéa, 1988, p. 245。

在17世纪的前三十多年里，伽利略一直被认为是欧洲最伟大的学者之一，他的遭遇因此成为学者界与天主教会关系史上最沉重的一件事。就连教皇若望·保禄二世也认为这一事件是诸多"争执和冲突"的根源，"导致许多人误以为科学与信仰水火不容"。[1] 在本章，我们将看到，对于接连多位教皇来说，在很长一段时期内，哥白尼和伽利略都是扎在他们脚底的两根刺。不少学者都曾试图拔出这两根刺，可总是徒劳。事实上，这两位伟大学者的作品用了足足两百年的时间才摆脱了禁书目录，而教皇若望·保禄二世应全世界学者的不断要求，终于差强人意地为伽利略恢复声誉、承认伽利略案是天主教会的错误，则是三百五十年之后的事情了。

▶▷ 佩雷斯克请求释放伽利略

伽利略在世时，天文学家、书信作家尼科拉西－克洛德·法夫里·德·佩雷斯克（Nicolas-Claude Fabri de Peiresc, 1580—1637）大概是最努力解救他的一个人了。此人与众多欧洲学者都有信件往来，担任普罗旺斯议会的议员，在当时的上层政治宗教界颇有

---

[1] 若望·保禄二世，《纪念爱因斯坦百年诞辰的讲话》，摘自 Paul Poupard (dir.), *Galilée, 350 ans d'histoire*, Paris, Desclée de Brouwer, 1983, p. 274。

影响力。[1] 应伽利略一位朋友的迫切请求[2]，他在1634年12月写信给教皇的侄子红衣主教弗朗切斯科·巴尔贝里尼，乞求他想办法把"可怜的伽利略"放出来。他"斗胆"恳求红衣主教"为这位年过七旬、疾病缠身的老人做点什么，因为他的事迹将很难从后世的记忆中抹去"。他用雄辩的笔触写道：

> 后世之人可能会觉得奇怪，一位年过七旬的老人以假说的形式援引了一个并未公开禁止的观点，后来也收回了这一观点，可最终竟然仍旧遭到严惩。他虽然没有被送进监狱，但还是被软禁了——不许回到城里的家中，也不能会见前来探访他、安慰他的朋友。因为住所偏僻，他在患病或发生意外时甚至连医生和药品都没有。之所以说这些，是因为我对伽利略这位善良的老人深表同情。不久前我想写信给他，便向一位佛罗伦萨的朋友打听他的地址，这才知道他被关在乡下的一座房子里。房子的不远处有一所修道院，有位修女常

---

[1] 此人的生平可以参考 Peter N. Miller, *L'Europe de Peiresc. Savoir et vertu au XVIIe siècle*, Paris, Albin Michel, 2015。

[2] 埃利亚·迪奥达蒂在1634年11月10日写给皮埃尔·伽桑狄（Pierre Gassendi）的信，摘自 Antonio Favaro (dir.), *Le Opere di Galileo Galilei*, Florence, G. Barbera, vol. 16, 1905, p. 153. 谈到伽利略，迪奥达蒂写道："关于他不断遭受的痛苦，我不想再多说什么了，我只说给德佩雷斯克先生写的信。希望德佩雷斯克先生能够替他去红衣主教巴尔贝里尼大人那里求情，让严苛的惩罚略微减轻一些。之前，审查官们曾说有可能把他从乡下的房子里放出来，转移到佛罗伦萨或者其他地方去，伽利略一直盼望着这一天。如果德佩雷斯克能够促成此事，这将是一件伟大的功德、一件不朽的善行。"

去探望他，然而唯一能够安慰他的这个修女也已经去世了。我得知他不仅不能进城、不能回到自己的家，甚至连接待朋友或是给朋友们写信都不可以。这些消息让我心如刀割，想到世事变迁，不仅苦泪纵横：伽利略名噪一时，功绩足可以流芳百世，如今却要遭受这样的痛苦！之前有几位杰出的画家犯下了骇人听闻的大罪，听说他们现在已经功过相抵，得到了原谅。伽利略为世人带来了过去几个世纪以来最为伟大的发现，而且他只是以假说的形式谈及了一些人们不愿意赞同的观点，并没有说这些观点就是正确的，难道他的功绩就不能与过错相抵？难道他不应当得到宽恕吗？

任何一个国家都会认为这样的重刑过于极端，后世更会这样认为。如今，每个人似乎都忘记了芸芸众生的共同利益，很少有人去关心那些不幸之人，只考虑一己私利。我以谦卑之心、以满腔的热情恳求您、祈求您把此事放在心上，设法保护他，请您原谅我的冒昧，如果不这样做，这将成为您在位期间的一件憾事。我想，虔诚的臣民有必要表明自己的忠诚之心，因为您身边恐怕没有人敢向您坦露内心的真实想法，唯恐冒犯您的威严。

红衣主教的回信礼貌而简短，信中说，他"一定会将您对伽利略一事的想法转告尊敬的教皇。但是在这一问题上，我不能更加详细地回复您,请您谅解,因为尽管我是最后一位,但我毕竟也是参与了教廷圣职部审判的红衣主教之一"。佩雷斯克立即回信,再次为"可敬的老人"辩护,他向红衣主教重申,如果教廷拒绝宽恕伽利略,那么"很有可能得不到外界的支持,有朝一日,人们甚至会将这件事与苏格拉底的遭遇相提并论。要知道,苏格拉底也曾在自己的祖国遭到迫害,后来,其他国家乃至迫害者的后裔都对此事表示强烈谴责"。[1]

伽利略知道这些事情后,感谢佩雷斯克为他做出的努力,但他也坦言自己并不抱什么希望,在他看来,挡在他前面的是一座堡垒,"面对外界的冲击,这座堡垒似乎纹丝未动"。[2]所有人的恳求都丝毫没有改变教皇乌尔班八世的决定,伽利略一直被软禁,直到1642年1月离开人世。而佩雷斯克则在1637年6月就去世了,享年57岁。

▶▷ 莱布尼茨捍卫哥白尼

17世纪80年代末,哲学家格特弗里德·莱布尼茨(Gottfried

---

[1] 这些信件的法语译文由 G. 利布里(G. Libri)翻译,参见 *Le Journal des savants*, avril 1841, pp. 218-222。意大利语原文以及红衣主教巴尔贝里尼的回信参见 Favaro (dir.), *Le Opere di Galileo Galilei*, pp. 169-171。信件的日期均来自该书。该信的另一版译文参见 Lo Chiatto et Marconi, *Galilée entre le pouvoir et le savoir*, pp. 241-246。
[2] 伽利略在1635年3月16日写给佩雷斯克的信,出处同上,p. 259。佩雷斯克在1635年5月26日写给伽桑狄的信参见 Favaro (dir.), *Le Opere di Galileo Galilei*, vol. 16, p. 268。

Leibniz，1646—1716）虽然身为新教徒，却也试图说服天主教会取消对哥白尼学说的查禁。在信仰问题上，他承认教会是绝对正确的，但在物理学问题上，他认为强迫信徒去赞成站不住脚的观点是不对的，因为物理学真理无关人的意志，并不会被权力机关所左右。[1] 在写给天主教徒恩斯特·冯·黑森-莱茵费尔斯伯爵（Ernst von Hessen-Rheinfels）的信中，他建议伯爵在写信给罗马时，

> 应当试探一下红衣主教们的意思，看看此前查禁哥白尼"地动说"的法令有没有可能暂时取消。因为目前很多新的发现都能证明这个假设的真实性，最伟大的天文学家们几乎已经对此确信不疑。一些非常睿智的耶稣会士（如德沙勒神甫）也已经公开表示，用哥白尼学说可以轻而易举、毫不牵强地解释各种现象，如果再想找出另外一种如此合理的假说恐怕是很难了；而且显而易见，除了那一纸禁令，没有什么可以阻止这个学说的流传。最小兄弟会的梅森神甫（P. Mersenne）和耶稣会士奥诺雷·法布里神甫（P. Honoré Fabry）都写道，对哥白尼的抵制只是暂时的，在人们得到更多的证据之前，采取抵制的做法并无不当，因为这样可以避免意志薄弱

---

[1] Domenico Bertoloni Meli, «Leibniz on the Censorship of the Copernican System», *Studia Leibnitiana*, vol. 20, 1988, p. 21.

之人动摇信念。可如今，哥白尼学说带给我们的冲击已然过去，每一位理智之人都看得出，即便哥白尼的假设真实性再高，人们也不会因此去攻击《圣经》。假如约书亚曾是阿利斯塔克（Aristarque）或哥白尼的学生，他说出的也会是另外一番话，否则就会不合常理，让在场的人难以接受。在日常交流时，只要不涉及科学研究，所有支持哥白尼学说的人依然会说太阳升起来了、太阳落下了，而绝对不会说地球升起来了、地球落下了。因为这些说法都只是在描述现象而已，并不是在阐述现象的成因。

莱布尼茨认为，天主教会"应当让哲学家拥有合理的自由，自由本就属于他们"，他坚持认为"查禁哥白尼学说是错误的。英国、荷兰以及整个北方（更不用说法国）最杰出的学者们几乎已经确信这个假设真实无疑，在他们看来，这道禁令是一种有失公允的压迫"。他甚至称，"滥用权威、阻碍人们认识哲学真理是对《圣经》、对教会的亵渎"。他在信的最后指出，"我们可以采取一些权宜之计，比如罗马教会可以宣布，所有想要支持哥白尼学说的人必须在公开立场的同一时间发表声明，称《圣经》在撰写时只能写成现在这个样子，不可能也不应当改换为其他的表述方法，其内容并没有用词不当"。再者说，"没有哪个法庭不曾更改自己的判决。过去，圣师们不承认对跖点的存在，现在，他们也改变了看法。我想，类似的问题并不难解决"。[1]

我们不知道伯爵大人看到这封信后究竟有没有采纳莱布尼茨的建议，但是我们知道，1689年，莱布尼茨前往意大利亲自上阵了。他见了几位耶稣会士以及其他一些在罗马颇有名望的人，但没有一个人被他说服。然而他并没有就此放弃。1703年，他创作了新书《人类理智新论》。他在书中哀叹道，"意大利、西班牙以及罗马帝国之后的一些国家仍然在查禁哥白尼学说，对于这些国家来说，这真是莫大的损失，因为如果这些国家的学者能够享有适当的思辨自由，他们也许可以创造出更加伟大的成就"。[2] 这本书在1765年才得以出版，当时他已经逝世近50年了（莱布尼茨于1716年逝世）。

▶▷ 来自《百科全书》的恳求

法国数学家、物理学家让·达朗伯（Jean d'Alembert）与他的朋友狄德罗（Diderot）共同编撰了著名的《百科全书》。这套书的全称为《科学、艺术和手工艺分类词典》，1754年出版的第三卷

---

[1] Christoph von Romel (dir.), *Leibniz und Landgraf Ernst von Hessen-Rheinfels. Ein ungedruckter Briefwechsel über religiöse und politische Gegenstände*, Francfort, Literarische Anstalt, 1847, pp. 200-202.
[2] Gottfried Wilhelm Leibniz, *Nouveaux essais sur l'entendement humain*, Paris, Garnier-Flammarion, 1966, p. 458。

就包含了"哥白尼"这个词条,作者希望借此建议教皇本笃十四世(Benedictus XIV,1675—1758)改变当前的局面、取消过时的禁令,因为哥白尼体系"已经在法国和英国得到了普遍认可"。书中写道,"意大利最开明的哲学家和天文学家"有的不敢公开支持哥白尼学说,有的"极力声明自己只是将哥白尼学说视为一种假说,在这一问题上谨遵教会的教谕"。达朗伯的言语中夹杂着逢迎教会的外交辞令,他说,"意大利虽然人才济济,但是认识到这条禁令是一个不利于科学进步的错误尚需时日"。然而,"如今的教皇见识广博,完全有可能做出这样的改变。他本人就是热爱科学之人,亦是学者,他应当就这类科学问题向宗教裁判所的审查官们下达指示"。讽刺的是,他在后文又说,我们都应该向西班牙国王学习,"关于对跖点是否存在的问题,[他]更愿意相信亲自去过地球另一端的克里斯托福罗·哥伦布(Cristoforo Colombo),而不是从来没去过那里的教皇扎凯杜(Zacharias)"。他在文中还表扬了法国,他说,"在天体系统这个问题上,法国人更认可天文学家观测到的结果,而不是宗教裁判所的律令"。达朗伯冒天下之大不韪,称在他看来,"宗教裁判所对'地动说'的强烈抵制甚至对宗教本身都是有害的"。[1]

---

[1] 引文摘自 Pierre-Noël Mayaud, *La Condamnation des livres coperniciens et sa révocation à la lumière de documents inédits des Congrégations de l'Index et de l'Inquisition*, Rome, Université pontificale grégorienne, 1997, p. 176。

《百科全书》的编者非常清楚，在现代科学的问题上，教皇本笃十四世受到了教会保守派的束缚。《百科全书》的前四卷在出版之前经过了禁书审定院的审查，一位倾向于支持牛顿的耶稣会士数学家撰写了审查报告，指出了一些"应当受到禁止和谴责"的观点，禁书审定院的会议记载中记载了这段历史。[1]《百科全书》得到了教皇本笃十四世的保护，在其去世一年后的1759年才被列入禁书目录。继任的教皇是克雷芒十三世（Clemens XIII），在法语中，克雷芒这个词有宽厚之意，但这位教皇并没有人如其名，他禁止天主教徒阅读《百科全书》，违者就会被逐出教会。[2]

宗教人物与宗教组织不是一回事，我们不应将二者混为一谈。宗教组织在本质上是保守的，它几乎不可以承认自己有错，否则就有可能失去教徒们的信任，更会有损威严。因此，尽管教皇本笃十四世非常欣赏伏尔泰的文笔，伏尔泰还曾把戏剧《穆罕默德》献给他，但当这部作品要在意大利上演时，他依然毫不留情地下令禁止。另外，在必要的时候，他还多次让教廷圣职部直接查禁伏尔泰的批判文学。[3] 所以，要想改变教会、让物理学界获得更

---

[1] Pierre-Noël Mayaud, *La Condamnation des livres coperniciens et sa révocation à la lumière de documents inédits des Congrégations de l'Index et de l'Inquisition*, Rome, Université pontificale grégorienne, 1997, p. 175.
[2] Catherine Maire, «L'entrée des "Lumières" à l'Index: le tournant de la double censure de l'Encyclopédie en 1759», *Recherches sur Diderot et sur l'Encyclopédie*, n° 42, 2007, pp. 108-139.
[3] Peter Godman, *Histoire secrète de l'Inquisition. De Paul III à Jean-Paul II*, traduction de Cécile Deniard, Paris, Perrin, coll. «Tempus», 2008, pp. 254-255.

广泛的言论自由，唯一的办法就是要耐心、圆滑，尤其是要不着痕迹，任何改变都决不能引起公众的注意。

其实在本笃十四世当选教皇后的第二年，他的影响力就已经体现出来了。1741年，禁书审定院的态度便缓和了一些，同意将伽利略的绝大部分作品以作品集的形式出版。该书的出版商高兴地说："这本名声在外的《对话》多少次都是秘密印刷，如今，我们终于拿到了所有的出版许可，可以让它光明正大地出现在世人面前、供大众自由阅读了。"[1] 然而，这个作品集仍然不完整，伽利略写给大公夫人克里斯蒂娜的那封信便不在其中，而这封信至关重要，因为他正是在这封信中提出不应当从字面上解释《圣经》。此外，印刷许可要求，作品集在出版时必须附上宗教裁判所的判决以及伽利略公开放弃异端邪说的誓言。最后，"自由"出版还有一个代价，那就是原文的一些内容被修改了。哥白尼作品中的一些言辞采用了描述客观现实的句式，根据1620年的法令，相关内容经删改后方可出版。[2] 于是，在整理伽利略作品集时，出版负责人也依据这条法令做出了删改，并毫不避讳地宣称"不符合法令要求的个别语句已被删去或改为假设句"。[3] 同哥白尼的著作遇

---

[1] 引文摘自 Mayaud, *La Condamnation des livres coperniciens*, p. 121。
[2] 哥白尼作品的具体删改情况参见 Michel-Pierre Lerner, «Copernic suspendu et corrigé. Sur deux décrets de la Congrégation romaine de l'Index (1616-1620)», *Galilaena*, vol. 1, 2004, p. 2189。
[3] 引文摘自 Mayaud, *La Condamnation des livres coperniciens*, p. 121。

到的情况一样，修改后的文字其实已经与原文的意思背道而驰了。伽利略从未怀疑过"地动说"的真实性，他认为这个学说绝不仅仅是一种实用的假说。虽然他当时并没有给出任何"无可辩驳"的证据，但他将托勒密提出的天体系统与哥白尼的天体系统进行了分析，相比之下，后者更为合理，因此他便站在了哥白尼这一边。但是，正如我们在前文中已经指出的那样，教会的辩论策略是避免将二者进行对比，他们只强调没有任何证据能够无可辩驳的证明地球确实在运动。当然，也没有任何证据能够无可辩驳的证明地球是不动的，只不过他们对此只字不提……

值得指出的是，17 世纪 20 年代后期，英国学者詹姆斯·布拉得雷（James Bradley）发现了恒星的光行差现象，这种现象只能通过"地动说"来解释——如果不考虑实际应用的话，当然也可以用纯粹的怀疑主义来解释——因此这个发现可以作为地球在运动的有力证明。尽管哥白尼体系经过开普勒的修改已经证实物理学的全部理论具有连贯性，但只有对红衣主教贝拉尔米内持怀疑态度的人支持这样的"证据"，愿意相信地球并不是静止的。至于地球的自转现象，那得等到1851年傅科摆问世才真正有了令人信服的事实证据。为了说明获得这样的科学认识有多么不易，我们不妨在此再讲一件事：20 世纪初，著名数学家、科学哲学家亨利·普安卡雷（Henri Poincaré）提出，就连这个大名鼎鼎的傅科摆也不能真正"证明"地球在转动，这个说法一时间引起了热议。

他认为这个实验可以作为一个有说服力的佐证，但并不是很"绝对"，相比而言，红衣主教贝拉尔米内的观点更为"绝对"，因为他的认识论从根本上就与大多数学者不一样。[1]

▶▷ 迟来的葬礼：伽利略终于入土为安

1642年1月8日，伽利略去世。当时的教皇乌尔班八世仍然对他的那本《对话》耿耿于怀。他禁止托斯卡纳大公将其风光大葬，不准为其修建大型陵墓，也不许伽利略的遗体安息于佛罗伦萨圣十字大教堂。在他看来，像伽利略这样的异教徒是绝对不可以光明正大地栖身于天主教堂的。因此，教皇派人明确告诉托斯卡纳大使说，"伽利略的事情不值得世人效仿"，因为他"相信了一种大错特错的学说，并因此被教廷圣职部传唤。他支持的学说已经被禁止，但许多人因为他而产生了混乱的观念，整个基督教世界也因此而不得安宁"。[2]

仰慕伽利略的人们并没有就此放弃，其中最有行动力的一位就是他生前的助手温琴佐·维维亚尼。维维亚尼也是一位知名学

---

[1] Jean-Marc Ginoux et Christian Gerini, «Poincaré et la rotation de la Terre», *Pour la science*, n° 417, juillet 2012, pp. 2-5; Jacques Gapaillard, *Et pourtant elle tourne. Le mouvement de la Terre*, Paris, Seuil, 1993.
[2] 引文摘自 Annibale Fantoli, *Galilée. Pour Copernic et pour l'Église*, Studi Galileiani, Cité du Vatican, Publications de l'Observatoire du Vatican, vol. 5, 2001, pp. 335-336.

者，1666年成为托斯卡纳大公的宫廷数学家。他在得知教会拒绝安葬伽利略之后，于1693年在自家门前立起了一座纪念碑。尽管这座纪念碑属于私人建筑，1698年却成为佛罗伦萨一个重要的旅游景点。人们用自己的行为赞扬了维维亚尼的创举，同时也以此来呼吁国家正视伽利略的伟大。[1]

可是，直到伽利略被判刑一个多世纪之后，教会才终于允许意大利为伽利略办一场与其盛名相符的葬礼。但即便如此，1734年6月16日，教会又下了一道命令，要求在墓碑上雕刻铭文之前，必须将铭文内容送至教廷圣职部审查。[2] 终于，1737年3月，伽利略的遗体被移入了圣十字大教堂，摆放于托斯卡纳另一位伟人米开朗基罗（Michelangelo, 1475—1564）的对面。这一事件具有政治意义，它显示出托斯卡纳大公国想要从罗马教廷中独立出来的意愿。教廷方面根本没有派代表来参加这场葬礼，这也是很说明问题的。[3]

▶▷ 激烈的对抗偃旗息鼓

1753年，教皇本笃十四世终于修改了书籍查禁制度，从此之

---

[1] Michael Segre, «The Never-Ending Galileo Story», dans Peter Machamer (dir.), *The Cambridge Companion to Galileo*, Cambridge, Cambridge University Press, 1998, p. 392.
[2] Fantoli, *Galilée. Pour Copernic et pour l'Église*, p. 337; Antonio Favaro (dir.), *Le Opere di Galileo Galilei*, Florence, G. Barbera, vol. 19, 1907, p. 399.
[3] Paolo Galuzzi, «The Sepulchers of Galileo: The "Living" Remains of A Hero of Science», dans Machamer (dir.), *The Cambridge Companion to Galileo*, pp. 433-435.

后，审查官的决定都需要得到教皇的亲自批复方可生效。后来，本笃十四世在私下里告诉一位朋友，他在上任第二年就着手推进这件事了，等了十一年才终于将其变为现实，连他本人都认为罗马教廷的运行实在迟缓。[1] 可以说，这一改革使禁书审定院的官僚主义程度进一步加深[2]，禁书目录当然也会随之受到影响。1757年，新的禁令问世。相较 1616 年的法令，新规定不动声色地去掉了"[以及支持地球在转动而太阳静止不动的] 所有其他书籍"这句话。有人可能会觉得奇怪，那些当年被严令禁止的书籍（即哥白尼、伽利略以及开普勒的作品）依然没有从新的禁书目录中删去，其实，这种反差正体现了教会潜移默化的策略，其目的就是不引起人们的注意，以免被解读为承认自己有错。

然而，1757 年的新禁令要想完全不引人耳目是不可能的。事实上，1765 年，法国天文学家约瑟夫·热罗姆·勒弗朗索瓦·德·拉朗德（Joseph Jérôme Lefrançois de Lalande）有一次去罗马时，就问禁书审定院为什么伽利略的《对话》没有从禁书目录中删去。他在提出质疑时并没有提到其他学者的名字，这说明对于他而言，虽然哥白尼和开普勒也很伟大，但伽利略这一个人就已经可以代表整个科学界了。据拉朗德称，禁书审定院负责人

---

[1] Mayaud, *La Condamnation des livres coperniciens*, p. 179.
[2] Maria Pia Donato, «Les doutes de l'inquisiteur: philosophie naturelle, censure et théologie à l'époque moderne», *Annales, Histoire, Sciences sociales*, 64e année, 2009.1, p. 40.

的回答是，宗教裁判所曾对伽利略判刑，所以得先把这条判决修改了才行，可以想象，这个过程将是非常漫长的，而且结果也难以预料。[1] 正如我们将在第四章看到的那样，后来，拉朗德的科普作品《写给女士的天文学》也在1830年成了禁书。

19世纪初，牛顿的物理学以及他根据哥白尼学说发展出的宇宙学被整个学术界普遍接受。不少书籍基本上算是拿到了教会方面的正式出版许可[2]，但教廷圣职部仍然有一部分保守派坚守着教会之前的决定，尽管这些决定的荒谬性已经显而易见，他们依然坚决抵制哥白尼学说。1820年，意大利的议事司铎、罗马大学天文学教授朱塞佩·塞泰莱（Giuseppe Settele）为他的一部物理学作品申请印刷许可，此事闹得沸沸扬扬，这才迫使罗马教廷明确表示不再禁止哥白尼学说的传授。当时，负责审阅该书的审查官认为支持"地动说"已经不存在问题了，但圣廷大人却非常固执，他认为1616年的法令并未被废除，既然该法令判定哥白尼的"地动说"为异端邪说，并且严令禁止捍卫这种学说，那么就不应准予塞泰莱的书印刷出版。可笑的是，圣廷大人的断然拒绝却催生出了新的教令：1822年，教廷圣职部的红衣主教们获得教皇庇护七世（Pius Ⅶ）的批准，颁布了一项教令，宣布"地动说"已得到了现代天文学家普遍认可，"现任和日后继任的圣廷大人均不得

---

[1] Mayaud, *La Condamnation des livres coperniciens*, p. 215.
[2] 相关举例出处同上，pp. 218-233。

拒绝签发相关书籍的印刷出版许可"。持不同意见或不依该规定行事者一律交由教廷圣职部裁决。[1]

这个决定的结果当然是长期遭到封锁的天文学书籍（尤其是哥白尼、伽利略以及开普勒的作品）终于得以重见天日了，但实际的解放过程却非常缓慢。事实上，直到1835年，这些书才从禁书目录中解脱了出来。当然，为了不引起大家的注意，禁书目录的删减工作都是悄无声息地完成的。有人可能会想，圣廷大人拒不签署印刷许可说不定是有意为之，其目的就是要逼迫教会做出明文规定，推翻旧观念、与现实接轨。可以肯定的是，伽利略又一次证实了自己的先见之明——在《对话》的一本样书上，他写了这样一句充满讽刺意味的话："小心啊，神学家们！如果你们把太阳和地球是运动还是静止归为信仰问题，那么也许有一天，你们就得把坚称地球是静止的而太阳在运动的人判为异教徒了。"[2]

▶▷ 拿破仑获得卷宗

从哥白尼的《天体运行论》出版，到这本书的科学性得到天主教会的承认，其间的过程缓慢而曲折，历时近三个世纪。虽然教会终于接受了哥白尼的天体系统，但这并不意味着事情就此便

---

[1] 引文摘自 Fantoli, *Galilée. Pour Copernic et pour l'Église*, p. 343。
[2] Ibid..

结束了，因为此时的伽利略依然是被罗马宗教裁判所定了罪的罪人。人们要求教会充分正视错误、彻底承认错误，这样的呼声不绝于耳、持续高涨。

在拿破仑征服意大利之后，唯理主义者（当然还有反教权主义者）都把伽利略案视为一种象征，该案的意义越发非同小可。事实上，拿破仑很喜欢与学者们在一起，甚至在他远征埃及（1798—1801）的时候都带了几位杰出的学者在身边。1809年12月，他下令将梵蒂冈的档案资料悉数运回巴黎。[1] 在接下来的一年里，成千上万本卷宗翻山越岭，从罗马来到了巴黎，其中就包括法国一直想彻底公开的伽利略案的卷宗。但是接下来几十年的政局一直不稳定——法国经历了拿破仑退位、波旁王朝复辟、七月王朝——再加上梵蒂冈方面多次要求法国将卷宗返还，1843年，伽利略的卷宗还没来得及大白于天下就又回到了罗马。[2]

1848年，革命运动导致意大利的局势出现动荡，短命的罗马共和国成立了。借此机会，共和国的财政部长贾科莫·曼佐尼

---

[1] Owen Chadwick, *Catholicism and History: The Opening of the Vatican Archives*, Cambridge, Cambridge University Press, 1978, pp. 14-15.
[2] Ibid., p. 20-21; Francesco Beretta, «Le siège apostolique et l'affaire Galilée: relectures romaines d'une condamnation célèbre», *Roma moderna e contemporanea*, année 7, no 3, 1999, p. 443; 另外参见 Francesco Beretta, «Le procès de Galilée et les archives du Saint-Office. Aspects judiciaires et théologiques d'une condamnation célèbre», *Revue des sciences philosophiques et théologiques*, vol. 83, 1999, p. 467。巴黎与罗马的部分信件往来参见 L. Sandret, «Le manuscrit original du procès de Galilée», *Revue des questions historiques*, vol. 22, 1877, pp. 551-559。

（Giacomo Manzoni）和他的朋友物理学家、公共教育部长西尔韦斯特罗·盖拉尔迪（Silvestro Gherardi）获得了查看教廷圣职部档案材料的权限，并迅速复制了伽利略卷宗中的多份文件，消息传出后，要求公布这些文件的呼声就更加高涨了。但罗马宗教势力很快便东山再起，教廷圣职部担心被复制的文件会被用来动摇信徒们的思想，于是决定先下手为强。1850年，梵蒂冈秘密档案馆长马里尼（Marini）命人出版了《伽利略与宗教裁判所：纪实与审视》一书，首次公开了伽利略案的部分材料（1815年多次向巴黎索要卷宗的正是这位马里尼大人）。正如历史学家安尼巴莱·凡托利（Annibale Fantoli）所言，出版该书最主要的目的是"为教廷圣职部的工作进行辩护，同时打消人们的疑虑，表明教会在1633年审判期间并未以不人道的方式对待伽利略"。[1] 要知道，当时的反教权团体都误以为伽利略曾遭受酷刑。[2] 然而，这样一本书却让人们重新开始了对整个事件的讨论。由于书中公布的资料极不完整，由此得出的结论是否可靠、经过转录的文件是否与原件一致都受到了档案学家和历史学家的多方质疑。

在接下来的几十年中，这个主题的书籍又出现了法语、英语、意大利语和德语版本。[3] 法国天主教档案学家、历史学家亨

---

[1] Fantoli, *Galilée. Pour Copernic et pour l'Église*, p. 346.
[2] Chadwick, *Catholicism and History*, p. 43.
[3] 更多相关内容参见 Maurice A. Finocchiaro, *Retrying Galileo, 1633-1992*, Berkeley, University of California Press, 2005。

利·德·莱皮努瓦（Henri de l'Epinois）对马里尼的这些书颇有微词。他说，书中引用的资料"完全不能回答人们提出的问题，让人们觉得[教会]依然有所隐瞒"。[1] 他获得了梵蒂冈的批准，重新阅读了所有资料，并于1867年发表了《打开尘封的档案：伽利略其人、其案、其罪》一书。三年后，西尔韦斯特罗·盖拉尔迪终于将他在19世纪40年代查阅到的资料进行整理分析，写成了《伽利略案：新资料，新审视》。

以伽利略为主题的讨论不断涌现，在1887年达到了最高潮：意大利王室颁布法令，宣布国家计划将伽利略的全部作品（包括信件）汇编出版，所有费用由意大利政府承担，具体事务由历史学家安东尼奥·法瓦罗（Antonio Favaro）负责。[2] 在国家的支持下，法瓦罗获准查阅教廷圣职部和梵蒂冈的所有档案资料，以收集有关伽利略一案的所有官方文件。最后形成的作品共20卷，在1890年至1909年间相继出版。这套书取代了此前真实性有待商榷的所有相关书籍，直至今日依然是研究伽利略不可不读的重要参考。[3]

---

[1] Henri de l'Épinois, *Les Pièces du procès de Galilée précédées d'un avant-propos*, Paris, Société générale de librairie catholique, 1877, p. v. 该书第一版于1867年7月发表在《历史问题评论》杂志中，1877年的版本有改动。作者在书中 p. v-vii 进行了说明。
[2] Finocchiaro, *Retrying Galileo*, p. 262.
[3] Antonio Favaro (dir.), *Le Opere di Galileo Galilei*, Florence, G. Barbera, 1890-1909. 此版本可于法国国家图书馆的网站 gallica.bnf.fr 免费查阅。

▶▷ 为伽利略正名

伽利略一案的文件资料虽然公开了，但要为伽利略恢复名誉则完全是另一码事。纪念日通常是回顾重大历史事件的绝佳契机。在筹备伽利略逝世300周年纪念日之际，宗座科学院[1]便提出了出版一本伽利略传记的计划。[2]可是，这本书的目的依然是为教会辩解，因为宗座科学院的院长在下达命令时便明确指出，这本传记至少要"明明白白地证明教会没有迫害伽利略，而且还在判案时给予了他很多帮助"。[3]

宗座科学院院长将写书的任务交给了神甫、历史学家皮奥·帕斯基尼（Pio Paschini），他大概没有料到帕斯基尼会写下那么多批判性的话语。1945年初，也就是伽利略300周年纪念日的三年后，帕斯基尼将书稿交了上去，他万万没有想到，宗座科学院竟拒绝出版此书，理由是这本书的立场完全站在了伽利略的那一边！帕斯基尼认为他的分析并无偏私，客观严谨，不同意修改，于是，宗座科学院只好将此书转交给了梵蒂冈的国务院书记处，国务院书记处又将其交给教廷圣职部处理。教廷圣

---

[1] 宗座科学院是庇护十一世（Pius XI）于1936年创立的，历史学家凡托利认为，成立宗座科学院是为了"促进基督教信仰与现代科学的交流"。
[2] Fantoli, *Galilée. Pour Copernic et pour l'Église*, p. 527.
[3] 引文出处同上，p. 349。

职部认为手稿的内容的确过于偏向伽利略,而且对参与审判的耶稣会士和多明我会修士多有微词,因此严禁该书出版发行。这一事件再一次证实了宗教界的保守思想对梵蒂冈政府的强大影响力。

向帕斯基尼传达圣职部决定的是当时国务院书记的助理乔瓦尼·巴蒂斯塔·蒙蒂尼(Giovanni Battista Montini),也就是后来的教皇保禄六世,他非常同情帕斯基尼的遭遇。帕斯基尼回信说自己感到失望、不满,他认为这个决定有失公允,因为他在书中并没有偏袒谁,也丝毫没有为伽利略辩护。[1] 他非常清楚教会内部在这个问题上存在分歧,在私下里对朋友说,他坚信"从一开始,教廷圣职部就根本不希望出版这样的书。宗座科学院想要出版伽利略传,但这个想法是罗马教皇批准的,而不是圣职部。现在找到一个借口,正好能够禁止这本书出版,圣职部高兴还来不及"。在帕斯基尼看来,之所以做出这样的决定,是因为权力机关认为自己永远是有道理的,"尤其是在他们犯错的时候"。[2] 最终,依照圣职部的决定,伽利略的这本传记没有出版。1950 年,帕斯基尼只将一篇介绍伽利略的小文章写在了《天主教百科全书》中,而这本书是他本人主编的。

---

[1] 有关帕斯基尼在信中陈述的更多内容参见 Finocchiaro, *Retrying Galileo*, pp. 318-326。
[2] 引文出处同上,p. 324。

▶▷ 伽利略与第二次梵蒂冈大公会议：又一次良机

"伽利略案"已经成为一根实实在在的刺，它扎在教皇们的脚底，在罗马教廷保守派和自由派的意识形态斗争中不断被提起，三个世纪过去了，隶属于教会的宗座科学院想要出版一本伽利略传记都未能成功，可见这根刺有多么不可小觑。

1962年12月，帕斯基尼逝世，他在遗嘱中将自己的手稿传给了弟子米凯莱·马卡罗内（Michele Maccarrone）。马卡罗内也是神甫，他接任帕斯基尼成为罗马宗座拉特朗大学的宗教史教授。从拿到手稿那天起，他就以出版该书为己任。他当时担任历史学宗座委员会主席，后来成为第二次梵蒂冈大公会议的专家。[1]在此，我们不妨简要回顾一下这次会议：第二次梵蒂冈大公会议由教皇若望二十三世（Ioannes XXIII）发起，但他在1963年6月逝世了，同年秋天，会议由新任教皇保禄六世主持召开。第二次梵蒂冈大公会议的目的是重新思考教会在现代世界中的位置，正如我们所知，这次会议在天主教历史上有着非常深远的意义。

马卡罗内再次向宗座科学院提议出版伽利略传，这一次恰逢伽利略诞辰400周年（伽利略生于1564年），宗座科学院的态度

---

[1]　马卡罗内的工作经历参见 Thomas F. X. Noble, «Michele Maccarrone on the Medieval Papacy», *The Catholic Historical Review*, vol. 80, 1994, pp. 518-533。

缓和了许多。之前,伽利略认为乌尔班八世当选是一次"良机",对于帕斯基尼的两卷本传记《伽利略之生平与著作》来说,1963年同样是一个难得的机遇。我们在前面说过,面对教廷圣职部的铁腕,蒙蒂尼大人相对来说是站在帕斯基尼这一边的,而这位大人在1963年6月21日成为新任教皇保禄六世。于是,在新教皇召见的时候,马卡罗内就提出了将帕斯基尼的作品出版的计划,教皇给予了支持。另外,第二次梵蒂冈大公会议的讨论结果也同意将这本尘封了20年的作品出版。事实上,这次会议的一个议题就是科学与宗教的关系。很多科学家一直在要求教会郑重地为伽利略正名。多位与会成员认为,鉴于伽利略案极具代表性,而且适逢他的400周年诞辰,教会应当对此案做出明确表态。

第二次梵蒂冈大公会议的牧职宪章《喜乐与希望》(*Gaudium et Spes*)在第36节讨论了"现世事实应有的自主权"。在起草这一部分时,有人提议明确指出伽利略案是一个错误。然而,大多数与会成员都不同意这样做,最后的结果是大家各让一步:正文内容采用模糊的语言,同时将帕斯基尼的伽利略传作为参考文献直接标注在脚注中,不加任何评论。话说回来,这本传记虽然获准出版,但其中言辞最为激烈的部分却被修改了。负责对手稿进行最后一次整理的是耶稣会士埃德蒙·拉马勒(Edmond Lamalle),他说被改动的都是些微不足道的地方,所以马卡罗内完全不知道具体有哪些变动。教会方面称,这本书成书于20年前,因而需要

"与时俱进"。在这一借口的掩护下,帕斯基尼的很多观点都被彻底推翻了。[1]教廷圣职部成员、保守派代表彼得罗·帕伦特(Pietro Parente)认为这本书毫无新意。此人也参加了第二次梵蒂冈大公会议,和很多人一起,他也强烈反对承认伽利略案有错。[2]

需要注意的是,一些高级教士之所以不同意谈论伽利略案可能是出于文化方面的原因。在1965年2月11日的讨论会上,图卢兹大主教加布里埃尔-马里·加龙内(Gabriel-Marie Garonne)指出,如果不提及伽利略案,科学界将会感到失望。喀麦隆雅温得大主教佐阿(Zoa)当即反驳说,地方教会和普世教会是有区别的,伽利略案主要与西欧有关。据报道,这些话引起了哄堂大笑。[3]

我们继续回到伽利略400周年诞辰的话题上。斯特拉斯堡助理主教埃尔兴格(Elchinger)曾负责与法国教育界的沟通,他的回忆录很值得一读。回忆录写道,1964年11月,他参加了"教会与文化界关于为伽利略正名的讨论"并发言。他提出与科学和解,这个观点"一经提出便遭到了一些高级神职人员的强烈反对,但教皇保禄六世的态度却是很正面的"。在他看来,"伽利略案犯

---

[1] Finocchiaro, *Retrying Galileo*, pp. 330-337.
[2] Fantoli, *Galilée. Pour Copernic et pour l'Église*, pp. 530, 533; Finocchiaro, *Retrying Galileo*, p. 329.
[3] Jean-Paul Messina, *Évêques africains au Concile Vatican II*, 1959-1965. Le cas du Cameroun, Paris, Karthala, 2000, p. 138.

了'违背精神之罪'，它挖了一道深渊，将信仰与科学分割开来"。[1]

在第二次梵蒂冈大公会议期间，埃尔兴格批判了教会长久以来对待科学的态度，法国《世界报》对此进行了报道。他首先反思了教会是不是"对理性主义和批判性思维有一种病态的恐惧"，随后又指出，"伽利略是现代历史的代表。我们不能说他属于过去，因为对他的判决至今还没有被撤销，也就是说尚未失效。今天的很多学者都认为，四个世纪以前，将这位伟大正直的学者判为罪人的正是神学家[对待科学]的态度"。他说，1964年"是伽利略诞辰400周年"，"如果教会能够诚恳地为其恢复名誉，这将是极具说服力的一大壮举。当今世界对教会的期待并不只是宣扬美好的观念，它期待我们做出真正的行动"。[2]

几个月后，为了支持埃尔兴格的观点，多明我会的神甫、科学哲学家多米尼克·迪巴勒（Dominique Dubarle）派人将一封法国科学家天主教联盟发起的请愿书交给了埃尔兴格。这封请愿书得到了数百名科学家的支持，指出"时至今日，教会一直没有出台一部法规来保护各学科学者的研究自由"。这些天主教学者悲痛地写道：

---

[1] Léon-Arthur Elchinger, *L'Âme de l'Alsace et son avenir*, Strasbourg, La Nuée bleue, 1992, p. 167.
[2] 引文摘自 Henri Fesquet, «Vatican II et la culture», *Le Monde*, 6 novembre 1964。

很多知识分子都认为教会秉持了一种不合时宜的教条主义，伽利略案就是一个具有代表性的例子，尤其是这一案件至今仍然没有被撤销。这些知识分子想知道，这位伟大学者诞辰400周年难道不是一个为他正名的契机吗？[1]

迪巴勒非常赞成"为伽利略郑重正名"的想法。由于负责向红衣主教们汇报该问题的是埃尔兴格，所以1965年3月，在牧职宪章最终版本提请大公会议批准之前，迪巴勒向埃尔兴格详细阐述了自己的看法。迪巴勒认为，教会对伽利略犯下了"违背精神之罪"，提出了错误的教义，1616年的法令以及1633年的审判也存在司法不当的问题。他说，"这些事情人尽皆知，不断地引起公愤，尤其是为科学界所不容"。在这种情况下，如果"教会只是说几句虚无缥缈的好话来表达对科学、对学者的尊重，或者用一些外交辞令对以往那些不愉快的事情表示遗憾"，那么"无论从哪个角度来讲"，最终"都会得不偿失"。[2] 要想解决此事，他认为只有两条路可走：

第一条路，既然教会尚未做出成熟的决定，那就壮着胆

---

[1] 引文摘自 Elchinger, L'Âme de l'Alsace et son avenir, p. 167。
[2] 引文摘自 Alberto Melloni, «Galileo al Vaticano II», dans Massimo Bucciantini, Michele Camerota et Franco Guidice (dir.), Il Caso Galileo. Una rilettura storica, filosofica, teologica, Florence, Leo S. Olschki, 2011, p. 482。

子保持现状；第二条路，鼓起勇气，从现在开始着手处理那些迟早必须要做的事。所谓"必须要做的事"，一是郑重撤销1632年至1633年对伽利略的判决，彻底变更责令伽利略放弃异端邪说的判决书；二是明确取消教廷圣职部的某些审判方式，公开制定保障"人权"的审理形式，供天主教会在判案时使用。[1]

对于内部意见尚不统一、需要相互妥协、徐徐行事的教会来说，这一切显然太过直接、太过激进了。具体该如何承认教会在历史上犯下的错误呢？红衣主教们意见不一。这一次，保守派在教皇保禄六世的支持下再次占了上风。保禄六世也希望不要翻开伽利略的旧案，因为明确承认教会犯了错误就会让人们对教会这个组织的合理性产生质疑。

经过一系列的讨论和秘密会谈，第二次梵蒂冈大公会议的牧职宪章《喜乐与希望》的第36节"现世事实应有的自主权"终于成文。这段文字再次体现了梵蒂冈"笔杆子"的语言功力：通篇找不出明确的表态，但又巧妙地隐含着一层意思，如若日后再有人说科学没有自主权，完全可以用这段文字来反驳他。[2] 这一节

---

[1] 引文摘自 Alberto Melloni, «Galileo al Vaticano II», dans Massimo Bucciantini, Michele Camerota et Franco Guidice (dir.), *Il Caso Galileo. Una rilettura storica, filosofica, teologica*, Florence, Leo S. Olschki, 2011, pp. 482-483。
[2] 具体讨论情况的参考文献同上，pp. 461-490。

阐述了科学拥有一定程度自主权的合理性，最后写道：

> 在这个问题上，一些信众由于没有充分认识到科学拥有一定自主权的合理性，掀起了一些争执和冲突，使许多人误以为科学与信仰水火不容，这着实令人感到遗憾[62]。

脚注62列出的参考书目便是1964年在梵蒂冈出版的那本伽利略传。就这样，尽管马卡罗内并不知道帕斯基尼的手稿已经遭到了篡改，但他毕竟让恩师的名字出现在了一份牧职宪章中，这已经是了不起的胜利了，因为在此之前，只有教皇的著作和《圣经》才会出现在这样的文本中。马卡罗内认为，用这种方式来解决"伽利略问题"更为妥善，虽然有的人仍在要求大公会议重审伽利略案。[1] 一些外界人士也认为此事算是了结了。例如，哲学家乔治·古斯多夫（Georges Gusdorf）在1969年出版的《伽利略的革命》一书中写道，第二次梵蒂冈大公会议"弥补了对这位来自佛罗伦萨的学者犯下的过错"，"终于为这段可悲的历史画上了句号"。[2] 但是，几个世纪以来，人们不断要求用坦率、直白的方式从真正意义上为伽利略正名，正如迪巴勒神甫此前说过的那样，用几句只有内行人士才看得懂的话来解决问题是不彻底的，无法满足人们的诉求。

---

[1] 引文摘自 Finocchiaro, Retrying Galileo, p. 330。
[2] Georges Gusdorf, *La Révolution galiléenne*, tome 1, Paris, Payot, 1969, p. 133.

▶▷ 若望·保禄二世登场

要求教会明确表态的呼声不绝于耳,于是,在 20 世纪 70 年代末,教皇若望·保禄二世(Ioannes Paulus Ⅱ)决定试着彻底拔掉脚底的这根刺。这根刺已经困扰教皇们很久了,尤其是每当与科学界打交道时,它就显得格外碍事……

又一个纪念日成了契机。不过这一次并没有赶上伽利略或是哥白尼的纪念日,而是阿尔贝特·爱因斯坦(Albert Einstein)诞辰 100 周年。1979 年 11 月 10 日,若望·保禄二世借这个机会在宗座科学院的众人面前谈起了伽利略。教皇似乎下定决心不再像第二次梵蒂冈大公会议那样闪烁其词。他首先回顾道,"第二次梵蒂冈大公会议已经承认了过去的一些干预不甚合理,并对此感到遗憾",他引用了我们在上文已经提到的那段话,随后接着说道,"关于伽利略的参考书目已明确列在了原文的脚注中",但我们应当做的"不止这些"。他希望"神学家、科学家以及历史学家能够真诚合作",对伽利略案重新研究,"让那些不相信科学和信仰、教会与世俗社会能够和谐相处、繁荣共生的人打消心中的疑虑"。他说,"这项任务将为信仰与科学的真谛增光添彩,为日后的合作打开大门",他将对此"给予全力支持"。[1]事实上,罗马教会内部仍然存在分歧,一些人认为第二次梵蒂冈大公会议已经彻底解决了伽利略问题,另一些人则要求教会更加直接地承认错误,可是教皇寥寥几句话却一如既往地将这个分歧遮掩了过去。他用牧职宪章《喜乐与希望》里一个微不足道的脚注来说明这份文件确实提到了伽利略,可实际上文件的正文部分却语焉不详,只有善于咬文嚼字的诠释家才能够从中解读出教会承认了对伽利略犯下的错误。若望·保禄二世用这样一个小细节安抚了那些提出异议的人,紧接着又说应当更进一步,"无论是哪一方面犯了错"[2]都要勇于承认。

迟缓是梵蒂冈一贯的风格,负责从各个角度(文化、历史、神学)复查伽利略案的研究委员会用了18个月才组建起来。它的构成再次体现出教会在努力平衡各方势力:委员会的主席是曾在第二次梵蒂冈大公会议上对伽利略表示支持的大主教加龙内(Garonne),可是他年事已高;米凯莱·马卡罗内是委员会的成员之一,在某种程度上他可以代表他的老师——伽利略传的作者帕斯基尼;此外还有耶稣会士拉马勒,也就是负责"修改"伽利略传的那个人;最后还有宗座文化委员会主席保罗·普帕尔(Paul

---

[1] Jean-Paul II, «Discours à l'occasion de la commémoration du centenaire de la naissance d'Albert Einstein», p. 274.
[2] Ibid..

Poupard），他在最后阶段将起到核心作用。

耶稣会士、天文学家乔治·V．科因（George V. Coyne）当时是梵蒂冈天文台台长，他也是委员会的成员。他回忆说，委员会当年并没有积极开展工作，1983年底之后就再没有开过会了，他们的研究没有为伽利略案带来什么实质性的新内容。1989年，教皇向委员会主席问起工作进展，据科因说，主席的回答是"很多成员已经去世或退休了"。[1] 最后，他们决定让普帕尔准备一份总结报告，教皇随后将以此来发表声明。[2] 然而，在伽利略问题专家看来，这份报告并不能算作是委员会的工作总结。

几位伽利略问题专家在读过普帕尔撰写的总结报告后深感不满，因为普帕尔又一次有意避免明确承认教会查禁哥白尼学说、对伽利略判刑是个错误。[3] 普帕尔甚至称赞贝拉尔米内，说他的认识论要比伽利略的认识论更高明！他还再次用到了我们在前文说过的诡辩论，即伽利略的观点必须要得到"无可辩驳"的证据来证实才行，由于这样的证据时隔多年才被人们找到，所以贝拉

---

[1] George V. Coyne, s.j., «Galileo Judged. Urbain VIII to John Paul II», dans Bucciantini, Camerota et Guidice (dir.), *Il Caso Galileo*, p. 493.
[2] Paul Poupard, «Compte rendu des travaux de la commission pontificale d'études de la controverse ptolémo-copernicienne aux XVIe-XVIIe siècles», dans Paul Poupard (dir.), *Après Galilée. Science et foi: nouveau dialogue*, Paris, Desclée de Brouwer, 1994, pp. 93-97.
[3] Finocchiaro, *Retrying Galileo*, pp. 353-357; Fantoli, *Galilée. Pour Copernic et pour l'Église*, pp. 535-539; 具体分析参见 Annibale Fantoli, «Galileo and the Catholic Church: A Critique of the "Closure" of the Galileo Commission's Work», traduction de George V. Coyne, *Studi Galileiani*, vol. 4, n° 1, 2002.

尔米内的观点是合理的。这个结论不仅不能抚慰人心，反而让人们更加失望。科因甚至不太认同"伽利略的故事"这种表述，因为在他看来，伽利略案是个"真切的事例"，它或许"反映了教会权威的内在构成与人们在各个领域（包括自然科学领域）自由探求真理的需求之间长期存在的矛盾"。对伽利略案的复审开始于1979年，1992年，教皇发表著名讲话，标志着这次审查的终结。又过了十五年，科因撰书回忆此事，仍然认为伽利略当时应该享有继续研究的自由，即便前提是要承认哥白尼学说为一个谬论。但是，"教会的官方声明"剥夺了这份自由，科因在作品的末尾写道，"悲剧"[1]恰恰就在于此。然而，在普帕尔的报告中，这些根本性的问题同三十年前迪巴勒提到的问题一样，统统被忽略了。

普帕尔在编写总结报告时，自始至终都没有向伽利略问题专家请教。[2]就这样，尽管专家们对这份报告持保留意见，1992年10月，若望·保禄二世还是在宗座科学院发表了总结讲话。这一次恰逢伽利略逝世350周年，教皇之所以决定终结此案的复审工作，也许正是因为赶上了这样一个具有代表性的日子。[3]从本质上讲，这次复审并没有为伽利略案带来任何新的内容，但无论其局限性有多么明显，罗马教会大概终于可以借此彻底了结此事了。

---

[1] Coyne, «Galileo Judged», p. 498.
[2] Ibid., pp. 493-494.
[3] Jean-Paul II, «Discours à l'Académie pontificale des sciences, 31 octobre 1992», dans Paul Poupard (dir.), *Après Galilée*, pp. 99-107.

历史学家凡托利认为这次复审的工作方式存在很多问题，但就连他也说，教皇的讲话"正式承认了大主教会在 1616 年和 1633 年犯下的错误"，这一点"是非常明确的"。[1] 尽管承认了错误，但按照教皇的说法，这个错误并不是教会单方面的错误。教会曾建议伽利略"只要没有无可辩驳的证据，就将哥白尼学说作为一种假说"，"这是科学实验的根本要求"，伽利略"作为实验法的杰出开创者"，却不同意这样做。历史学家很快就注意到教皇在诡辩：即便在伽利略那个时代，所谓的"科学方法"也没有要求必须用"无可辩驳"的证据来进行论证，恰恰是对现有的观点进行理性的对比分析就可以了，因为当时显然也没有任何一个"无可辩驳"的证据能够证明地球是静止的！其实，深受普帕尔敬仰的红衣主教贝拉尔米内早就"意识到了这场辩论的关键所在"，他曾表示，"以后的一些科学证据也许能够证明地球围绕太阳 [运动]"，因此在解释《圣经》时，凡是遇到认为地球静止不动的语句，我们都要"特别慎重"。在讲话中，为了显示教会的宽宏大量，若望·保禄二世称伽利略"是一位真挚的信徒"，在解释《圣经》的问题上，比"与他对立的神学家更具有洞察力"。[2] 随后，他引用了伽利略写给卡斯泰利的一段话，甚至还说他给大公夫人写的那封信"简

---

[1] Fantoli, *Galilée. Pour Copernic et pour l'Église*, p. 356.
[2] Jean-Paul II, «Discours à l'Académie pontificale des sciences, 31 octobre 1992», dans Paul Poupard (dir.), *Après Galilée*, p. 104.

直是阐释宗教经典的短篇论著"。[1]

在讲话的最后，若望·保禄二世总结道，这整件事都是"互相不理解造成的"，这种不理解"非常可悲，让人们误以为科学与信仰相互对立"。他说，近来的历史研究已经澄清了事实，"我们可以看到，这一段令人痛心的误解从此便归于历史了"。[2] 就这样，在漫长的冲突之后，若望·保禄二世希望用这种方式开启以"对话"为主题的新纪元。

进入19世纪之后，关于科学与宗教的关系，众说纷纭。一些人认为二者的关系在本质上是冲突的，也有人持相反的观点。但是在展开这一点（见第五章）之前，我们更想知道的是，科学究竟是如何一步一步地与教会彻底分离的，要知道，到19世纪中叶，要想解释自然现象、历史现象或是社会现象，任何人都不再从超自然的角度寻找原因了。这就不得不提自然主义方法在科学领域的日益盛行，以及上帝在科学领域的逐渐退出。第三章将对此进行详述。

---

[1] Jean-Paul II, «Discours à l'Académie pontificale des sciences, 31 octobre 1992», dans Paul Poupard (dir.), *Après Galilée*, p. 102.
[2] Ibid., pp. 104-105.

第三章
从科学的中心到边缘：上帝的隐退

可以说，在最早的时候，上帝无处不在，世俗生活无不受其影响；渐渐地，他悄然隐去，把整个世界留给人类，任凭他们去争执不休。

——埃米尔·涂尔干[1]

---

[1] Émile Durkheim, *De la division du travail social*, Paris, Presses universitaires de France, 1978, pp. 143-144.

第三章　从科学的中心到边缘：上帝的隐退　101

17世纪初，在科学领域不讨论宗教或政治问题已经成了明文规定，这标志着现代科学确立了起来。意大利猞猁之眼国家科学院（1603年由切西公爵创立，1611年吸纳伽利略为成员）的章程写道，"本院成员不参与政治争论和各种形式的言语争执。[……] 这些争吵只能让人感到失望、反感和厌恶 [……] 不利于物理学、数学的发展，因而是与本院宗旨相违背的"。[1] 半个世纪之后，伦敦皇家学会（成立于1660年）也规定，所有成员都必须坚持科学与政治宗教互不干涉的原则。[2]17世纪末，法兰西科学院通过行政改革修改了章程，甚至规定"[如科学院有职位空缺]，报请陛下挑选的候选人不得为在教会任职之人，名誉院士一职除外。"[3] 两个世纪后，保持中立依然重要，为了避免与教会发生冲突，成立于1904年的法国史前学会在章程第2条中规定"学会禁止讨论与研究对象无关的问题，尤其是政治或宗教问题"。[4]

受到时代特有的政治、文化和社会背景影响，学术界的讨论必须在一定的限度之内，不符合规范的科学观点只能在特定的社会范

---

[1] 引文摘自 Yves Gingras, Peter Keating et Camille Limoges, *Du scribe au savant. Les porteurs du savoir de l'Antiquité à la révolution industrielle*, Montréal, Boréal, 1998, p. 265。
[2] Frank E. Manuel, *A Portrait of Newton*, Washington, New Republic Books, 1979, pp. 119-120.
[3] Éric Brian et Christiane Demeulenaere-Douyère (dir.), *Règlement, usages et science dans la France de l'Absolutisme*, Paris, Technique & Documentation, 2002.
[4] 引文摘自 Fanny Defrance-Jublot, «Question laïque et légitimité scientifique en préhistoire. La revue L'Anthropologie (1890-1910)», *Vingtième siècle. Revue d'histoire*, n° 87, 2005.3, p. 82.

围内传播。[1] 很多学者只是因为担心自己的研究结果被查禁，便对神学家禁止的领域敬而远之。当索邦神学院的神学家们攻击笛卡儿的哲学时，雅克·罗奥（Jacques Rohault, 1618—1672）就意识到他的书可能会遭到查禁。[2] 他在1671年发表了一本笛卡儿主义的《论物理学》，这本书很快就成为一本重要的参考书，被多次重印，并翻译成了拉丁文版和英文版。同年，他又出版了《关于哲学的对话》，抢先告诉读者"神学与哲学的本质是不同的，神学建立在宗教权威和神的启示之上，而哲学以理性为唯一依据，因此二者之间并无关联，可以独立讨论"。[3] 由于神学院"只研究关乎信仰的内容"，他"时刻谨记这一点"，"在研究时专注于事物本初的样子"。他甚至"特意在文中两三处写明了这一点，[他]说至于事物在超然状态下会是什么样子，就留给神学家来告诉我们吧"。[4]

成立于1831年的英国科学促进协会（BAAS）致力于推广专业性日益增强、专业划分日益明确的科学研究（包括地质学、物理学、数学等），这个机构也对神学和科学进行了区分。面对英国国教、贵格会、卫理公等新教教派之间的冲突，协会只好公开表

---

[1]　科学的社会规范参见 Robert K. Merton, *The Sociology of Science*, Chicago, University of Chicago Press, 1973; Yves Gingras, *Sociologie des sciences*, Paris, Presses universitaires de France, coll. «Que sais-je?», 2013。
[2]　Trevor McClaughlin, «Le concept de science chez Jacques Rohault», *Revue d'histoire des sciences*, vol. 30, n° 3, 1977, pp. 225-240.
[3]　Jacques Rohault, *Entretiens sur la philosophie*, Paris, Michel Le Petit, 1671, p. 13.
[4]　Ibid., p. 10.

示不参与宗教、政治方面的讨论,以使协会正常的科学研究免受牵连。但与此同时,协会坚持认为科学与宗教并无冲突,二者都在以各自的方式彰显上帝的荣光。[1]然而,保守派英国国教牧师却认为将科学与宗教分离开来是另有企图。英国科学促进协会刚成立不久,牧师约翰·亨利·纽曼(John Henry Newman, 1801—1890)——此人在1845年皈依天主教,后来成为天主教会的红衣主教——在牛津大学布道时就谴责了"对理性的过度追捧",其中一个"危险的做法"正是"成立以文学或科学为根本、将宗教拒之门外的社会团体"。他指出,这些组织虽然在成立之初本着最良好的意愿,但"逐渐就走上了对理性的过度追捧之路,形成了一种违法的权力。凭借这种权力,他们对正当的宗教权威指手画脚,甚至要凌驾于宗教权威之上"。[2]

诸如罗奥这样的例子还有很多,这些事件都说明,在科学独立的进程中,众人在认识论上有一个心照不宣的要求,那就是不要用上帝或是神迹来解释自然现象。从17世纪开始,渐渐有越来越多的学者在认识论上将科学与宗教区分开来,这使他们的学术讨论在一定程度上摆脱了神学的约束——虽然这样做免不了受

---

[1] Jack Morrell et Arnold Thackray, *Gentlemen of Science: Early Years of the British Association for the Advancement of Science*, Oxford, Oxford University Press, 1981, pp. 224-245.
[2] John Henry Newman, «The Usurpations of Reason», sermon prêché le 11 décembre 1831 à Oxford, reproduit dans *Fifteen Sermons Preached Before the University of Oxford Between A.D. 1826 and 1843*, Londres, Rivingstons, 1890, pp. 70-72.

到保守派神学家的口诛笔伐——但这并不意味着这些学者从此便不再有宗教信仰了。事实上，绝大多数学者都是相信上帝的，他们相信上帝无所不能，而且不少宗教界人士，比如很多耶稣会士，都对自然世界的知识很感兴趣，他们也为认识自然做出了贡献。[1]但是，科学既不是神学也不是玄学，它只是单纯地希望通过长期不变的自然规律来解释自然现象，而自然规律正是通过实验和计算得出的。纽曼牧师在思考信仰与理性之间的关系时，发现科学界人士有一种无信仰的趋势。他认为：

> 有形的因果远比根本性的因果更容易感知、更容易让人满足，所以，除非学者心中早已树立了不受任何外物干扰的信念，否则，一旦有什么现象能够质疑万能造物主的存在，他一定会相信这些现象，对于根据这些现象而猜测出来的自然法则，他也会深信不疑。[2]

20世纪80年代以来，越来越多的文章开始讨论科学与宗教的关系，不计其数的科学史学家都认为很多伟大的学者都是虔诚

---

[1] Mordechai Feingold (dir.), *Jesuit Science and the Republic of Letters*, Cambridge, MIT Press, 2003.
[2] John Henry Newman, «Faith and Reason, Contrasted as Habits of Mind», sermon de l'Épiphanie de 1839, reproduit dans *Fifteen Sermons*, p. 194.

的教徒（如开普勒、牛顿、法拉第、麦克斯韦、爱因斯坦等）[1]，仿佛这就能够说明，科学与宗教的冲突只是"实证主义者们"在19世纪末期的十余年里主观臆想出来的。[2] 可是，他们在方法论上却犯了一个混淆概念的大错误，因为这些研究大多都聚焦于科学家个人的生平，而科学与宗教之间的冲突主要在于组织层面和认识论层面。科学与宗教之所以发生冲突，是因为不同的组织有着不同的目标，它们之间在相互较量，至于学者们的个人心理状态如何、从事科学研究的动机是什么、是否在思想上调和了信仰与科学发现的关系，则与冲突无关。

科学界有着自成一体的论证规则，整个科学界所秉持的特有观念与学者个人的宗教信仰是不同的。为了区分这两个概念，我们不妨先来回顾一下科学哲学家汉斯·赖兴巴赫（Hans Reichenbach）在20世纪30年代提出的观点。他指出，应该对"发现语境"（context of discovery）和"论证语境"（context of justification）[3] 进行区分（其实"发现语境"应当改为"研究语

---

[1] 可参见 T. F. Torrance, «Christian Faith and Physical Science in the Thoughts of James Clerk Maxwell», dans T. F. Torrance (dir.), *Transformation and Convergence in the Frame of Knowledge: Explorations in the Interrelations of Scientific and Theological Enterprise*, Grand Rapids (Michigan), Eerdmans, 1984, pp. 215-242。
[2] 我们将在第五章深入研究这一问题。
[3] Hans Reichenbach, *Experience and Prediction: An Analysis of the Foundations and the Structure of Knowledge*, Chicago, University of Chicago Press, 1938. 这种区分方式很快就成为经典，相关的研究还有 J. Schickore et F. Steinle (dir.), *Revisiting Discovery and Justification: Historical and Philosophical Essays on the Context Distinction*, Dordrecht (Pays-Bas), Springer, 2006。

境",因为并不是每一次研究都会有所发现)。在发现语境中,人们可以借助心理、思想、宗教各个方面的观点来开展科学研究、提出猜想,而在论证语境,只有科学界认为合理的观点才能作为依据,通过这类依据论证的科学假说、科学理论和研究结果才会得到认可。比如,运用神学观点或是更广义的宗教观点来探索自然问题属于发现语境的范畴,而论证一种宇宙模型的正确性就属于论证语境的范畴了,这时就要用到科学工作者普遍接受的理论论据和经验论据。因此,正如我们在第一章中看到的那样,尽管开普勒是一位非常虔诚的路德教徒,他在反抗神学家时却没有一丝犹豫,他说,在神学问题上"当然要考虑权威的意见",但在哲学问题上,理性是唯一的标准。[1] 同样,在 19 世纪中叶,福音派基督徒、苏格兰物理学家詹姆斯·克拉克·麦克斯韦(James Clerk Maxwell)虽然毫不怀疑自然规律都是上帝创造的,但他不同意公然用科学成果来论证宗教观点。他认为,科学与宗教能否调和是个人问题。[2] 最后,尽管牛顿相信他发现的万有引力定律证实了宇宙中存在着上帝,后世学者却只继承了他的公式,他的宗教观点则无人问津。简而言之,科学界仿佛有一种能力,它

---

[1] Jean Kepler, *Le Secret du monde*, introduction, traduction et notes d'Alain Philippe Segonds, Paris, Les Belles Lettres, 1984, pp. 187-188; 另参见 Charlotte Methuen, «The Teachers of Johannes Kepler: Theological Impulses to the Study of the Heavens», dans *Sciences et Religions. De Copernic à Galilée (1540-1610)*, collection de l'École française de Rome, vol. 260, 1996, pp. 183-203。

[2] Matthew Stanley, «By Design: James Clerk Maxwell and the Evangelical Unification of Science», *The British Journal for the History of Science*, vol. 45, n° 1, mars 2012, pp. 57-73.

能够将科学内容剥离出来，使其无关人性，就连发现它的人都不能将自己的观点强加给它。因此，对于18、19世纪的物理学家来说，牛顿提出的绝对空间比他对上帝的感知更有用。尽管这个关于上帝的说法符合牛顿本人的宗教信仰，但它在科学层面上是多余的。

19世纪中叶，一些福音派基督徒指责科学界越来越无视上帝的存在，"科学自然主义"的说法由此产生，但正如我们将要看到的那样，自现代科学诞生伊始，人们就一直在实践着科学自然主义，即认为科学研究不能借助神迹或是神的观点，而只能用科学的方法从自然现象中探索原因。[1] 这种自然主义（近来也被称为"方法论自然主义"）首先出现在物理学领域，后来逐渐被地质学、生物学所接受，到19世纪中叶，这些学科都成了大学普遍开设的专业，秉持自然主义至此便成为一件理所应当的事情。除了自然科学之外，同样诞生于17世纪的历史研究和文明研究也对宗教经文进行了批判审视，对圣经故事的真实性提出了质疑，最终用人类及其环境的自然发展史解释了宗教经文的产生过程。[2] 就这样，虽然经过了几个世纪的激烈抵抗，大多数基督徒最终还是承认了科学在谈论天空（宇宙学）、大地（地质学）、生物（生

---

[1] Matthew Stanley, *Huxley's Church and Maxwell's Demon: From Theistic Science to Naturalistic Science*, Chicago, University of Chicago Press, 2015, p. 2.
[2] Pierre Gibert, *L'Invention critique de la Bible, XVe-XVIIIe siècle*, Paris, Gallimard, 2010.

物学）以及人类自身（人类学和历史学）的问题时，都是独立自主的。

▶▷ 探求自然规律

伽利略的《关于两大世界体系的对话》是现代科学的奠基作品之一，他在书中提出只能通过自然规律来解释物理现象。在这部作品中，伽利略的观点借萨尔维亚蒂之口表达了出来，他认为潮汐现象可以通过地球的转动得以解释，而持反对观点的经院哲学家辛普利西奥却说，这种说法与常识相矛盾，他宁愿用"神迹"来解释这个现象。萨尔维亚蒂不无讽刺地问道，为什么不能把地球的转动当作是无所不能的上帝创造的"神迹"呢？在潮汐现象中，除了水的涨落需要解释，我们还需要知道为什么"在潮涨潮落之时，大地却能够奇迹般地静止不动，没有被往复运动的水时而推向这边、时而拉向那边"[1]，如果能够接受地球转动这个"神迹"，那么其他的现象就都无须用"神迹"来解释了。书中的第三个人萨格雷多是一个能够接受新思想的正直之人，他说，"让我们先看看自然给了我们哪些论据，然后再考虑是否用神迹来解决问题吧"。在这里，伽利略就表达出了科学依托自然规律来解释现象

---

[1] Galileo Galilei, *Dialogue sur les deux grands systèmes du monde*, Paris, Seuil, coll. «Points sciences», 1992, pp. 605-606.

的观点。只有在涉及宇宙"本源"的问题时，伽利略才动用神的力量。比如萨格雷多提出，也许是"造物主"下令"在这个世界上创造"所有这些行星，"行星的运行速度也是造物主随心而定的"。[1] 但是一旦这个世界造出来了，它就会依照亘古不变、只待我们去发现的规则来运行。

人们在论证科学与宗教并无分歧甚至可以相互促进的时候，很少提及伽利略的名字，但往往会提到17世纪中叶的两位英国科学家——艾萨克·牛顿（Isaac Newton）与罗伯特·玻意耳（Robert Boyle）。玻意耳在许多出版物中攻击"无神论者"、为基督教辩护，这一点确凿无疑，可是，当他在撰写科学论著时，他的笔调是截然不同的。他的科学论著重在描述事实（正如英国学者所说，是"matters of fact"），有意避免了玄学思辨。此外，在写作风格上，他也强调科学要从神学和护教学中解放出来，因为神学和护教学的目的、功能与自然哲学是不一样的。[2] 玻意耳一贯使用自然法则来解释现象，要想在他众多的实证研究中找出他借用了神学观点的例子，只会一无所获。他推崇"机械唯物主义"，认为宇宙自从被上帝创造出来的那天起，就如巨型机器一般不断运转，人类应

---

[1] Galileo Galilei, *Dialogue sur les deux grands systèmes du monde*, Paris, Seuil, coll. «Points sciences», 1992, p. 120.
[2] Steven Shapin, «Pump and Circumstance: Robert Boyle's Literary Technology», *Social Studies of Science*, vol. 14, 1984, pp. 481-520.

当对其运转的原理进行解释。[1] 而即便对现象进行了观察、描述和解释，按照"自然神学"的逻辑，读者仍然可以认为世界的复杂性或统一性恰恰证明了造物主的伟大。不过需要注意的是，这些话只出现在前言或结语部分，在自然哲学的论证逻辑中，它们不具有解释说明的作用，而"上帝"这个词只出现在了"感谢上帝"这样一个固定的表达中。

1665—1700 年，在伦敦皇家学会的《哲学学报》中，包含上帝（God）一词的文章年均不足三篇，而在接下来的一个世纪里，这个数字降到了年均不足两篇。[2] 这正体现了《哲学学报》的初衷。《哲学学报》开创了此类刊物的先河，它的发刊人亨利·奥尔登堡（Henry Oldenburg）在首期杂志开篇向皇家学会献词时便写道，上帝鼓励能够彰显世界之荣光、带来有益于人类之发明的各项研究。[3]

▶▷ 自然神学：为上帝服务的科学

科学与神学不但不是相互对立的，而且是彼此相容，甚至可

---

[1] Margaret G. Cook, «Divine Artifice and Natural Mechanism: Robert Boyle's Mechanical Philosophy of Nature», *Osiris*, vol. 16, 2001, pp. 133-150.
[2] 我们通过 JSTOR 全文数据库对 1665 年至今的《哲学学报》进行了统计，统计结果为：1665-1699: 108；1700-1799: 139;1800-1899: 18。
[3] Henry Oldenburg, «Epistle Dedicatory», *Philosophical Transactions*, vol. 1 (1665-1666).

以说是相互补充的，这便是自然神学的基本思想。早在柏拉图时期，人们就在用自然界的秩序来证明上帝的存在。柏拉图在《法律篇》中写道，"有两个证据可以让我们相信神灵的存在"，其中一个就是"天上的星体和世间万物都在宇宙智慧的统领下有序地运行着"。[1]

17 世纪末，与科学紧密相连的自然神学在英国得到了极大发展。这一学科有一个明确的功能，那就是用科学发现来证明神的能力，在自然神学看来，大自然的秩序、大自然的美只可能是神灵造就的。直到今日，"有钟表就一定有钟表匠"依然是自然神学多年以来几乎不曾改变的基本论点。秉承这一观点的作品不断被再版、翻译，比如英国博物学家约翰·雷（John Ray）在 1691 年出版的《宇宙万物中的上帝智慧》以及威廉·德勒姆（William Derham）1712 年在玻意耳讲座中的讲稿《物理神学：由万物论证神性》。约一个世纪之后，1802 年，神甫威廉·佩利（William Paley）出版了《自然神学——由自然现象论证神灵的存在及其特质》，这本书大获成功，在 19 世纪中叶得到了学者们的普遍关注。自然神学风潮同样也席卷了欧洲大陆。1738 年，德国博物学家、神学家弗雷德里克 - 克里斯蒂安·莱塞（Frédéric-Christian Lesser, 1692—1754）出版了《昆虫的神学：用与昆虫有关的一切见证上帝的完美》，该书很快就有了

---

[1] Platon, *Les Lois*, 966d, Paris, Gallimard, coll. «Folio essais», 1997, pp. 213.

法语版。在法国，诺埃尔-安托万·普吕什（Noël-Antoine Pluche, 1688—1761）神甫自18世纪30年代初陆续出版了他的多卷本著作《自然的奇观》，将自然神学带到了大众身边。[1]

伦敦皇家学会的创始成员罗伯特·玻意耳为自然神学做出了很大的贡献。他在遗嘱中将自己的一部分财产用于创办玻意耳讲座，这些讲座后来在伦敦的圣保罗大教堂和圣玛丽勒波教堂这两个英国国教教堂举办。讲座宣传了基督教，反击了"异教徒"和"无神论者"，表明了宗教与科学相互兼容的观点，其内容大多在讲演过后便发表出来。[2] 需要注意的是，尽管玻意耳和他的朋友们都反对"无神论者"，这并不能证明在当时那个时代确实有无神论者存在。当时著书立说的人极少称自己是"无神论者"[3]，这个词更像是一个骂名，其目的是让那些试图与基督教一较高下的观念无法立足。

1692年，牛顿的朋友理查德·本特利（Richard Bentley）神甫做了题为《反驳无神论》的报告，玻意耳讲座从此开启。此后，

---

[1] Véronique Le Ru, *La Nature, miroir de Dieu. L'ordre de la nature reflète-t-il la perfection du créateur?*, Paris, Vuibert, 2010, pp. 79-89.

[2] John J. Dahm, «Science and Apologetics in the Early Boyle Lectures», *Church History*, vol. 39, juin 1970, pp. 172-186.

[3] Nigel Smith, «The Charge of Atheism and the Language of Radical Speculation, 1640-1660», dans Michael Hunter et David Wooton (dir.), *Atheism from the Reformation to the Enlightenment*, Oxford, Clarendon Press, 1992, pp. 131-158; Georges Minois, *Histoire de l'athéisme*, Paris, Fayard, 1998.

讲座几乎每年都在进行，一直坚持到了 18 世纪末。[1] 随后，自然神学便有些没落了。19 世纪 30 年代，八卷本的《布里奇沃特论文集》问世，论证了最新的科学发现与基督教信仰相一致，这导致自然神学再度在英国大受追崇。但是在同一时期，成立于 1831 年的英国科学促进协会使得科学在英国社会的地位不断提高，因此自然神学自 19 世纪末再次没落。此后又过了一个世纪，自然神学才恢复过来，我们将在第五章进一步叙述。

同玻意耳一样，牛顿也是一个非常虔诚的人，在他的所有文章中，与神学、基督教有关的内容不比关于物理学的少，而且他还坚信他的物理学研究证实了宇宙中确实有上帝在发挥作用。但是不要忘了，他最伟大的两部科学作品——1687 年的拉丁文著作《自然哲学的数学原理》（以下简称《原理》）和 1704 年的英文著作《光学》——在第一版中都没有将上帝作为某些自然现象的直接原因，相反，他在著作中用自然法则对这些现象进行了解释。在当时，人们当然都认为宇宙及其规则都是神灵所造，但大多数学者默默地接受了科学也起着次要作用的观点。牛顿虽然坚守着一神论的深沉信仰——这与英国国教是格格不入的——在世时也从未将自己的神学研究公开发表，但他提出既不应该"将神的启示引入哲学"，也不应该"将哲学观点引入宗教"。[2] 可是他并没有坚持这种思想，在《原

---

[1] 历年报告人参见维基百科英文版"Boyle Lectures"词条。
[2] William H. Austin, «Newton on Science and Religion», *Journal of the History of Ideas*, vol. 31, 1970, p. 522.

理》第一版问世 25 年后，1713 年，他在第二版的末尾加入了一篇总释（Scholium generale）作为全书的结论。正是在这里，他提到了上帝，认为是上帝维持了太阳系的稳定，在他看来，如果仅依靠万有引力，太阳系的结构是难以维系的。就这样，他将自然神学的智慧设计论明确引入了自己的书中，直至今日，这个设计论仍然是用科学论证上帝存在的基本"依据"。关于上帝及其本质的论述戛然而止，末尾的一句话指出上帝属于自然哲学、实验哲学的范畴，原文是这样写的："关于上帝，我要说的就是这些，通过现象来谈论他当然属于实验哲学的范畴。"（牛顿在《原理》第一版使用了"自然哲学"一词[1]，第二版改为"实验哲学"）在这句话之后，牛顿便立即转回到万有引力的本质上来，称这个可以解释各种天文现象的

---

[1] 需要注意的是，牛顿的《原理》一书只有一个法译本，由夏特莱侯爵夫人（marquise du Chatelet）翻译，出版于 1759 年。"总释"还被收录于 Jean-Pierre Verdet (dir.), *Astronomie et Astrophysique*, Paris, Larousse, coll. «Textes essentiels», 1993, pp. 487-488。侯爵夫人的翻译并不准确，她在译文中加入了自己的理解。牛顿明确指出对上帝的讨论是物理学的一部分（"实证哲学"或"自然哲学"即指物理学），但这种说法在 18 世纪似乎是无法被接受的（或者是无法被理解的），因为当时的人们认为物理学只能研究造物主创造出的作品，而不能研究造物主本人，造物主应当属于神学范畴。所以，夏特莱侯爵夫人翻译的"关于上帝，我要说的就是这些，研究他的作品属于自然哲学的范畴"是错译，因为在这句话中，自然哲学只研究上帝创造的成果，而不对上帝进行直接研究。由安德鲁·莫特（Andrew Motte）翻译、于 1729 年出版的《原理》英译版则遵照了原文，该句的译文为 "And thus much concerning god, to discourse of whom from the appearances of things, does certainly belongs to natural philosophy." 摘自 Isaac Newton, *Principia*, traduction de Motte, révisée par Cajori, vol. 2, *The System of the World*, Berkeley, University of California Press, 1973, p. 546，请留意。英译版还有一个较新的版本，意思也是一样的：This concludes the discussion of God, and to treat of God from phenomena is certainly part of "natural" philosophy。摘自 Isaac Newton, *Principia*, traduction de I. B. Cohen et Anne Whitman, Berkeley, University of California Press, 1999, p. 943，请留意。

万有引力并不是力学原因所导致的。正如历史学家斯蒂芬·斯诺伯伦（Stephen Snobelen）所指出的那样，牛顿提出可以在"实验哲学"或"自然哲学"的范畴中谈论上帝，说明这个观点并不是本来就存在的，还说明科学与神学相互独立的观点已经得到了广泛的认可。[1]

在1713年第二版《原理》出版之前，牛顿实际上承认了自然哲学主要借助自然原理来解释现象，同时相信这种方法是对宗教有益的。第二版之所以补充了一篇"总释"，也许是在回应莱布尼茨等人，这些人认为《原理》一书是在支持原子论和泛神论的观点，即自然现象是自然原理的结果，与神灵无关。[2] 尽管牛顿丝毫没有这样想，他在私人信件中甚至还在论证自然神学，但是用数学定理来推导各个星体的运行确实给人一种上帝已经淡出自然世界的感觉。[3] 另外，在牛顿那个时代，很多人都认为实验哲学对于宗教、王权乃至整个社会来说都是极其危险的。[4]

面对太阳系的稳定性这个难以解释的问题，牛顿将其归因于上帝的作为，与其类似，20世纪的创世论者们用"补位上帝（the

---

[1] Stephen D. Snobelen, « "God of Gods, and Lord of Lords" : The Theology of Isaac Newton's General Scholium to the Principia», *Osiris*, vol. 16, 2001, p. 197.
[2] Frank E. Manuel, *A Portrait of Newton*, pp. 130-131.
[3] Ibid., p. 126.
[4] 关于牛顿撰写"总释"的大背景，详细分析参见 Larry Stewart, «Seeing Through the Scholium: Religion and Reading Newton in the Eighteenth Century», *History of Science*, vol. 34, 1996, pp. 123-165; Stephen D. Snobelen, «To Discourse of God: Isaac Newton's Heterodox Theology and His Natural Philosophy», dans Paul B. Wood (dir.), *Science and Dissent in England, 1688-1945*, Aldershot (Angleterre), Ashgate, 2004, pp. 39-65。

God of the gaps）"来解释常规科学方法无法解释的现象。在伽利略的《对话》中，辛普利西奥也用同样的方法来说明潮汐现象，否认地球在运动。从认识论的角度来看，这样的解释牵强附会，并没有说服力。到 18 世纪下半叶，受启蒙运动理性主义思潮的影响，无论是天文学家、物理学家，还是博物学家、地质学家，接受这种解释的学者越来越少。就这样，在自然的问题上，学者们逐渐不再将神学作为一种正当的"科学"解释，神学日渐趋向科学的外缘。17 世纪中叶，斯宾诺莎（Spinoza）批判了自然神学的基础——目的论的解释方法，称这种解释方法最终总是归于"上帝的意志，而上帝的意志是无知的庇护所"。他发现，这种"新的论证模式"用"无知"来解释问题，拒绝了"荒谬"的说理论证，对于它的倡导者来说颇有好处，因为"倡导这种方法的人非常清楚，一旦人们不再无知，世界便不再让人们感到惊奇，而人们对世界的惊奇正是他们得以证明和维护其权威性的唯一保障"。这些人之所以把那些致力于探寻自然现象的真正原因，"而没有像傻子一样啧啧称奇"的学者称为"异教徒、亵渎宗教之人"，[1] 也是出于同样的原因。

正如我们在前文所看到的，尽管有很多批评的声音，目的论的观点还是在 18 世纪传播了开来。布封听到有人在宣讲有关昆虫的神

---

[1] Spinoza, *L'Éthique* [出版于 1677 年，即作者逝世之年], dans Œuvres complètes, Paris, Gallimard, coll. «Bibliothèque de La Pléiade», 1954, pp. 350-351。

学，感到非常生气，后来他也对目的论进行了批判，说"造物主创造的这些事物足以证明造物主的伟大"，人们用"自己的愚蠢"是不会使造物主更加伟大的。他在《论动物的本质》中写道，一些人认为上帝"事无巨细，连甲壳虫的翅膀该怎么收起来都要劳心费神"，还有一些人则认为上帝"根据亘古不变的法则"创造了宇宙和大自然，相比之下，后者眼中那个"至尊无上的造物主"更加伟大。[1]

自然神学的文章宣称自然发现只能愈加证明神灵的伟大，但这些文章的表达并不是非常明确。19世纪30年代，牧师约翰·亨利·纽曼就强烈质疑了这些文章的实际用途，指出这只是从表面上歌颂上帝，对信徒来说几乎毫无用处。纽曼认为，已经信了上帝的人确实可以通过自然现象给自己一个理由，让自己钦佩上帝的智慧，但对于那些想要反对宗教和不信教的人来说，自然神学并不能改变他们的观念。[2]他甚至在想，到最后，无神论会不会变得和有神论一样，用世间的现象都说得通呢？[3]皈依天主教之后，纽曼仍然对自然神学持有"极其怀疑的态度"。19世纪50年代中期，他作为都柏林天主教大学校长发表讲话时表示，很多学者都将自然神学"视为福音书"，但实际上，自然神学偏离了基督教，因为"自然神学中的上帝很容易就会变成一个单纯的偶像"，

---

[1] 引文摘自 Le Ru, *La Nature, miroir de Dieu*, p. 88。
[2] Henry Newman, *Fifteen Sermons*, p. 70.
[3] Ibid., p. 194.

本质上"与泛神论里的上帝并没有太大差别"。他甚至说,"这些表面虔诚的自然主义者、泛神主义者"还不如无神论者。[1]

▶▷ 上帝:一个无用的假设

法国科学家皮埃尔－西蒙·德·拉普拉斯(Pierre-Simon de Laplace, 1749—1827)被认为是 18 世纪晚期的"牛顿",通过他所捍卫的认识论立场,我们将明确地看出神学观点已经不能用来解释自然现象了。据说拿破仑曾经问拉普拉斯,他的书里怎么没有写上帝,拉普拉斯回答说,他不需要这种假设。[2] 在他于 1796 年出版并多次再版的《宇宙体系论》中,拉普拉斯甚至觉得有必要在这一问题上提到牛顿本尊。他首先强调,完全依靠"自然的根本规律来探求自然现象的原因"至关重要,接着又说,他不得不注意到:

> 牛顿用自然规律创造了如此美妙的成就,然而却又远远地背离了它。自从他对世界体系和对光学的研究问世之后,

---

[1] 摘自纽曼于 1855 年 11 月在医学院的会议讲话,参见 John Henry Newman, «Le christianisme et les sciences physiques», dans L'Idée d'université. Les disciplines, Villeneuve-d'Asq, Presses universitaires du Septentrion, 1997, pp. 186-187。
[2] 此事是有真实依据的,尽管拉普拉斯的原话无从得知,参见 Roger Hahn, «Laplace and the Vanishing Role of God in the Physical Universe», dans Harry Woof (dir.), The Analytic Spirit, Ithaca (New York), Cornell University Press, 1981, pp. 85-95。

这位伟大的学者就转而去思考另一类问题了，他试图探知造物主究竟出于何种原因创造了太阳系现有的结构。

事实上，牛顿认为，"所有这些规则运动都不是力学原因所导致的，因为彗星在天空中四处运动，而且它们的轨道中心偏离得很远"，因此，"这种妙不可言的太阳、行星、彗星结构只可能是由一个智慧超群、无所不能的存在所创造的"。但拉普拉斯却在想，"行星的这种结构难道就不可能是某种运动规律的结果吗？牛顿所谓的超群智慧难道不能用一种更普遍的现象指导星体的运行吗？"牛顿过世一个世纪之后，物理学和天文学已经彻底把这些外在原因束之高阁了，按照拉普拉斯的话来说，这些外在原因"不过是无知的体现，而无知实际上是人类自己造成的"[1]。

▶▷ 地质学驳斥洪水神话

体现着自然主义倾向的学科不仅有物理学和天文学，科学涉及的很多方面都可能与《圣经》的字面意思相冲突。要知道，在基督教世界，从字面解读《圣经》至少到 19 世纪中叶都一直是主

---

[1] Pierre-Simon de Laplace, *Exposition du système du Monde*, sixième édition, Bruxelles, P.-M. de Vroom, 1827, p. 524; 关于美国基督教世界对拉普拉斯观点的看法，参见 Ronald L. Numbers, *Creation by Natural Law: Laplace's Nebular Hypothesis in American Thought*, Seattle (Washington), University of Washington Press, 1977。

流做法。人类自 16 世纪到 19 世纪探索地球地理,在植物学、动物学和人种学方面有了大量发现,这些发现颠覆了人们对地球的认识,让人们知道地球并不是一成不变的、人类对地球并未了如指掌。拉克坦提乌斯(Lactantius)曾认为地球的另一端不可能有人存在,因为头朝下没法走路,哥白尼和后世的很多人都用这个例子来说明不懂科学的人是多么无知[1]。公元 3 世纪,拉克坦提乌斯的说法也许能说服一些人,但是到了 16 世纪,谁都不会买他的账了。在理性的思维模式面前,宗教神学对自然界的朴素猜想只会节节溃退,毕竟《圣经》成书在前,人类的探索发现在后,究竟会得出什么结论难以预见,所以要想让科学探索的结论轻而易举地就与《圣经》相吻合,这个可能性微乎其微。19 世纪 30 年代中期,就在天主教会悄无声息地将有关哥白尼学说的作品移出禁书目录的时候,地质学取得了巨大进展,《圣经》中的那场特大洪水被打上了问号。[2]

17 世纪末,英国博物学家约翰·伍德沃德(John Woodward, 1665—1728)在关于地球自然史的作品中依然用上帝解释了很多自然现象,但到了 18 世纪初,这种方法就遭到批判了。意大利博

---

[1] 哥白尼在写给教皇的信中写道:"众所周知,拉克坦提乌斯虽是著名的作家,但数学知识却非常贫乏。听到有人说脚下的大地是一个球体,他像小孩子一样对此大加嘲讽。" Verdet (dir.), *Astronomie et Astrophysique*, p. 208.
[2] Charles Coulston Gillispie, *Genesis and Geology: A Study in the Relations of Scientific Thought, Natural Theology and Social Opinion in Great Britain, 1790-1850*, Cambridge (Mass.), Harvard University Press, 1969.

物学家安东尼奥·瓦利斯内里（Antonio Vallisneri）在1721年出版了一本关于海洋生物的书，他在书中感叹道："人们多年来将《圣经》与科学问题混为一谈，这让宗教与善意的哲学受到了多少折磨啊！"[1]25年后，另一位意大利人奇里洛·杰内雷利（Cirillo Generelli）提出，"任由人类的想法摆布上帝、为了证明前人不成熟的假说而让上帝创造奇迹，这是不合理的"，他认为，应当"用自然原理来解释海洋生物如何进入了山林"。[2]

法国博物学家布封的《自然史》自1749年陆续出版，最初的版本共36卷。在书中，布封提出了行星形成和地球演化的一般原理，上帝在其中只起着最初的启动作用，随后便迅速退到外围，让自然依照固有的法则来运转。布封用牛顿的万有引力理论描述了太阳系的形成过程，指出只有一样东西"是独立于这个理论之外的，那就是冲力"，这个冲力"一定是上帝创造宇宙时带来的"。他紧接着写道：

[……]但是，鉴于我们在物理学中要尽量避免用自然之外的原因来解释问题，在我看来，我们可以用一种更言之有理的方式来解释太阳系中的这个冲力，我们可以为这个冲力找一个

---

[1] 引文摘自 Charles Lyell, *Principes de géologie*, Paris, Langlois et Leclercq, 1843, p. 93。
[2] Ibid., p. 102.

既符合力学原理、又与宇宙的必然演化不相背离的理由。[1]

布封虽然赞赏约翰·伍德沃德"整理了许多重要的现象",但也指出他提出的观点"为本就是奇迹的全球性大洪水又增加了更多的奇迹,这些内容既不符合《圣经》原文,也不符合自然哲学的数学原理,是不现实的。"(这里暗含了牛顿著作的名字,伍德沃德的作品与之相隔10年。)布封还谴责了博物学家约翰·雅各布·朔伊赫策(Johann Jakob Scheuchzer, 1672—1733)在1708年提出的与圣经故事相符的地球洪积论,称这是"意欲将物理学与神学混为一谈"。[2] 他写道:

> 当人们在七八百英尺深的岩石和大理石里发现贝壳的时候,这些[博物学家]为什么就认为如今的贝类是当年的洪水带到地面上来的呢?为什么要说山脉和丘陵也是那个时候形成的呢?大水怎么可能把贝类成批地带到四百公里之外的地方?除非发生了两个奇迹,否则这样的观点是站不住脚的:第一,要纵向涨水,第二,洪水还要横向流动。可《圣经》只说了第一点,我想没有必要对第二点也深信不疑。[3]

---

[1] Buffon, *Histoire naturelle*, tome 1, Paris, Imprimerie royale, 1749, pp. 131-132.
[2] Ibid., p. 197.
[3] Ibid., p. 201.

第三章　从科学的中心到边缘：上帝的隐退

布封的聪明之处在于，他并没有否认波及全世界的那场大洪水，但他只将其置于宗教和信仰的范畴之内。他写道，应当"将全世界的那场大洪水视为万能的上帝用来惩罚人类的一种超自然的方法，而不是一种自然现象，因为自然现象完全依据自然法则而运行"。而且，因为那场洪水只是用来毁灭人类的，所以它"丝毫没有改变地球的样子"。[1]

与其说布封是个彻底的无神论者，倒不如说他是个自然神论者，抑或是怀疑论者。他谴责将神学与科学相混淆的做法，说道：

> 有的人一心要把《圣经》和自己的观点结合起来，他们不仅不发掘现象、没有从现象中寻找启示，反而栖身于神学的云翼之下，他们的混沌和狭隘不仅有碍于彰显宗教的明净和崇高，而且在宗教世界之外的人看来，他们的论断也不过是将人类的观点与神的故事荒谬地凑在了一起而已。

他说，最不该做的事就是"把糟糕的科学观点与圣洁的经书交错起来"。[2]

布封提出不要将不同类的事物混为一谈，希望这样做能够既保全《圣经》，也能让科学拥有自主权，可是，他用纯粹的自然方

---

[1] Buffon, *Histoire naturelle*, tome 1, Paris, Imprimerie royale, 1749.
[2] Ibid., p. 203.

法解释了地球的形成过程并推断出了太阳的最终命运，这些内容显然是与《圣经》相斥的。我们在下一章将会看到，布封被要求依据红衣主教贝拉尔米内的天主教认识论来承认他的这些话只是假说，否则他的作品就会被查禁。

在布封之后，地质学研究严格以自然主义为基础，在论证时不再接受神学观点。英国人查尔斯·赖尔（Charles Lyell, 1797—1875）的《地质学原理》三卷本于19世纪30年代初问世，此后不断再版、补充，很快便成了所有学者的必备参考书。就这样，地质学的专业性日益增强，成了一门独立学科。在赖尔的书中，他只在追溯历史时提到人们曾用神迹或是其他的神学观点来解释地球现象，除此之外再也找不到与神学相关的内容了。此外，布封最早提出，作用在地球内外的力从古至今都是一样的，詹姆斯·赫顿（James Hutton, 1726—1797）沿袭了这一观点，赖尔的理论也正是以这一观点为基础的。这个观点让人们意识到，正如布封所言，地球的历史也许是极其悠久的，宗教经书里上帝创造世界不过万年的说法与之相矛盾。另外，指出作用于自然界的力遵循着亘古不变的普世法则，赖尔暗示了不能用神迹或是超自然的力量来解释地质现象。尽管如此，重大灾难还是给上帝留下了空间，因为像《圣经》中那场大洪水这样的特殊事件，往往都需要一些特别的、不连续的力量，根本不是亘古不变的普世规则能够解释通的。

在追溯地质学理论史时，赖尔提到了《圣经》中的大洪水，他指出，"无论是科学的哪个分支，如果提出的理论不切实际，那一定是没有对事实进行严肃认真的观察和整理"。[1] 他还写道，好在现在不一样了，地质学"已经不再需要逆流而上了"。[2]

毋庸置疑，这种以事实为依据的理性分析一旦开始，最终必然会涉及所有的现象。所以自然历史学不仅研究矿物、植物以及动物的地理分布，还研究人类本身的分布情况，因此与人类学和史前史也有交集。这样看来，科学界开始思考物种之间的关系其实也只是时间问题了，可这个思考必然会引发新的冲突，因为在宗教思想中，所有的物种都是直接由上帝创造的。

▶▷ 达尔文的进化论

1832年，年轻的查尔斯·达尔文（Charles Darwin）开始环游世界，他把赖尔的《地质学原理》第一卷带在了身边。读着这本书，观察着漫漫路途上的各种生物，他对物种的多样性有了更深刻的认识。自然选择是他的基本观点，可以说，这一观点真的是再"自然"不过了，至少博物学家艾尔弗雷德·拉塞尔·华莱士（Alfred Russel Wallace）在提出它的时候完全是以他在亚马孙

---

[1] Lyell, *Principes de géologie*, p. 67.
[2] Ibid., p. 68.

地区和马来群岛上的研究结果为依据的。自然主义方法论之所以得以应用于自然历史学领域，达尔文秉持的自然选择观点起到了举足轻重的作用。达尔文明确指出，他的生物进化思想与赖尔的地质学有着紧密的联系。在1859年出版的著作《物种起源》[1]一书中，达尔文写道：

> 赖尔先生曾试图用现实的原因来解释地质运动，可他的绝妙猜想却遭到了世人的抵制，同样，本书提到的自然选择学说[……]也有可能遭到反对，这一点我非常清楚。[……]可是，若要解释一座大峡谷为何凹陷，现代地质学不会从那场大洪水中找原因，而要解释为何不断有新物种产生、为何某一物种突然发生变异，自然选择也不会将宗教信仰作为理由。[2]

达尔文还说，"查尔斯·赖尔先生的著作《地质学原理》一定会被后世的历史学家公正看待、被视为自然科学的革命之作。如若读了他的书仍然认识不到地球的历史无比漫长，那么现在就可以将手中的这本书合上了"。[3]

达尔文知道，将科学方法和自然主义方法运用于生物领域的

---

[1] 该书一问世便盛名远扬，但很快就被基督徒们认为是大逆不道、亵渎上帝之作。当时的基督徒仍然从字面意思上解读《圣经》。
[2] Charles Darwin, *L'Origine des espèces*, Paris, Flammarion, coll. «GF», 2008, pp. 148-149.
[3] Ibid., pp. 346-347.

做法尚未被世人普遍接受，另外他的作品也可能要面临神学方面的反对，所以，就在《物种起源》出版的几个月前，他致信赖尔，询问如何能让他的出版商相信他的书"完全符合正统"。要不要告诉出版商他这本书"并没有讨论人类的起源"，也"丝毫没有涉及《创世记》的讨论"，还是什么都不说，"毕竟地质学论文已经开始公开驳斥《创世记》的观点了，随便哪一篇文章都比《物种起源》都更像异端邪说，所以出版商可能并不会反对"。[1] 赖尔很快就给他写了回信，告诉他无须担心。

尽管如此，达尔文还是在卷首的题词中引用了几位宗教名人的话，比如和他同时期的数学家、哲学家和英国国教牧师威廉·休厄尔。休厄尔在1833年发表了一篇文章，这篇文章成为自然神学《布里奇沃特论文集》中的八篇文章之一。他在文中指出，关于"物质世界，我们至少可以得出的结论是，每一件事之所以发生，这并不是因为无处不在的神对各个事件分别进行了干预，而是因为世间存在着普遍的法则"。在休厄尔看来，这正是"科学所秉持的观点，而科学的功能就是探寻这些法则"。他接着说，"上帝将法则赋予万物，又让不同的物质拥有各自的特性，这便是上帝创造宇宙、统治宇宙之道"。[2] 虽然达尔文没有引用明确提到上帝的

---

[1] 1858年3月28日达尔文写给赖尔的信参见 Charles Darwin, *Origines. Lettres choisies 1828-1859*, Paris, Bayard, 2009, p. 314。
[2] William Whewell, *Astronomy and General Physics Considered with Reference to Natural Theology*, Londres, William Pickering, 1833, pp. 356-357.

这部分内容，但摘录休厄尔牧师的话就是为了佐证自己的科学观念是正当的，他丝毫不想质疑基督教，只是想告诉世人，科学的独到之处就在于能够通过自然原因来解释现象。一些人可能会说，科学研究应该在一定的限度之内，不应逾矩，而物种的起源就已经过界了。达尔文想到了这一点，他接着便引用了哲学家弗朗西斯·培根（Francis Bacon）的一句话来回应——当时的众多学者都将培根视为经验论的集大成者。他说，不应该"因为常常有人说人类是弱小的、微不足道的，就坚信只要听从上帝的教导、研读有关上帝的宗教或哲学书籍，我们就可以走得足够远、就足以成为学识渊博之人。无论在宗教还是哲学方面，所有人都应当努力进取，从中有所收获，决不能故步自封"。[1] 达尔文在此提到了两种书籍，即宗教和自然，这里采用了伽利略曾经用过的类比的方法。两种"书"虽然同源，但不言而喻，阅读第二种书所用的方法是断然不能用来阅读第一种书的。正如我们将在第五章所看到的，将同一"作者"的两种书相提并论的这种做法被后世用来证明科学与宗教之间不存在真正意义上的冲突。[2]

---

[1] 达尔文在其著作第一版的题词中引用了这些引文。不幸的是，在 2008 年 Flammarion 出版社出版的法文版《物种起源》中，这句至关重要的话被删去了。但是在 1862 年和 1876 年的法文版中可以见到这部分内容，这两个版本的译者分别为克莱门丝·鲁瓦耶（Clémence Royer）和爱德华·巴尔比耶（Édouard Barbier）。
[2] Kenneth J. Howell, *God's Two Books: Copernican Cosmology and Biblical Interpretation in Early Modern Science*, Notre Dame (Indiana), University of Notre Dame Press, 2002.

在全书的最后，达尔文强调，"如果假设古往今来地球物种的产生和灭绝与个体生物的生死一样，都并非由上帝直接掌控，而是归因于次级的原因，那么我们所知道的这些由造物主创造的法则就更说得通了"。[1] 这样一来，各种形式的生命都是"我们身边的法则发生作用的结果"。至于生命的本源，达尔文并没有找到答案，他只好承认生命"最初被注入到了少数甚至是某个个体之中"，而后延续了下来。[2]

第一版《物种起源》问世后，很多人批评该书反宗教、亵渎信仰，所以在几个月后，达尔文出版了修改后的第二版。旧版本暗示生命的本源来自大自然内在的力量，而不是上帝有意要创造的，而新的版本在"最初被注入到了少数甚至是某个个体之中"的"被"字后面加上了"造物主"几个字，其他几句类似的句子也进行了相应的更改，这使得作者的原意变得更加隐晦。在结论部分的开头，他还加了一句，说他"完全想不出本书提出的观点何以亵渎了任何人的宗教信仰"。

面对宗教界的诸多负面议论，为了"说明这类负面印象只是暂时的"，达尔文在1861年的第三版《物种起源》中又增加了一句话，称"有史以来人类最伟大的发现，即万有引力定律，也遭受过抨击，莱布尼茨曾指责它是对'自然宗教的颠覆，进而也是

---

[1] Darwin, *L'Origine des espèces*, p. 562.
[2] Ibid., p. 563.

对启示宗教的颠覆'[1]"。为了证明即便是神职人员也完全能够接受他的观点，他指出一位新教牧师、著名作家曾给他写信——他所说的这个人是查尔斯·金斯利（Charles Kingsley），在书中他没有写出此人的名字——信中说，"相信上帝创造了一些原初的个体，而这些个体又能够自行演变成其他的有益形式，这和相信上帝不断创造新的生物以完善他所创造的世界一样，两种思想在肯定上帝的崇高性上是一致的"。[2]

达尔文在生命将尽之时撰写了《自传》，称"自然界中的一切都是亘古不变的自然法则的结果"，"对这亘古不变的自然法则了解得越多，神迹就越不可信"。[3] "古老的目的论曾经是那么地令人信服，正如佩利神甫曾对其深信不疑"，但"自从自然选择的规律被发现以来"，目的论的光芒便黯淡了。[4] 在《物种起源》中，达尔文就已经批判了用目的论来解释现象的做法，并指出"诸如'造物方案'、'统一规划'这样的辞藻很容易掩盖我们的无知，我们不过是在重复同一件事，可往往就以为这样的重复便能够解释自然现象了"。[5]

---

[1] Charles Darwin, *L'Origine des espèces*, traduit sur l'édition anglaise définitive par Édouard Barbier, Paris, C. Reinwald, 1880, p. 566.
[2] Ibid., p. 566. 查尔斯·金斯利在 1859 年 11 月 18 日写给达尔文的信参见 *The Correspondence of Charles Darwin*, vol. 7, 1858-1859, Cambridge, Cambridge University Press, 1992, pp. 379-380。
[3] Charles Darwin, *L'Autobiographie*, Paris, Seuil, 2008, pp. 82-83.
[4] Ibid., p. 83.
[5] Darwin, *L'Origine des espèces*, traduit sur l'édition anglaise définitive par Édouard Barbier, p. 567.

▶▷ 人类的自然史

尽管达尔文在《物种起源》这本意义非凡的作品中仅讨论了动物的演化,并未谈及人类(在当时,人类被认为是直接由上帝创造的),但是敏锐的读者们却能够明白,无论是自然选择还是任何其他推动进化的力量,它们都没有理由只作用于动物,而不作用于人类。后来,达尔文在《自传》中也回忆说,"1837、1838年,他发现各个物种都可能发生突变",他立即就想到"人类一定也遵循这个规律"。[1]

第一位从自然的角度对物种演化进行解释的伟大理论家让-巴蒂斯特·拉马克(Jean-Baptiste Lamarck, 1744—1829)也曾讨论过这个问题,尽管他只是提出了一些纯粹的假设。1809年他出版了《动物学哲学》,在该书的第一部分论述了动物的自然史,而这部分的最后一节就是"关于人类的几点观察"。拉马克指出,"如果人类与动物只是构造不同,那么很容易就可以证明",无论是人类还是动物,任何一个物种所具有的特点"都是因为其行为在过去发生变化、形成了习惯,这些习惯最终演变为其物种每一个个体所共有的特质"。这样一来,我们可以想见,"受环境所迫或是

---

[1] Darwin, *L'Autobiographie*, p. 122.

出于其他某种原因",猴子(拉马克的原文为"四肢均能抓握的动物")丧失了"爬树和用脚抓握树枝的习惯",随后"经过若干代子孙的努力"逐渐学会了"只用脚来走路,不再把手与脚的功能相混同"。拉马克认为,毫无疑问,"这些动物由四肢均能抓握最终演变成了只有两个前肢可以抓握,同时大脚趾不断向其他脚趾并拢,只能用来走路"。这样,人类就演变成了一个优越的"种族","即便是最先进的动物也与人类有着相当明显的差距"。[1] 为了强调他的这些观点只是纯粹的假设,拉马克在这一节的最后写道:"以上便是我们对人类这一优等种族的一些思考,其前提是假设人类与动物的区别仅在于构造的特点不同,而二者的起源是一样的。"[2]

面对这些假设性质的猜想,教会方面并未做出任何官方回应,保守派天主教徒也没有提出任何异议。[3] 这不仅因为作者在行文中言语谨慎,还因为 19 世纪初的法国在革命中更加趋于理性,已经不会像布封那个时代一样打击学者了。可尽管如此,博物学家朱利安·约瑟夫·维雷(Julien Joseph Virey)等人依然认为拉马

---

[1] Jean-Baptiste Lamarck, *Philosophie zoologique*, tome premier, Paris, Librairie F. Savy, 1873, pp. 339-340.
[2] Ibid., p. 347.
[3] Jacques Arnould, *L'Église et l'histoire de la nature*, Paris, Cerf, 2000, p. 57.

克的学说直接支持了无神论。[1] 不管怎么说，拉马克的这"几点观察"表明，在人类起源这个问题上，人们完全可以用自然主义的思维方式来开展研究。拉马克"宣称有机界和无机界的一切变化都是自然法则发挥作用的结果，而并非是上帝在操控万物"，达尔文认为，拉马克当属为科学做出杰出贡献的第一人。[2]

19世纪中期，考古学获得大量发现，人类的历史源远流长成了显而易见的事实，而这一事实再一次对两千年来基督教世界世代相传的《创世记》提出了质疑，关于人类起源的大讨论终于爆发。在《物种起源》问世之际，考古学家就已经发现了经过切割的石块，这些石块表明人类的历史很有可能极为久远。法国人雅克·布歇·德·佩尔特斯（Jacques Boucher de Perthes, 1788—1868）自19世纪40年代早期起就在皮卡第地区的阿布维尔市收集"诺亚时代大洪水以前的斧头"，并将研究成果写成了《大洪水前的凯尔特古文化》一书，该书于1847年出版。起先，欧洲最有影响力的地质学家和考古学家们都觉得佩尔特斯只是一位业余爱好者，其成果可能并没有太大的价值，可当他们去实地考察见到实物之后，所有人都认为佩尔特斯的书并无虚言，查尔斯·赖尔

---

[1] Pietro Corsi, «Idola Tribus: Lamarck, Politics and Religion in the Early Nineteenth Century», dans Aldo Fasolo (dir.), *The Theory of Evolution and Its Impact*, Dordrecht (Pays-Bas), Springer-Verlag, 2012, p. 33.
[2] Darwin, *L'Origine des espèces*, traduction Barbier, p. XII. 从1861年出版的《物种起源》第三版开始，达尔文补充了《本书英文版第一版问世前人们对物种起源认识进程的简史》。文中引用的内容便来自这一部分。

也在这些学者之列，他是在 1859 年前去考察的。[1] 研究了石器，接下来便要研究制造这些石器的人，佩尔特斯后来又发表了多部直接将人类作为研究对象的著作，如《大洪水前的人类及其制品》（1860）以及《人类存在及大型哺乳动物化石新考》（1862）。

1863 年，赖尔发表的文章更加有力地佐证了佩尔特斯的结论。在文章中，他将他在欧洲多个国家（德国、英国、比利时、丹麦、法国以及瑞士）的发现进行了综述，这些内容自次年起便被译为法文，以"从地学角度论证人类的古老"为题出版。赖尔非常赞同物种进化的理论，他严格地从自然主义的角度对人类的起源进行了分析，他知道别人可能因此就把他看作是一位唯物主义哲学家，所以他在书的末尾写道，"有人指责进化理论是唯物主义[……]但在这个假说中，在地球的各个地质阶段，生命、感觉、本能相继出现，接着高等哺乳动物产生了接近于理性的智力，最后人类也具有了不断进步的理性，这样一种假说非但没有唯物主义倾向，反而体现出精神对于物质的作用越来越强了"。[2] 由此，赖尔认为自己与其说是唯物主义者，不如说是唯灵论者，因为人类的智慧同产生智慧的思想一样，都是长期自然进化的结果。

---

[1] Boucher de Perthes, *Antiquités celtiques et antédiluviennes*, tome troisième, Paris, Dumoulin, 1864, p. 112; 更多细节可参考 Marc Groenen, *Pour une histoire de la préhistoire*, Paris, Jérôme Million, 1994, pp. 52-72。
[2] Charles Lyell, *L'Ancienneté de l'homme prouvée par la géologie et remarques sur les théories relatives à l'origine des espèces par variation*, traduit par M. Chaper, Paris, J. B. Baillière et fils, 1864, p. 538.

▶▷ 宗教的自然史

19世纪的地质学家以及其他领域的学者都用自然主义的思维方式来研究地球的历史、解释所观察到的变化，这种思维方式当然也影响到了人们对宗教的看法，让人们开始思考《圣经》的历史渊源。随着历史批评学与文献学的发展，《圣经》究竟是如何汇集成书的、其内容究竟是史实还是神话故事逐渐成为人们关注的话题（要知道，《圣经》的部分内容存在着前后不一致的情况）。这个漫长的过程不乏冲突和纷争，还有人因此被教廷惩戒。[1] 本书并不以此为主题，在此详述这段历史并不合适，但为了完整地阐述关于自然现象和社会现象的科学研究如何逐渐将上帝排除在外，我们有必要进行简要的回顾。科学的研究方法也逐渐得到了历史学家的接受，到了19世纪，他们就不再用神迹或是天意这样的理由来解释历史事件了。例如，德国历史学家达维德·弗里德里希·施特劳斯（David Friedrich Strauss, 1808—1874）在1835年就对耶稣的经历进行了另一种阐释，在他的阐释中，在耶稣身上发生的那些"奇迹"并不需要借助超自然的力量。他的著作《耶稣传》引起了轩然大波，

---

[1] 参见 François Laplanche, *La Bible en France entre mythe et critique, XVIe-XIXe siècle*, Paris, Albin Michel, 1994；以及 François Laplanche, *La Crise de l'origine. La science catholique des Évangiles et l'histoire au XXe siècle*, Paris, Albin Michel, 2006。

人们认为这本书遵从了唯物主义，若非如此，那就是遵从了无神论。该书出版后，施特劳斯被迫走下了图宾根新教神学院的讲台。[1] 尽管这样，这本书还是广受欢迎，多次再版。埃米尔·利特雷（Émile Littré）是实证主义哲学的拥护者，他深知这本书对于实证主义哲学的重要性，因此很快就将该书译成了法文版（1839）。[2]

历史批评首先是在德国发展起来的，在法国，文献学家、宗教史学家埃内斯特·勒南（Ernest Renan, 1823—1892）代表了这一领域的最高峰。他在1863年也写了一本广受欢迎的《耶稣传》，因为这样一本书，他也失去了在法兰西公学院的工作。[3]1849年，他发表了一篇关于"批评耶稣的历史学家"的文章，用清晰准确的语言很好地总结了历史学家在批评宗教故事中的神迹时所用的方法：

> 对一个精彩的故事进行批评有两种方法（批评的本质在于否定超自然的力量，所以对这些故事全盘接受是不可能的）：1. 接受故事的基本内容，但从时代背景、故事的传播者、不同时代表达事实的固有模式等方面对故事进行解析；2. 对故事本身进行审视，阐释其形成过程，对其真实性进行否定。如果是

---

[1] Laplanche, *La Bible en France*, pp. 141-142.
[2] 埃米尔·利特雷撰写的《译者序》参见 David Friedrich Strauss, *Vie de Jésus ou examen critique de son histoire*, Paris, Librairie philosophique de Ladrange, 1864, p. i。
[3] Perrine Simon-Nahum, «Le scandale de la *Vie de Jésus* de Renan. Du succès littéraire comme mode d'échec de la science», *Mil neuf cent*, no 25, 2007, pp. 61-74.

第一种情况，那就全力解释故事本身，这样也就假定了故事本身是真实的。如果是第二种情况，那就不讨论故事的真实性，而将故事的产生当作单纯的心理学事件，将其视为一首拼凑起来的古诗，认为它的产生仅仅是出于人类精神世界的本能。[1]

几年之后，1857年，勒南将自己有关宗教史的文章整理成文集出版。他在序言中提到了历史学家和神学家的对立，说"对宗教的研究存在着极大的困难，那些谨小慎微的人总以为研究这些问题的作家别有企图。宗教的本质是要求信徒保持绝对的信仰，因此必然要让宗教凌驾于公共的法律之上，当历史学家想要毫无偏私地对宗教进行评判的时候，宗教界不允许他们这样做"。为了"证明宗教无可指摘，各个教派都需要有一个特别的历史观，这个历史观的基础就是相信世间万事都是上帝的安排，而这样的观念唯独只对宗教有益"。[2] 可是，历史批评的首要原则就是"在人类事务以及自然界的大小现象中"都不能存在任何神迹的成分，因为"历史中的一切都可以用世间的道理来解释，如果一些现象我们还无法解释，那只是因为我们现有的知识还不够丰富而已"。由此可见，历史学家和神学家永远无法达成共识，因为神学家"所

---

[1] Ernest Renan, Études d'histoire religieuse, septième édition revue et corrigée, Paris, Michel Lévy frères, 1857, pp. 137-138.
[2] Ibid., pp. vi-vii.

用的方法与历史学家截然相反，二者追求的目标也是不一样的"。勒南指出，"对于宗教领域的根本问题，即神的启示以及超自然现象的本质，[神学家]从不触及"，因为这已经超出了他们的讨论范围。[1] 勒南接着说道："与所有自称自己的权利是上天赋予的权力机关一样，宗教权威也是非常敏感的，所以，即便对方只是在毕恭毕敬地表达自己的观点，教会也当然会把不同意见认为是敌意的体现，任何一个人哪怕是用最简单的理性分析对宗教提出质疑，宗教界都会将他视为敌人。"[2] 勒南在文章的最后总结道，我们当然要"允许各个教派宣扬自己的教义无懈可击，因为如果不这么做，信徒们就不会保持对宗教的敬意，宗教需要这样的敬意"，但是人类也不应强迫"科学听命于一个完全不讲科学的权力机构"。[3] 正如我们将在下一章中看到的那样，勒南的这一本书以及其他几本关于宗教史的作品后来都被列入了禁书目录。

▶▷ 上帝的自然化

与施特劳斯、勒南不同，达尔文并不是宗教史学家，但是在追溯了人类的自然史之后，他最后也从博物学家的角度谈及了宗教

---

[1]　Ernest Renan, Études d'histoire religieuse, septième édition revue et corrigée, Paris, Michel Lévy frères, 1857, p. xi.
[2]　Ibid., pp. vi-vii.
[3]　Ibid., p. xxii.

问题。其实达尔文早就对人类的起源有自己的看法，但真正将其发表出来则是在1871年，这一年他出版了《人类的由来及性选择》，1873年，这本书便有了法文版。达尔文在开篇就指出，他多年来在人类起源方面积攒了很多发现，但是他曾决定不发表这些内容，因为他认为他支持自然选择学说就已经"让人们对他有了成见，再发表这些内容，成见只会更深"。但在《物种起源》问世二十年后，达尔文认为大环境已经和以前不一样了，而且他的观点已经基本得到了博物学家们的认可。在这种新形势的推动下，他将之前的笔记收集起来，开始思考"他在其他研究中得到的结论有多少同样适用于人类"。他指出，"近来，以布歇·德·佩尔特斯为代表的杰出英才证实了人类历史极为古老，对于理解人类的起源，这一点是必不可少的基础"，"因此"他"将这一结论作为已经得到认可的定论"。[1] 达尔文列举了近期诸多的考古发现，指出人类在认识人这个物种方面已经取得了可喜的成绩。他还写道，"总有人说人类的起源是不可知的，但是愚昧无知的人通常都比学识渊博的人更有自信。敢于断言这样或那样的问题绝非科学所能解决的人，正是那些坐井观天之人，而不是博学多才之士"。[2]

达尔文纯粹地从自然主义的角度对人类的起源展开研究，他

---

[1] Charles Darwin, *La Descendance de l'homme et la sélection sexuelle*, traduction de J.-J. Moulinié, tome premier, Paris, C. Reinwald, 1873, pp. 1-3.
[2] Ibid., p. 4.

不仅没有将"上帝"作为解释问题的依据，而且还暗示对上帝的信仰本就是自然进化的结果。《人类的由来及性选择》一书在第一章陈述了"人类起源于某一低等生物的证据"，第二章对人类与动物的心理官能进行了比较。书中有一个小标题叫做"对上帝的信仰、精神寄托与迷信"，通过这个标题下的内容，我们几乎可以确定，在达尔文看来，上帝不过是一种迷信罢了。达尔文在这段文字的开头便写道，"尚无证据表明人类对万能上帝的信仰是与生俱来的"，而且人类学家已经证明，"时至今日仍然有为数众多的部族没有信仰，他们既不信奉某一位神灵，也不认为世间有多个神灵共存，在他们的语言中甚至没有用来表述神这个概念的词汇"。[1]但达尔文还是很谨慎的，他紧接着就写道，"当然，至于是否存在一位造物主主宰宇宙，这完全是一个更高层次的问题，而且古往今来最杰出的智者都已经给出了肯定的答复"。[2] 达尔文的结论是，感觉和情绪都是进化的产物，"人类与最高等的动物在精神上的区别只是程度上的，而非种类上的"。[3] 尽管"对上帝的崇高信仰并不是人类普遍具有的"，但社会本能"在智力活动和习惯的帮助下"，"自然会引出一条金科玉律，那就是'希望他人如何对待自

---

[1] Charles Darwin, *La Descendance de l'homme et la sélection sexuelle*, traduction de J.-J. Moulinié, tome premier, Paris, C. Reinwald, 1873, p. 69.
[2] Ibid., p. 70.
[3] Ibid., p. 115.

己，那就如何对待他人'，这条原则是一切伦理道德的基础"。[1]

就这样，为了理性地解释道德为何产生，乃至上帝这个概念从何而来，博物学家、考古学家、人类学家以及历史学家完成了将超自然力量从正当的科学解释中排除出去的缓慢进程。而将科学自然主义应用于人类起源的研究之中实际上是对旧观念的彻底颠覆。尽管基督教会的上层长期以来一直想要通过立法来限制科学的研究范围，将神学置于自然哲学之上，但他们没能阻止自然主义的研究方法向各个领域延伸。最终，教会只好根据自然史和人类史确立的史实调整了自己的说辞，为了将宗教与最新的科学发现相契合，教会承认应当用更巧妙的方式来解读他们所认为的神圣的经书，而不是像过去相当长的一段时期那样仅从字面意思上来理解。这样一来，开普勒、伽利略等人因为天文学的发现从17世纪初就一直呼吁的事情，到20世纪中叶才终于在人类史的推动下成为现实。但是，尽管基督教精英经过漫长的历史过程终于使宗教界与科学界达成了广泛共识，基要主义宗教团体并不会就此便偃旗息鼓，他们认为宗教经文都是上帝亲口所述，所以仍旧坚信其字面意思就是真理，并不断向有关方面施加压力，要求限制科学研究的自由。

---

[1] Charles Darwin, *La Descendance de l'homme et la sélection sexuelle*, traduction de J.-J. Moulinié, tome premier, Paris, C. Reinwald, 1873, p. 116。

| 第四章 |
被禁的科学

查禁。人或书籍因引起神学家不快或与神学家必然无误的观念不相吻合而被神学家做出的侮辱性评判。

——霍尔巴赫男爵（1768）[1]

---

[1] Paul Henri Thiry, baron d'Holbach, *Théologie portative ou Dictionnaire abrégé de la religion chrétienne*, préface de Raoul Vaneigem, Paris, Rivages, coll. «Rivages Poche/Petite Bibliothèque», 2015, p. 93.

第四章 被禁的科学

我们在上一章讲述了科学从宗教中独立出来、上帝不再被用来解释各种现象的漫长过程，这个过程并不是一帆风顺的。在制度层面，天主教会对有悖于教会的官方阐释或有悖于传统教义的作品采取了查禁和封锁的措施。我们将在本章看到，这类措施不只出现在17世纪，受到谴责的也不只是哥白尼、伽利略这两位代表人物，书籍审查制度持续了几个世纪，直到20世纪60年代中期，禁书目录才终于被废止。将书籍列入禁书目录是一种公开的指责，有的时候，教会也会采取更为微妙的处理方式来避免争议，但无论采用何种手段，其目的都是要提醒学者们必须服从于宗教权威。

▶▷ 天主教学者的自我查禁

1633年11月，伽利略获罪的消息传到了哲学家勒内·笛卡儿（René Descartes, 1596—1650）的耳中。当时，笛卡儿对此案的细节还一无所知，他只是在私人信件中读到了些许传闻，但即便是这样，他还是在私下里告诉最小兄弟会的马兰·梅森神甫（Marin Mersenne, 1588—1648）说，他的那本《世界论》不会按原计划出版了，因为这本书是以哥白尼学说为基础的。在此，我们有必要引述笛卡儿的这段长文：

我听说伽利略的作品《关于两大世界体系的对话》曾在荷兰的莱顿和阿姆斯特丹印刷,但罗马的所有印本都已经被烧掉了,伽利略还被罚了款,所以我这些天就让人去打听荷兰的这些书是不是也没有了。这件事着实令我震惊,我甚至想把我所有的书稿也付之一炬,至少不能让任何人看到它们。伽利略是意大利人,听说还很受教皇器重,他一定是因为想要证明"地动说"才会获罪,除此之外我再也想不出别的理由。"地动说"已经被几位红衣主教明令禁止了,我还听说从今往后,即便是在罗马也不能公开传授这个学说。我想,如果"地动说"是错误的,那么我的哲学的一切立足点也同样是错误的,因为我这些立足点都能够证明"地动说"。书中的其他部分也与"地动说"紧密相连,如果将"地动说"割离出去,其他的内容也就分崩离析了。

因此,笛卡儿选择了自我查禁:"从我这里传出为教会所不容的言论是我最不愿意看到的事,所以,与其把我的文章拆解得支离破碎,我倒宁愿干脆不发表它。"[1]

几个月后,他再次致信梅森,说他很惊讶地看到一个教士(即吉勒·佩索纳·德·罗贝瓦尔 [Gilles Personne de Roberval, 1602—

---

[1] 笛卡儿在 1633 年 11 月底写给梅森的信,原文摘自 Charles Adam et Paul Tannery (dir.), *Œuvres de Descartes,* tome 1, Paris, Vrin, 1996, pp. 270-271。

1675]）写了关于地球运动的文章，他以为宗教裁判所"甚至不允许天文学领域将'地动说'作为假说"（事实上笛卡儿理解错了）。他还写道，"因为目前为止只有由负责审判此案的红衣主教组成的特别圣部禁止了'地动说'，而教皇和主教会议还都没有公布任何禁令，所以 [他] 还抱有一线希望，也许他的《世界论》日后就可以出版了"。1640 年 12 月，在笛卡儿写给梅森的另一封信里，我们似乎能够读出些许讽刺的意味。他说，"新教牧师强烈谴责"地动说"，不过他却不觉得这是一件坏事"，因为"这可能会促使天主教会的教士们转而支持'地动说'"。笛卡儿是一个虔诚的天主教徒，他"非常坚定地相信教会是绝对无误的"，但同时他也非常确定，他所有与运动相关的结论都是通过理性分析得来的，笛卡儿说他并不"害怕一个真理会与另一个真理相矛盾"。[1] 在认识论层面，他这样想可能是正确的，但他所讨论的问题更是一个政治问题，关系到教会的权威。笛卡儿还让他的朋友前往罗马游说，并请求梅森神甫给巴黎的教廷大使红衣主教贝涅（Baigné）写信，告诉他只有彻底禁止"地动说"才能阻止他发表他的哲学思想。笛卡儿还向一位朋友透露说，他"已经让人去替 [他] 与一位红衣主教商议，这位红衣主教是他多年的朋友，也是审判伽利略的几位红衣主教之一"。[2]

---

[1] 笛卡儿在 1640 年 12 月写给梅森的信，引文摘自 Léon Petit, «L'affaire Galilée vue par Descartes et Pascal», *Dix-septième siècle*, n° 28, 1955, p. 234。
[2] Adrien Baillet, *Vie de Monsieur Descartes*, tome 1, Paris, Daniel Hortemels, 1691, pp. 253-254.

阿德里安·巴耶（Adrien Baillet）在1691年出版了《笛卡儿传》，这是关于笛卡儿的第一本传记。根据这本书，上面所说的这位神秘的红衣主教正是教皇乌尔班八世的侄子、教廷圣职部成员弗朗切斯科·巴尔贝里尼（1597—1679）。没有任何证据能够证明弗朗切斯科·巴尔贝里尼究竟是否参与了此事，但是笛卡儿为了得到谈论地球运动、发表《世界论》的许可已经尽了一切努力。尽管他一度以为自己的作品不日就可以出版了，但实际上《世界论》直到1664年才终于问世，此时笛卡儿已经过世了。尽管如此，他将《世界论》的多个片段写入了1644年发表的《哲学原理》一书，并且极其谨慎地避免了能够体现地球运动的内容。不过这也无济于事，1663年，他的作品还是被列入了禁书目录。[1]

在伽利略获罪之后的几年里，世人对罗马宗教裁判所的这一决定一直没有形成统一、明确的认识，天主教神甫、天文学家伊斯梅尔·布利奥（Ismaël Bouliau, 1605—1694）甚至依然认为传授"地动说"并不表示公然与教会为敌。1644年12月，也就是伽利略去世两年后，他私下对梅森说，禁止传授"地动说"的命令可能"只针对意大利，而不是整个基督教世界，因为罗马教廷

---

[1] Jean-Robert Armogathe et Vincent Carraud, «La première condamnation des Œuvres de Descartes, d'après des documents inédits aux Archives du Saint-Office», *Nouvelles de la République des Lettres*, n° 2, 2001, pp. 103-137.

没有对此发布任何通告，也许在教廷看来，这样做并不合适"。[1] 巴黎学者、神学家、议事司铎皮埃尔·伽桑狄（Pierre Gassendi，1592—1655）在私下里也是站在哥白尼和伽利略这一边的。早在 1629 年，他就曾致信佩雷斯克，称荷兰科学家几乎全都"支持'地动说'"。[2]

伽利略获罪对天主教学者来说是一种实实在在的冲击，大部分学者自此之后便不再在公共场合或自己的文章中高调支持哥白尼提出的天体系统了。伽桑狄虽然也曾公开支持过哥白尼，但他后来就正式顺从了教廷的观点，接受了第谷·布拉厄提出的体系，即地球静止于宇宙的中心，而其他行星绕太阳运行。[3] 这个体系虽然很受耶稣会士的推崇，但伽利略却认为它完全是布拉厄的主观臆断，因此在《关于两大世界体系的对话》中对此只字未提。梅森神甫则没有明确表态，他只是拿万能的神来做挡箭牌，这也是中世纪以来惯常的做法，他们的说辞是上帝"让苍穹不断运转、

---

[1] Michel-Pierre Lerner, «La réception de la condamnation de Galilée en France au XVIIe siècle», dans José Montesinos et Carlos Solís (dir.), *Largo campo di filosofare. Eurosymposium Galileo 2001*, La Orotava, Fundación Canaria Orotava de Historia de la Ciencia, 2001, p. 532.
[2] 引文摘自 Isabelle Pantin, «Premières répercussions de l'affaire Galilée en France chez les philosophes et les libertins», dans Massimo Bucciantini, Michele Camerota et Franco Guidice (dir.), *Il Caso Galileo. Una rilettura storica, filosofica, teologica*, Florence, Leo S. Olschki, 2011, p. 243。
[3] Lerner, «La réception de la condamnation de Galilée en France», p. 533. 另外参见 Lisa T. Sarasohn, «French Reaction to the Condemnation of Galileo, 16321642», *The Catholic Historical Review*, vol. 74, 1988, pp. 34-54; Jane T. Tolbert, «Peiresc and Censorship: The Inquisition and the New Science, 1610-1637», *The Catholic Historical Review*, vol. 89, 2003, pp. 24-38。

让地球安然不动，这其中自有一番伟大的道理"。[1] 荷兰加尔文派物理学家克里斯蒂安·惠更斯（Christian Huygens, 1629—1695）在 1660 年写道，每当他与罗马的天主教徒谈起哥白尼的时候，"这些人都表示，对于抵制哥白尼学说的法令，他们并不需要严格遵从"。他们"认为地球是否静止应该用理性来论证，而不应由官方文件来规定"。[2]

虽然许多天主教学者可以在私下表达自己的科学信念，但在公开场合却不能这样做。鉴于罗马教会明文规定，不得将哥白尼的理论视为真理，所以天主教的教育机构必须遵守这一要求。布利奥虽然表示他相信教皇不会插手无关信仰的事务，可是在事实并非如此的时候，尽管他支持哥白尼学说，他仍然服从了教会的命令，不再接受这一理论。[3] 在伽桑狄的身上，我们同样能够看到学者的谨慎。伽桑狄也是哥白尼的支持者，他本想给伽利略写信，但得知伽利略被捕了，于是，他便在 1634 年 1 月向佩雷斯克打探消息。佩雷斯克回复他说，教会可能并未禁止伽利略收信，但是建议他在写信时"用词要尽量地谨慎，要拿捏分寸，既要让伽利略大体读懂你的意思，同时又不能太过直白"。[4] 佩雷斯克在

---

[1] 梅森在 1633 年 11 月写给勒布尔先生（M. Rebours）的信，引文摘自 B. Rochot, «Remarques sur l'affaire Galilée», *Dix-septième siècle*, n° 30, 1956, p. 135。
[2] 引文摘自 Lerner, «La réception de la condamnation de Galilée en France», p. 538。
[3] Ibid., p. 532.
[4] Antonio Favaro (dir.), *Le Opere di Galileo Galilei*, Florence, G. Barbera, vol. 16, 1905, pp. 14-15.

回信的末尾写道，他"得知贝内格尔（Bernegger）在斯特拉斯堡所做的工作后，感到非常高兴"，这里所说的"工作"便暗指《对话》一书被翻译为拉丁文出版一事（原文为意大利语），贝内格尔在该书被列入禁书目录的两年之后完成了此项工作。

同年7月，梅森神甫将刚刚完成的作品《神学、物理、伦理及数学：人人皆可寻求满足或得到锻炼的问题》寄给了佩雷斯克，称由于"索邦神学院的博士们"都谴责他没有驳斥"地动说"，所以他"便将所有可能被他们提出的问题讨论个遍"。在法国，索邦神学院的神学家们负责对触及宗教的书籍进行审查。该学院在1544年便汇编并公布了首批禁书目录，这比罗马教会还要早。[1] 学院的神学家们不得不"遵照神圣的教会以及教廷圣职部的教导，及时发现错误、阐明真理"，正如1501年索邦神学院的一份文件所记录的那样。[2]

17世纪中期，耶稣会士、天文学家乔瓦尼·巴蒂斯塔·里乔利（Giovanni Battista Riccioli, 1598—1671）清晰地阐释了教会不愿意放弃从字面意义解读《圣经》的深层原因。此人支持地球静止不动的观点，他非常清楚，即便只是个别部分不按字面意思解释《圣经》，都可能会导致严重的后果。他指出，允许世俗之人解

---

[1] Jesús Martínez de Bujanda, Francis M. Higman et James K. Farge (dir.), *Index de l'Université de Paris: 1544, 1545, 1547, 1549, 1551, 1556*, Genève, Libraire Droz, 1985.
[2] Ibid.,p. 37.

读《圣经》，人们就可能会肆意妄为。一旦教会放任伽利略及其追随者用自己的方式解释《圣经》内容，使《圣经》与"地动说"相契合，那么这种自由最终就很可能会触及所有的宗教信条。因此，他在1651年的《新天文学大成》(*Almagestum Novum*)中写道，所有经文都应当按照字面意思来解读，坚持这一教规至关重要。[1]

▶▷ 鲁汶大学的查禁

罗马教会对哥白尼学说的明令指责并不是一件小事，其目的在于对整个天主教世界进行约束。就在莱布尼茨试图说服天主教会取消对哥白尼学说的查禁但无疾而终的时候（详见第二章），1691—1692年，鲁汶大学也掀起了一场轩然大波。

1691年初，鲁汶天主教大学的教授马丁·艾蒂安·范费尔登（Martin Étienne van Velden, 1664—1724）打算在学院的常规辩论中让他的学生公开支持哥白尼学说，当时的文学院院长知道后便致信驻布鲁塞尔的代理教廷大使报告了此事，称这样做"并不符合圣部的法令"。[2] 在其他教员的支持下，院长命范费尔登撤销这一题目，将其改换为不太为人所争议的其他题目，以免与宗教当

---

[1] 引文摘自 Maurice A. Finocchiaro, *Retrying Galileo, 1633-1992*, Berkeley, University of California Press, 2005, pp. 83-84。
[2] 引文摘自 Armand Stévart, *Procès de Martin Étienne van Velden, professeur à l'université de Louvain*, Bruxelles, C. Muquardt, 1871, p. 60。

局发生冲突，否则就禁止范费尔登继续授课，也就是说不再为其发放报酬。鲁汶大学是一所天主教学校，因此非常了解查禁制度，在索邦神学院公布了自己的禁书目录之后，鲁汶大学的神学院便于其后两年即1546年制定了三个目录，查禁书目超过700种，神学家们为整理出这些"不良书籍"可谓辛劳非常，而索邦神学院当年查禁的书目有500多种。[1]

代理教廷大使得知鲁汶大学文学院的一位教授"支持了一个完全无视教廷法令的论题"后，立即要求学院的院长将"论题内容、该教授的姓名以及此事的处理方案"向他汇报。他的言辞是很有艺术的，他说他相信学院无论是过去还是将来都"一定不会做出辜负教皇陛下期望的事情"。[2]

代理教廷大使提出，只要涉案人依照1616年禁书审定院的法令明确声明仅将哥白尼学说作为一种假说，就可以对其进行讨论，可是学校却认为范费尔登挑战了校长的绝对权威，为了体现学校掌握着自主决策权，校方拒绝接受大使的调停。范费尔登意识到学校是不会公正地对待此事了，于是便去寻求世俗政府的支持，虽说校方并不认为政府有权处理此类问题。他还向他的荷兰同胞克里斯蒂安·惠更斯诉说了所发生的一切。他对鲁汶大学神学院

---

[1] Jesús Martínez de Bujanda (dir.), *Index de l'Université de Louvain: 1546, 1550, 1558*, Genève, Libraire Droz, 1986, p. 14.
[2] 引文摘自 Georges Monchamp, *Galilée et la Belgique,* Bruxelles, G. Moreau-Schouberechts, 1892, p. 216。

在这次查禁事件中所发挥的作用表示谴责,他说:

> 如果我们不立即采取有效措施来抵制现在这种不幸的状况,这就将成为现代学者的共同观念,因为如果我屈服了(这本身不足挂齿),之后就再也不会有人有胆量提起哥白尼、笛卡儿、您以及某位比较年轻的哲学家的名字了。

在这封求援信的最后,他"以所有热爱真理和自由之人的名义"恳求惠更斯通过熟人帮他向荷兰执政求助,他说,关于哥白尼学说的讨论"丝毫没有恶意,而且这是纯粹的哲学问题",要想让那些执意不允许在学校传授这一学说的人讲道理,这是最后的办法了。惠更斯后来确实给他的兄长、荷兰执政的亲信康斯坦丁(Constantin)写了信,请他"帮忙说几句话,使其免受迫害"。据康斯坦丁的日记记载,范费尔登拿着这封信在8月初见到了他,范费尔登称自己"因提出了几个支持新哲学的论题而受到迫害。他希望国王,或者至少是我,当面或通过信件与加斯塔尼亚加侯爵讨论此事",加斯塔尼亚加侯爵便是当时的荷兰执政。[1]

目前我们并不清楚这些人是否帮上了忙,因为整件事情到

---

[1] Christiaan Huygens, Œuvres complètes, tome X: *Correspondance 1691-1695*, La Haye, Martinus Nijhoff, 1905, pp. 113-114. 电子版参见 ww.dbnl.org/tekst/huyg003oeuv10_01/huyg003oeuv10_01_0035.php。

1　　年初才得以解决。经过与校方、政府以及代理教廷大使的多次　　议，国王枢密院决定由校方全权处理范费尔登一事，当地政府　　得干预。在终审前一周，校长还直接致信西班牙国王，提醒国王　　，如果任由范费尔登向校外机构寻求帮助，最终只会使国王赋　　大学的特权变为一纸空文，而且"从此之后，本校的其他过分行　　也会不受管束"。[1] 尽管校长的权威得到了肯定，但代理教廷大　　还是让他不要激化事态、尽快结案，"只要范费尔登表示出对教　圣职部的尊重、依照教皇陛下的主张更改论题中的内容，或者表示　　后会接受这一主张，就可以原谅他，以示宽容"。范费尔登只好　服，并且缴纳了罚款，以补偿学校为处理该案所支出的部分费用　他还签署了下面这份声明，其内容与当年强加给伽利略的那份　明颇为相似：

> 1691　7月11日至12日，我在学校公布并辩护了几个哲学论题　其中的某些观点，特别是涉及哥白尼体系和教皇陛下乌尔班八世的法令的内容引起了人们的不满。我让全学院学生按照贯例展开大讨论，这种教授哲学、考察学生的方式也令人不　。最后，我还支持了笛卡儿学说，这也让反对他的人感到不　快。我在此声明，冒犯教会、冒犯教皇陛下、

---

[1] 引文摘自 Monchamp, *Galilée et la Belgique*, p. 311。

冒犯学校、冒犯我的同事都并非我的本意，很抱歉我的论题中出现了可能引起摩擦的内容。今后我会更加注意，避免类似的事情再次发生。我还会向尊敬的代理教廷大使阁下另做一份声明，对可能冒犯到教廷的内容进行解释。[1]

迫于压力，范费尔登在教学中做出了调整，再也不公开谈论"地动说"了，而这个让步也使他平步青云，后来成了当地的精英人物。[2]

这件事虽然鲜为人知，但它很好地体现了罗马教廷用教义对整个天主教世界进行控制的逻辑。教廷通过教廷大使以及天主教大学领导人所组成的信息网随时掌握着各地的情况。在此案中，范费尔登本人的性格对事态的发展虽然起到了一定的作用，但我们不应当忽略更重要的事实，那就是如果罗马教会一开始没有禁止在学校教授哥白尼学说，学校、当地世俗政府以及罗马教廷这三方就不可能产生争议，就不可能都想执掌此案、显示自己的权威。天主教大学是必须服从宗教裁判所和禁书目录的。在一封写给国王枢密院派往布鲁塞尔处理此案的钦差代表的信中，范费尔登坦言，"如此不值一提的小事竟惹出轩然大波，他真是万万没有

---

[1] 引文摘自 Monchamp, *Galilée et la Belgique*, p. 315。
[2] Stévart, *Procès de Martin Étienne van Velden*, p. 62; Monchamp, *Galilée et la Belgique*, p. 322.

想到"。他甚至说,"为这样的事情频繁前往布鲁塞尔叨扰众人,他实在觉得汗颜"。[1]

▶▷ 令教会不安的原子

仰望星空的物理学已经够让教会忧心了,可尽管如此,正统宗教的守卫者们仍然不忘时刻关注着俯瞰大地的物理学。17世纪初,人们再次对古代的原子学说产生了兴趣,一些天主教哲学家和神学家发现,这个学说明显会朝着无神论唯物主义的方向发展,因此倍感担忧。

古希腊哲学家留基伯(Leucippus)和德谟克利特(Democritus)最早提出,世界是由虚空中不断运动的原子构成的。拉丁诗人卢克莱修(Lucretius)将这一思想写入了《物性论》,随着该作品在1417年被发现,原子论的思想也就流传开来。中世纪以来,基督教哲学和神学教育都是以亚里士多德的理论为基础的,由此形成的经院哲学也就成为当时的主流思想,在这个大背景下,原子论的复兴让学者们在反抗经院哲学的运动中又多了一份力量。根据亚里士多德的理论,不可再分的原子和虚空都是不存在的,所有物质都由实体(substance)与偶性(accident)两部分构成。依据这一点,天主

---

[1] Stévart, *Procès de Martin Étienne van Velden*, p. 62; Monchamp, *Galilée et la Belgique*, pp. 302-303.

教的正统观念认为，在神甫祝祷的时候，饼（无酵饼）和葡萄酒的实体分别会变为基督的身体和血液，同时它们的偶性会留下来，因此看上去并没有任何变化，领圣餐者品尝到的依然是饼和葡萄酒。所以说神迹只是将饼和葡萄酒的"实体"转变了，"偶性"没有变。就这样，圣餐变体说得到了合理的解释，而这个说法正是罗马教会的基本信条。从原子论的角度来看，这是不可能的，因为原子只具有实体而不具有偶性，偶性只是原子与我们的感官发生相互作用让我们产生的感觉而已，所以实体发生变化必然导致感觉也发生变化。在这个大背景下，可以想见，一切以原子论为基础的观点都可能因为宗教原因而不仅仅是哲学原因而受到攻击。

在1623年发表的作品《试金者》中，伽利略也以原子论支持者自居。但这本书被匿名举报到了宗教裁判所，举报者称，"如果原子论对偶性的认识是正确的，那么对于圣体中的饼和葡萄酒来说，其偶性是否独立于实体而存在就成了一个大问题"。因此在他看来，伽利略的理论与德谟克利特的理论一脉相承，"与神学家的一致观点相悖"，同时"也与主教会议提出的真理相矛盾"。[1] 耶稣会士奥拉齐奥·格拉西在1626年发表的一篇论文中明确指出：[2]

---

[1] 引文摘自 Pietro Redondi, *Galilée hérétique,* Paris, Gallimard, 1985, pp. 370-371。
[2] Ibid.,p. 373.

人们通常认为在圣餐中有饼、有圣酒、有温度、有味道，可伽利略却说温度和味道是人的外在感觉，对于圣餐来说，它们也只是一个名词而已，也就是说，它们什么都不是。从伽利略的这种说法推导下去，我们得到的结论便是，温度和味道并不是圣餐的构成成分。仅仅是想到这一点，我们的灵魂就已经惶恐难安了。

不知是什么原因，宗教裁判所并没对这次匿名举报深究下去。[1] 但是在同一时期，索邦神学院在巴黎议会的支持下禁止了在公开场合讨论与亚里士多德的哲学相矛盾的14篇"论文"，其中就包括原子论的研究。这些论文的作者必须在24小时之内离开巴黎。[2] 1632年，一条内部规定也禁止了教会院校教授原子论的思想。[3] 皮埃尔·伽桑狄神甫为原子论提出了一种天主教能够接受的解释——与托马斯·阿奎纳让亚里士多德融入基督教时

---

[1] 事实上，上面提到的彼得罗·雷东迪（Pietro Redondi）的作品就是在讨论这个问题。历史学家弗朗西斯科·贝雷塔认为，这次检举之所以失败，是因为关于原子论的文章在意大利流传不广，参见 Beretta, «Doctrine des philosophes, doctrine des théologiens et Inquisition au XVIIe siècle: aristotélisme, héliocentrisme, atomisme», dans *Vera Doctrina: zur Begriffsgeschichte der Lehre von Augustinus bis Descartes,* Wiesbaden (Hesse), Otto Harrassowitz, 2006, pp. 173-197, 查询网址 hal.archives-ouvertes.fr/halshs-00453269/document。神学顾问的报告参见 Thomas Cerbu, «Melchior Inchofer, "un homme fin et rusé"», dans Montesinos et Solís (dir.), *Largo campo di filosofare,* pp. 587-611。
[2] Lynn Thorndike, «Censorship by the Sorbonne of Science and Superstition in the First Half of the Seventeenth Century», *Journal of the History of Ideas,* vol. 16, n° 1, 1955, pp. 119-125.
[3] Redondi, *Galilée hérétique,* p. 269.

所用的方法类似——另外在18世纪中期，笛卡儿哲学也传播开来，这都使原子论与神学之间的冲突问题成为哲学家讨论的热点话题。1658年，一篇发表于罗马的哲学论文指出，"在广义上否认微粒具有独立于实体的偶性，这对于信仰以及圣餐神话来说都是难以接受的"。[1]尽管笛卡儿明确表示他不相信原子论，而且认为物质是无限可分的，但他提出的"微粒"的概念仍常被类比为原子，被看作是对偶性的否定。[2]笛卡儿的著作，包括《哲学原理》在内，自1663年起陆续被列入禁书目录。与哥白尼当年的境遇一样，这些作品修改后方可重新出版。[3]1673年，宗教裁判所颁布了一道法令，要求各地审查官遇到支持原子论的书籍一律不得授予出版许可，[4]终于表明了对这一学说的敌意。但是与日心说不同，教会在对抗原子论时从来没有将某一本书正式列入禁书目录，只是限制它的传播。依然是在18世纪中叶，禁书审定院认为那不勒斯神学家安东尼奥·杰诺韦西（Antonio Genovesi）的一篇形而上学论文太过中立，因此提出了34条修改意见，其

---

[1] Sylvain Matton, «Note sur quelques critiques oubliées de l'atomisme: à propos de la transsubstantiation», *Revue d'histoire des sciences,* vol. 55, n° 2, 2002, pp. 288-289.

[2] Sophie Roux, «Descartes atomiste?», dans Romano Gatto et Egidio Festa (dir.), *Atomismo e continuo nel XVII secolo,* Naples, Vivarium, 2000, pp. 211-274.

[3] Jean-Robert Armogathe et Vincent Carraud, «La première condamnation des Œuvres de Descartes», pp. 103-137.

[4] Jean-Robert Armogathe, «Cartesian Physics and the Eucharist in the Documents of the Holy Office and the Roman Index (1671-6)», dans Tad M. Schmaltz (dir.), *Receptions of Descartes: Cartesianism and Anti-Cartesianism in Early Modern Europe,* New York, Routledge, 2005, p. 147.

中一条就是关于原子论的，因为文中认为原子论与基督教义并不矛盾。[1]

20世纪初，原子论终于在化学和物理领域得到了承认，但在神学层面，物质的本质究竟是什么仍然存在争议。1950年，庇护十二世（Pius Ⅻ）在教皇通谕《人类》（*Humani Generis*）中指出，太多的错误观念"潜移默化地渗入到众多信徒的思想之中，轻率的灵魂和错误的科学大行其道"。因此，他"怀着满心的忧伤，尽管担心这些人的内心会受到煎熬"，但必须"将为人熟知的事实再重复一遍，把显而易见的错误以及这些人可能会犯的错误指出来"。他再次重复的事实就包括经院哲学中物质的概念，这一点是很有必要的，因为原子论与圣餐变体说一直相互矛盾。一些人认为"圣餐变体说完全是以经院哲学的物质概念为基础的，而经院哲学已经过时了，所以应该将圣餐变体说进行更正"。对于这些人，教皇要求他们遵守教规，"以使圣体的实际存在具有一定的象征意义，祝圣所用的物品只是在表明基督的灵魂是存在的、忠诚的肢体与灵魂紧密结合"。[2] 简而言之，即便是让宗教观念根据最有理有据的科学理论做出调整，罗马教会都会难以接受……

---

[1] Nicola Borchi, «La métaphysique d'Antonio Genovesi face à la censure ecclésiastique de Rome», dans Jacques Domenach (dir.), *Censure, autocensure et art d'écrire,* Bruxelles, Complexe, 2005, pp. 157-164.
[2] Pie Ⅻ, *Humani generis,* 摘自梵蒂冈网站提供的法语译文：w2.vatican.va/content/pius-xii/fr/encyclicals/documents/hf_p-xii_enc_12081950_ humani-generis.html。

▶▷ 世界的多重性

原子论与哥白尼体系所衍生出的宇宙论虽然从不同的角度出发，但二者都认为宇宙中可能存在着多个有生命的世界。哥白尼体系提出，如果地球只是一个普通的行星，太阳也只是一个普通的恒星，那么我们没有理由相信上帝只在我们这个星球上创造了高智商生物。17、18世纪的原子论者也得出了同样的结论，他们认为，空间是无限的，我们的世界不过是永恒不灭、无穷无尽的原子偶然发生碰撞的结果，所以有生命存在的世界必然不止这一个。[1]

对于天主教神学家来说，多个世界共存的说法问题重重，因为《圣经》只讲述了亚当和夏娃在地球的天堂里犯下的罪，以及人类在这个星球上的救赎，而并没有提及其他有生命存在的世界。如果谁敢断言月球或是宇宙中的其他地方也有部落存在，甚至只是提出这样的推测，那么他即便不是异端也是大胆狂徒。作为原子论者，伽桑狄认为这是一个无解的问题。上帝的能力是无限的，如果他想，那么他就能创造出其他的世界，但是由于我们并没有观测到这样的世界，所以真实的情况我们是无从知晓的。另外，他认为地球独一无二这个观点"更符合神圣的宗教信仰"，因为

---

[1] Steven J. Dicks, *La Pluralité des mondes,* traduction de Marc Rolland, Arles, Actes Sud, 1989, pp. 73-91.

《圣经》中凡是"有关万物起源的内容都体现出世界是唯一的"。[1]

虽然神学家们并不确定究竟是否存在多重世界，教会却宁愿采取控制出版的手段式来避免争议。就这样，伯纳德·勒博维耶·德·丰特内勒（Bernard le Bovier de Fontenelle, 1657—1757）在 1686 年出版的《关于多重世界的对话》很快便被检举——前文已经讲过，每一位天主教徒都有义务检举可疑书籍——禁书审定院立即查禁了此书，禁令发布于 1687 年 9 月 22 日。负责评估该书的神学顾问认为，从神学的角度来看，是否存在多重世界这个问题复杂难断，但由于该书"莽撞无礼，对于灵魂的救赎是有害的"，因此必须予以禁止。[2]

约翰·威尔金斯（John Wilkins，1614—1672）也出版了一本关于世界多重性的作品，禁书审定院对这本书的查禁速度就慢得多了，这可能是因为该书最初是用英语写的，它的作者不仅是英国国教的一名主教，还是位数学家，而且在该书出版之时，他即将成为伦敦皇家学会的主席。这本书出版于 1638 年，也就是仅在伽利略获罪五年之后，其题目是《月球世界的发现：关于月球上可能存在另一个可以居住的世界的论证》。经过多次再版，1655 年，它的法

---

[1] Steven J. Dicks, *La Pluralité des mondes,* traduction de Marc Rolland, Arles, Actes Sud, 1989, p. 86.
[2] 评估报告摘自 Francesco Beretta, «L'héliocentrisme à Rome à la fin du XVIIe siècle: une affaire d'étrangers?», dans Antonella Romano (dir.), *Rome et la science moderne,* Rome, École française de Rome, 2008, p. 545。

文版终于问世，题目为《月球上的世界》，1701 年，该书被列入禁书目录。这本书包含了很多异端思想，作者在书的最后将这些思想以"命题"的形式整理了出来。第一卷的第二条命题就写道，"世界的多重性与理性或信仰的任何一条原则都不相抵触"。事实上，早在该书成为禁书的几十年前，焦尔达诺·布鲁诺也曾认为宇宙中存在着多个有生命的世界，他还认为圣母玛利亚并不贞洁，因为拒绝放弃种种异端言论，他被活活烧死在罗马的公共广场上。

威尔金斯也批判了从字面上解读《圣经》的做法，在第二卷的第一个命题里，他指出，"如果仔细理解，《圣经》中不止一段内容能够让我们得出太阳或天空每天都在运动的结论"。在第五个命题中，他又补充说道，"在《圣经》的本意以及自然流露出的意思中，没有哪句话斩钉截铁地指出地球是静止的"。在另一个命题中，作者追随伽利略和开普勒的脚步，称"圣灵在《圣经》中多次依照我们的错误想法而调整言辞，他讲的很多内容并不是源自事情的实际情况，而是源自事情的表象"。作者在言语间还对神学家进行了讽刺，他说（第二卷第四个命题）"很多博学之士为了找寻《圣经》中蕴含的哲学道理反而得出了荒谬至极的结论"。[1] 像

---

[1] John Wilkins, *Le Monde dans la Lune,* Rouen, Jacques Cailloüe, 1655. 命题并未编号，列于每卷书的最末。在英文原版书中，这些命题被列在每卷书的最前面，标题为《本书论证的命题》(*The Propositions That Are Proved in This Discourse*)。我查阅的是 1684 年在伦敦发行的第四版。该书的法语版本和英语版本均可在 Google Books 网站免费浏览。

之前的许多人一样，他也引用了希腊哲学家阿尔吉努斯的话，称"在探寻真理的过程中应当永远保有思辨之自由"。[1]

如今，天文学家正在其他恒星系中积极寻找高智商生命的踪迹，而神学家们似乎也已经接受了多重世界的观点，说到底，这样的观点不但不属于异端邪说，而且更能证明上帝的能力是无限的。比如一位新教神学家在伦敦皇家学会的一个"权威"杂志上就发表文章指出，如果发现了高智商的外星生物，那只能进一步证明整个宇宙，而不仅仅是地球，都是来自上帝的礼物；外星生物同样也能够得到救赎[2]……

▶▷ 别了，女士们的天文学……

随着时间逐渐推移，特别是理科类学科不断取得进展，禁止将哥白尼体系作为客观事实的命令越来越难以维系了，对天主教学者来说，这个命令甚至越来越让他们感到难堪。但这并不妨碍禁书审定院继续工作。例如，在1737年，禁书审定院就查禁了一本科普作品——《写给女士的牛顿学说》。这本书在出版时并没有署名，它的作者其实是伏尔泰的朋友弗朗切斯科·阿尔加罗蒂

---

[1] Wilkins, *Le Monde dans la Lune,* livre II, p. 5.
[2] Ted Peters, «The Implications of the Discovery of Extra-Terrestrial Life for Religion», *Philosophical Transactions: Mathematical, Physical and Engineering Sciences*, vol. 369, 13 février 2011, pp. 644-655.

(Francesco Algarotti, 1712—1764)。该书一问世便大获成功,很快就有了法文版和英文版。书中介绍了牛顿的物理学,佐证了哥白尼体系,得出了与开普勒一致的结论。出于这个原因,该书于1739 年被列入禁书目录。

也是在这一时期,牛顿的重要著作《自然哲学的数学原理》(以下简称《原理》)被译为拉丁语,在日内瓦出版,数学家、最小兄弟会神甫弗朗索瓦·雅基耶(François Jacquier, 1711—1788)与另一位数学家、最小兄弟会神甫托马·勒叙厄尔(Thomas Le Sueur, 1697—1770)在书中加入了注解。《原理》一书问世于1687 年,是现代物理学的奠基之作,牛顿在书中提出了万有引力,从物理的角度解释了地球是如何绕太阳运行的,因此明确证明了哥白尼体系的真实性。这本书一直都没有被白纸黑字地写在禁书目录之上,这可能是因为根据1616 年的法令,支持"地动说"的"一切作品"本就是受到禁止的。《原理》的第三卷探讨了宇宙体系,两位负责翻译的神甫认为有必要指出,"在本卷中,牛顿采用了地球在运动的假说",但他们自己谨遵"历任教皇陛下对'地动说'所下达各项法令",[1] 在解释牛顿所用的论证方法时使用了"假说"而不是"论题"一词,以避免招惹是非。

---

[1] Pierre-Noël Mayaud, *La Condamnation des livres coperniciens et sa révocation à la lumière de documents inédits des Congrégations de l'Index et de l'Inquisition*, Rome, Université pontificale grégorienne, 1997, p. 170.

又过了大约一百年，1830年，另一本科普书籍——伟大的天文学家、法兰西公学院教授约瑟夫·热罗姆·勒弗朗索瓦·德·拉朗德（Joseph Jérôme Lefrançois de Lalande, 1732—1807）在45年前出版的《写给女士的天文学》也被天主教会列为禁书。[1] 也许和许多人一样，他也错认为《圣经》描述的是常理，而不是科学，而他最大的错误恐怕是援引了《圣经》中约书亚让太阳停止转动的故事，他说，"文中的约书亚讲着哲学家式的语言，可是在他那个时候，他所在的国家并不这样说话，这一点是非常奇怪的"。拉朗德甚至指出："在需要用一场胜利向士兵们展示上帝的荣光和威力的时候，像约书亚这样的将军竟然用众人都听不懂的语言让太阳停止转动，在天文学上做文章，这种做法有些愚蠢。"[2]

▶▷ 以"假说"为名的《自然史》

法国博物学家布封也曾用"假说"这个幌子来摆脱索邦神学院的神学家们对他的诘难。1749年，他的《自然史》问世，书中所诠释的地球历史以及其他宇宙星体的历史都与《圣经》故事格

---

[1] Jesús Martínez de Bujanda, *Index librorum prohibitorum, 1600-1966,* Montréal, Médiaspaul, 2002, p. 498.
[2] Joseph Jérôme Lefrançois de Lalande, *Astronomie des dames*, 4e édition, Paris, Ménard et Desenne fils, 1817, pp. 120-121.

格不入，这些观点立即受到了索邦神学院保守派神学家的强烈谴责，天主教会在法国的权威正是由这些人来维护的。[1] 布封并不希望自己的作品被列入禁书目录，他说，"比起物理学家和几何学家的批评，我更害怕神学家来找我的麻烦"，所以他做了所有力所能及的事情"来避免这种情况的发生"。[2]

但是，面对布封所写的内容，神学家们无法保持沉默。1751年1月15日，布封收到了"巴黎神学院代表及理事"的来信，信中通知他《自然史》因包含"与宗教信仰不一致的信念和原则"被列入"审查与查禁"名单。神学院里代表着宗教正统观念的神学家们依照从中世纪沿袭下来的传统，在该书的前四卷找出了14个"应当受到斥责"的"命题"。[3] 审查官们很是仔细，因为他们找出的这些片段不仅出现在大开本中（4开），而且也出现在了小开本中（12开）。小开本的存在说明布封的这套书很受欢迎。

神学家们找出的大部分内容都是与真理的概念以及与灵魂的本质相关的哲学问题，但前四条涉及的是太阳系的自然史。布封认为，所有的行星可能都是从太阳中分离出来的：[4]

---

[1] Jacques Roger, *Buffon,* Paris, Fayard, 1989, pp. 250-251.
[2] 布封在1750年6月23日写给修道院院长勒布朗（Le Blanc）的信，参见 *Correspondance de Buffon,* édition électronique, lettre L37, www.buffon.cnrs.fr。
[3] Buffon, *Histoire naturelle,* tome IV, Paris, 1753, p. v.
[4] 该清单载于《自然史》第四卷的开头部分 *L'Histoire naturelle,* pp. vii-ix.

1. 海水造就了地面上的山峦、河谷……在降水的作用下,跌宕起伏的地势逐渐变得平缓,一些陆地重新归于海洋,另一些陆地则从海水中露出,形成类似于我们如今生活的这种新大陆。(4开本第1卷p124;12开本第1卷p181。)

2. 我们可以想象……如果一颗彗星与太阳发生碰撞,使太阳的位置发生改变,同时太阳的几个碎片被撞出来,那么如今的行星可能原本就是太阳的一部分,是从太阳中分离出来的。(4开本p133;12开本p193。)

3. 让我们来看看它们(即行星,尤其是地球)在与太阳分离后处于何种状态。(4开本p143;12开本p208。)

4. 太阳最终可能会因为燃烧殆尽而陨灭……地球离开太阳后仍在燃烧,所以处于液化状态。(4开本p149;12开本p217。)

布封任职于皇家花园,同时又是法兰西科学院的杰出成员,他的《自然史》是国王出资印刷的,在图书市场上大受欢迎。[1] 在这种情况下,神学家们虽然需要安抚那些要求将该书列入禁书目录的保守派,但他们的解决方案也得让宫廷能够接受。布封同意发表一封回信,解释他"完全无意反驳《圣经》中的内容",他"对《圣经》中一切有关创世的话语都深信不疑",他"放弃 [他的]

---

[1] Roger, *Buffon*, pp. 248-249.

书中与地球的形成相关的观念,以及所有可能与摩西的说法不一致的内容",因为他提出的"有关行星形成的假说只是纯粹的哲学猜想"。总之,布封也不得不接受了红衣主教贝拉尔米内的"天主教认识论",他同伽利略时代的天文学家一样,只能对宇宙的运行提出假设,却不能明确表示他们提出的模型正是现实的真实写照,这种方法既巧妙地保全了《圣经》的"真理",也使得这些科学家免受教会的正式审判。布封还承诺将神学家的来信以及他的回信写入《自然史》的第四卷,这卷书于1753年出版。几年后,他对一个朋友坦言相告,说"与其丢了性命,还不如恭顺一点"[1],因此他屈服于宗教权威不过是一种机会主义的行为。

正如他在信中向修道院院长勒布朗所说的那样,在这次妥协之后,布封认为自己已经摆脱了困境。他说,孟德斯鸠(Montesquieu)因为那本出版于1748年的《论法的精神》——该书于1751年被列入禁书名单——至今仍在与神学家抗争不休,实在令人遗憾,同样是在1751年,他却已经"没有这个困扰了",索邦神学院的大部分神学家都对他表示支持,"没想到他们的决议中还不乏溢美之词,这令[他]十分欢喜"。[2]

然而,过了30年,他的新作《大自然的时期》在1779年一

---

[1] Roger, *Buffon*, p. 253.
[2] 布封在1751年4月24日写给修道院院长勒布朗的信,电子版参见 *Correspondance de Buffon*, [www.buffon.cnrs.fr]。

问世就遭到了当局的谴责。在这篇文章里，布封指出地球的地质历史可以分为几个阶段，由此暗示圣经故事中的几"天"实际上是很漫长的几"时期"，这是与《圣经》的字面意思相悖的。当时的布封年事已高，尤其是名气很大，而且他仍然可以出入宫廷，所以索邦神学院的神学家不敢指责他，唯恐惹恼国王。于是这件事很快就过去了。其实在这篇文章出版后不久，布封就在写给朋友的信中猜测有人会检举他，他写道："[……] 我想，这件事只会有一个不幸的结果，那就是人们会议论纷纷，我可能得像 30 年前一样，发表一份愚蠢而荒谬的说明。"[1]

▶▷ 唯物主义与宗教历史批评遭到查禁

到了 19 世纪，禁书审定院的神学顾问在评判某些科学书籍是否要予以查禁时，书中是否包含唯物主义观念成了一条重要的依据。1833 年，法国医生、化学家弗朗索瓦－樊尚·拉斯帕伊（François-Vincent Raspail）出版了《基于新观察法的有机化学新体系》，尽管这本书只是在讲述技术而不是科学，但 1834 年，一位神学顾问在审查了这本书后写道："它 [从科学上讲] 越是正确，

---

[1] 布封在 1779 年 11 月 15 日写给盖诺·德蒙贝亚尔（Guéneau de Montbeillard）的信，参见 *Correspondance de Buffon*, édition électronique, lettre L367, www.buffon.cnrs.fr。

就越危险，因为读者们会喜欢书中严谨的物理和化学推理，[……]会把书中所教授的内容当作事实，最终受到误导。"拉斯帕伊"有着科学传授者的通病"，他"忽视了各种存在的精神实质，而[……]存在的各种物质差异正是由其精神实质所导致的"。[1] 尽管更新了几个版本，但这本书还是在1834年被列入了禁书目录。不过，相比于用了200年才摆脱禁书目录的哥白尼和伽利略来说，拉斯帕伊就幸运得多了，他的书在1900年便"重获新生"，当时教会决定对禁书目录进行整理，一些已经不合时宜的禁令由此被取消。[2]

大概也是出于"唯物主义"的原因，医生、病理学教授弗朗索瓦-约瑟夫-维克托·布鲁赛（François-Joseph-Victor Broussais, 1772—1838）在1828年出版的作品《刺激与精神错乱》于1830年也被勒令禁止。这其实也是一件顺理成章的事，因为在此之前，卡巴尼斯（Cabanis, 1756—1808）在1802年出版的奠基性著作《论人的肉体与精神的关系》已经于1819年被查禁了。

"唯物主义"科学论著的查禁工作之所以表现出了一定的滞后性，通常是因为审查官们并不通晓外语，而将这些著作翻译为意大利文是需要时间的。[3] 比如说我们在上文提到的拉朗德的作品

---

[1] 引文摘自 Maria Pia Donato, «Les doutes de l'inquisiteur: philosophie naturelle, censure et théologie à l'époque moderne», *Annales, Histoire, Sciences sociales*, 64ᵉ année, 2009/1, p. 39.
[2] De Bujanda, *Index librorum prohibitorum*, p. 742.
[3] Peter Godman, *Histoire secrète de l'Inquisition. De Paul III à Jean-Paul II*, traduction de Cécile Deniard, Paris, Perrin, coll. «Tempus», 2008, p. 333.

《写给女士的天文学》出版于1795年，这本书后来有了很多版本，但意大利文版在1828年才问世，所以这本书在1830年才成为禁书。[1] 德国生理学家、柯尼斯堡大学解剖学教授卡尔·弗里德里希·布尔达赫（Karl Friedrich Burdach, 1776—1847）的六卷本著作《作为经验科学的生理学》也是一样，1851年，在该书的前五卷都有了意大利文版之后，它才被列入禁书目录。[2] 类似的例子还有查尔斯·达尔文的祖父伊拉斯谟·达尔文（Erasmus Darwin, 1731—1802）撰写的《生物控：有机生命之法则》，这本书最初的版本为英文版，出版于1794年，1817年，也就是在其法文版已经发行了7年、意大利文版也已发行了十多年后，教会才以这本书思辨性过强、太偏向于唯物主义为由将其列为禁书。在天主教徒不得阅读的"唯物主义"作品中，奥古斯特·孔德（Auguste Comte, 1798—1857）的著作《实证哲学教程》也位列其中，该书至今仍具有启发意义。它的六卷本在1830—1842年相继出版，1864年成为禁书。此外还有孔多塞（Condorcet）的优秀作品《人类精神进步史表纲要》，这本书是他在被奉行恐怖政策的雅各宾派四处抓捕时匆匆完成的，1794年，孔多塞被杀害，他的遗作很快得以出版，随后在1827年被列入禁书目录。

比起天主教会，大部分新教教派的中央集权程度就没有那么高

---

[1] De Bujanda, *Index librorum prohibitorum,* p. 498.
[2] Ibid., p. 176.

了，但英国国教在 19 世纪时仍然掌控着教育机构，因此就可以对唯物主义作家施压。生理学教授威廉·劳伦斯（William Lawrence，1783—1867）就因此付出了代价。1819 年，他发表了一篇关于比较解剖学和生理学的论文，英国国教的要员认为这篇文章过于倾向唯物主义。劳伦斯在文中提出，"人是自然发展的"，产生思想和意识的心理过程只是大脑的一个功能而已。在法庭看来，这些言论亵渎了神明，因此很快就下令禁止了这些说法，同时，劳伦斯也被迫放弃了教授的职位。为了缓和英国国教教会的态度，他把书从市场上撤了下来。这一次低头让他在几年之后得以复职，而在退休的时候，他已经当上了维多利亚女王的医生，成为社会的上层人物。[1]

正如我们在上一章所看到的那样，宗教历史批评由德国历史学家达维德·弗里德里希·施特劳斯提出，法国文献学家、宗教史学家埃内斯特·勒南将其发展到了更高的水平。禁书审定院当然不会对此一无所知。施特劳斯的《耶稣传》在 1836 年被禁，当时出版仅一年，勒南的《耶稣传》同样难逃厄运，出版当年（1863 年）就被列入了禁书目录。勒南是一位高产的作家，1859—1894 年，他的作品中有 20 部先后受到教廷的指责，成为禁书，其中就包括 1857 年出版、1859 年被禁的《宗教史研究》。勒南的观点具

---

[1] Pietro Corsi, *Science and Religion: Baden Powell and the Anglican Debate, 1800-1860,* Cambridge, Cambridge University Press, 1988, p. 56; Peter G. Mudford, «William Lawrence and The Natural History of Man», *Journal of the History of Ideas,* vol. 29, 1968, pp. 430-436.

有极端理性主义思潮的特点，罗马教皇庇护九世（Pius IX）立即在1864年发布了著名的《谬论举要》对此进行谴责。这份《谬论举要》涵盖了学术、政治、社会各方面的问题，禁止了80个被认为是错误的观点。文件的前两部分谈及了泛神论、自然主义以及（绝对和相对）理性主义，禁止了14个观点，这些观点大多都认为科学应当脱离宗教教条，获得彻底的解放（见表2）。[1]

表 2
1864 年被教皇禁止的观点
（《谬论举要》）

泛神论、自然主义及绝对理性主义

2. 必须否认上帝对人类和世界具有任何作用。

3. 人类的理性与上帝没有任何关系，能够判断对错、甄别善恶的只有理性，因为它本身就是法律之所在，依靠理性自然运行所产生的力量就足以为人类谋幸福。

4. 宗教的所有真理都是人类理性与生俱来的力量所造就的，因此理性才是至高无上的法则。因为理性的存在，人类能够也应当掌握蕴含在万物中的一切真理。

6. 对基督的信仰是与人类理性相对立的，神的启示不仅毫无用处，而且有碍于人类的完满。

7.《圣经》中的预言和神迹都是诗意的想象，基督教信仰的不解之谜成为哲学研究的总结；《旧约》和《新约》里满是神话传说，耶稣基督本身也是一个神话。

---

[1]《谬论举要》全文参见 laportelatine.org/bibliotheque/encycliques/PieIX/Syllabus.php。

续表

相对理性主义

8. 既然人类理性与宗教是一致的,那么神学就应该与哲学得到同等的对待。

9. 基督教的所有信条无一例外都是自然科学或哲学的客体;只要允许人类的理性将宗教信条作为客体来研究,那么仅依靠前人的文化,人类理性就能够依据规则、借助与生俱来的力量,对所有的信条获得真正意义上的认识,无论它们是多么晦涩深奥。

10. 哲学家和哲学是两码事,哲学家有权利也有义务服从于某一权威,对其深信不疑,但哲学不能够也不应该对任何权威卑躬屈膝。

11. 在任何情况下,教会都不应该站在哲学的对立面,此外,当哲学犯错的时候,教会还应该包容这些错误,由它自行修正。

12. 罗马教廷与各圣部的法令妨碍了科学的自由发展。

13. 古代经院学究培养神学家的方法和要求已经不适合我们这个时代、不适于科学的进步了。

14. 人们在研究哲学问题时不应当考虑任何超自然的启示。

观点 14 直指宗教评注及宗教历史批评,勒南正是这一领域最积极的倡导者。这份文件在结尾谴责了现代自由主义,批判了"罗马教皇能够而且应当与社会进步、自由主义以及现代文明和解"的观点,这也是对该文件精神的高度概括。

与勒南相比,亚述学家弗朗索瓦·勒诺尔芒(François Lenormant, 1837—1883)算得上是一位安分守己的天主教徒了,但他也是历史批评的支持者,他意识到了科学进步带来的宗教问题。19 世纪下半叶,人们发现了用楔形文字书写的文章(即《吉尔伽美什史诗》的片段),这段文字的写作时间要比《圣经》早得多，而里面的故事却与《创世记》的前十一章一模一样，这让天主教神学家难以解释。[1] 勒诺尔芒认为，事实是无可争辩的，不能为了让教会满意就对事实视而不见。1880 年，他在《以圣经为依据的历史起源与东方人民的传统》一书中阐述了自己的观点。他写了很长的序言，说作为一名历史学家，他"排除了全部杂念，只本着探寻科学真理这一个宗旨"完成了这本书。他承认书中"直接涉及了一些极为严肃、极为敏感的问题"，因此他必须向读者说明他是抱着何种态度来研究这些问题的。他说自己是一名基督徒，他为此感到骄傲，但他紧接着便说，自己也是一名学者，他从未听说过什么"基督教科学""自由思想"科学，科学就是科学，"在这两个字的前面不需要加上任何修饰成分"。[2] 同之前的很多信徒一样，他也认为"科学与宗教之间现存的矛盾"总有一天都会得到解决，没必要遮遮掩掩。在他看来，"科学与宗教并没有真正意义上的冲突"，因为"二者所涉及的领域是完全不同的，并没有交锋的机会"，而且二者所认为的"真理也分属不同的范畴"。所以，"只有当一方越界，对另一方过分干涉时，才有可能产生斗争"。[3]

说到对《圣经》的态度，勒诺尔芒说他坚定不移地相信神在

---

[1] François Laplanche, *La Bible en France entre mythe et critique, XVIe-XIXe siècle,* Paris, Albin Michel, 1994, pp. 189-191.
[2] François Lenormant, *Les Origines de l'histoire d'après la Bible et les traditions des peuple orientaux,* tome 1: *De la création de l'homme au déluge,* Paris, Maisonneuve, 1880, p. v.
[3] Ibid., p. vii.

信仰和道德方面给予众人的启示，"在这一方面完全遵从教会提出的教义"。但在其他方面，他同意伽利略的观点，他引用了伽利略曾经说过的话，再一次指出《圣经》的本意"在于教我们如何去往天国，而不是要告诉我们天上的日月星辰是如何运行的"。[1] 这句话正是1615年伽利略致信大公夫人克里斯蒂娜，论证天文学应当从神学中独立出来时所写的。由此，勒诺尔芒乐观地得出了这样的结论：

> 基督徒在信仰与伦理方面顺从于教会对《圣经》的阐释，但这种顺从与学者的研究自由没有任何关系，学者仍然可以对《圣经》故事的特点进行分析、从历史的角度评价人们对《圣经》的阐释、探讨《圣经》故事的原创性、或是研究《圣经》如何与其他没有宗教信仰的民族的某些传统产生了关联、此外还可以找寻各个故事的创作时间和创作方式。科学批评在这些问题上尽可以放开手脚。批评家们可以自由地展开研究，任何理由都不能阻止他们从纯科学的角度对《圣经》进行审视，《圣经》将和其他的古代书籍被同等对待，批评其他古代书籍的方法也同样适用于《圣经》。只要学者在审视与讨论时都能够坦荡无私，既不带着恶意的偏见，也不畏手畏脚，

---

[1] François Lenormant, *Les Origines de l'histoire d'après la Bible et les traditions des peuple orientaux,* tome 1: *De la création de l'homme au déluge,* Paris, Maisonneuve, 1880, p. viii.

教会就无须担心自己的权威受到影响。[1]

早在伽利略那个时代，罗马教廷就不赞成将《圣经》中不同类型的言论区别对待。到了 19 世纪末，试图对《圣经》的文本进行推理论证当然也属于放肆之举。勒诺尔芒的作品很快就受到了攻击，1887 年，也就是在他去世几年后，这本书被列入禁书目录。[2]

经过数十年的论战，1893 年，利奥十三世颁布了教皇通谕《上智之天主》(Providentissimus Deus)，正式否决了"有限启示"的观点（该观点认为《圣经》中的内容不全是天主启示的真理）。这份文件对《圣经》评注的分寸进行了限制，同时进一步明确要紧贴文本内容。通谕承认，"《圣经》版本众多，某些段落在印刷过程中可能并没有一字不差地复制原文"，对此"应予以仔细研究"，但绝对"不得轻易予以承认，除非存在的问题已经有了确凿的事实证据"。另外，"一些句子的含义可能尚不明确，这类内容由诠释《圣经》的教义负责解释"。尽管存在着这些问题，教皇依然重申，"认为《圣经》只有部分内容是天主的启示，或是认为神圣的造物主有错误之处，都是大错特错"。[3]

---

[1] François Lenormant, *Les Origines de l'histoire d'après la Bible et les traditions des peuple orientaux*, tome 1: *De la création de l'homme au déluge,* Paris, Maisonneuve, 1880, p. ix.
[2] Laplanche, *La Bible en France,* p. 192.
[3] 教皇利奥十三世的通谕《上智之天主》(*Providentissimus Deus*) 颁布于 1893 年 11 月 18 日，法文版全文参见梵蒂冈教廷网站：http://w2.vatican.va/content/leo-xiii/fr/encyclicals/documents/hf_l-xiii_enc_18111893_providentissimus-deus.html。

历史批评学家并没有因此放慢脚步，1907 年，教皇庇护十世（Pius X）发表通谕《牧放主羊》（*Pascendi*）对他们的"现代主义"进行了谴责。就在颁布这份通谕的几周之前，教会还出台了《可悲矣》（*Lamentabili*）法令，该法令依然遵循了中世纪传下来的传统，禁止了 65 个在信仰上存在错误的"观点"。这项法令在某种程度上是对 1864 年的《谬论举要》的"更新"，其目的在于"避免信徒被这些终日不绝于耳的错误思想所影响、保护其纯洁的信仰免受玷污"。"负责信仰与伦理事宜的红衣主教审查官阁下们"经过"全面细致的审查，在征求了神学顾问们的意见之后，认为应当"对这 65 个观点"严加谴责并予以禁止"。这些观点很多都与《圣经》的历史批评直接相关，对神学家和罗马教会在《圣经》解读方面独断专行的做法提出了质疑。（见表 3）

表 3
1907 年《可悲矣》* 法令禁止的部分观点

1. 教会此前颁布的对谈论《圣经》的书籍进行审查的规定，并不包括对《旧约》和《新约》进行科学批评或科学评注的书籍。

2. 我们当然不应无视教会对《圣经》的阐释，但这些阐释也应当接受《圣经》诠释家更深入的评判和修正。

3. 对于自由且更有道理的《圣经》评注，教会给予了批判和查禁，由此可见，教会所推崇的信仰是与历史相矛盾的，天主教教义与基督教的真正本源无法取得实质上的一致。

4. 教会权威即便制定教义也不能左右《圣经》的真正含义。

5. 信仰所包含的内容全部都是启示真理，所以从任何一个角度来看，教会

续表

都无权对人文科学的观点进行评判。

11. 神的启示并未遍布《圣经》的每一句话，因此书中的错误只属于个别章节，而不代表全书。

12.《圣经》的诠释家如果想做一些有用的研究，首先应当摒弃《圣经》来源于超自然力量的固有观念，然后像解释其他任何一本纯粹由人创作的作品一样去解释它。

13. 福音故事都是福音书著者以及第二代和第三代基督徒人为创作的，由此也可以解释为何耶稣基督对犹太人传教收效甚微。

14. 福音书著者所叙述的许多故事并不是真实发生的，而是在他们看来虽然不真实但对读者更有益处的故事。

15. 福音书经过不断地补充和修改，最终确立下来，成为《圣经》的组成部分，其中所包含的基督教义因此就只剩下难以确定的只言片语了。

23.《圣经》叙述的事件与教会根据《圣经》制定的教义可能、也确实存在矛盾，因此教会深信不疑的事件在批评家看来可能只是虚构的。

24. 如果宗教经典的诠释家根据某些前提推断出某些教义是不符合历史的或是可疑的，而并没有直接否认这些教义本身，那么他就不应受到谴责。

32. 关于基督的观念与渊博学识，神学家教导我们的内容与福音书自然流露出的意思是不一致的。

34. 批评家认为耶稣不可能拥有无限的知识，除非我们假设耶稣作为一个人掌握了上帝的一切知识，同时他并没有将所有知识悉数传给他的门徒和后人。从历史上讲，这个假设是不可能成立的，从道义上讲，它也是不合理的。

36. 救世主的复活不是一个历史事实，而是一个纯粹的超自然事件。这个事件既不曾得到证实，也无法得到证实，而这件事在基督徒的观念中逐渐衍生出了更多的东西。

* 法令全文参见 laportelatine.org/bibliotheque/encycliques/PieX/Lamentabili_sane_exitu.php。

对这些观点的排斥反映了教会在看待信仰与理性的关系时，仍然秉持着非常保守的观念，其结果必然是推崇这种"现代主义"的人会遭到谴责，首当其冲之人便是神甫、神学家阿尔弗雷德·卢瓦西（Alfred Loisy, 1857—1940）。事实上，在被谴责的观点中，有好几个都是从他的书中找出来的。卢瓦西在19世纪80年代早期就读于法兰西公学院，师从勒南，后来也成了宗教史学家。他主张天主教应当更加开明，认为对《圣经》的历史解读与信仰毫无关联，由于他的这些想法过于"现代"，1893年，他被迫辞去了巴黎天主教学院的释经教授一职。[1] 同勒南和勒诺尔芒一样，卢瓦西也反对"天主教科学"的说法，有人认为他是又一个勒南。他在20世纪初指出，"科学产生于宗教之外，教会对此无可奈何，但是它正在努力地让科学留在原地、不要靠近宗教，生怕所谓的天主教科学受到世俗世界的侵蚀"。[2]

1903年，卢瓦西的五本书被列入禁书目录，但他不仅"没有公开放弃自己的错误观点"，而且还"在新作品以及写给上级的信件中一再坚持自己的观点"。1908年，"宗教裁判所至高圣部""为了不负教皇陛下庇护十世的重托"，下达了"将其逐出教会"的法令。就这样，阿尔弗雷德·卢瓦西成了天主教世界中"所有人都

---

[1] Harvey Hill, *The Politics of Modernism: Alfred Loisy and the Scientific Study of Religion,* Washington, Catholic University of America Press, 2002.
[2] 引文摘自 François Laplanche, *La Crise de l'origine. La science catholique des Évangiles et l'histoire au xxe siècle,* Paris, Albin Michel, 2006, p. 12。

应避而远之"之人。[1]

世俗世界很快就做出了回应。1909年，卢瓦西当选法兰西公学院宗教史教授。他以第一堂课为契机重申了自己的观点：

> 宗教作为人类思想、行为、生活的表现方式之一，同其他表现方式一样，也是可以用科学来研究的。我们可以借鉴以人类为研究对象的其他科学领域（特别是历史学领域），将这些学科所使用的观察法和批评法用来研究与宗教相关的各种材料、证物以及宗教事件，没有任何力量能够阻挡我们这样做。[2]

神学家反对历史学完全独立于神学的观点，对此，卢瓦西反驳道，"宗教学对于任何一个特定的宗教学说来说都是无用的，二者并不相容"，因为"宗教学说会将一些结论强加给宗教学，而这些结论与已知的科学成果往往相互矛盾，令研究工作处于两难的境地"。[3] 说到底，"宗教学是科学，而不是宗教"。[4]

---

[1] 驱逐令的法语译文参见 Alfred Loisy, *Quelques lettres sur des questions actuelles et sur des événements récents, près* Montier-en-Der (Haute-Marne), chez l'auteur, 1908, pp. 290-291。
[2] Alfred Loisy, *Leçon d'ouverture du cours d'histoire des religions au Collège de France, 24 avril 1909,* Paris, Vrin, 1909, p. 5.
[3] Ibid., p. 27.
[4] Ibid., p. 28.

就这样，卢瓦西得以在法兰西公学院这个世俗机构里继续他的工作，他在接下来的几十年中出版了许多书籍，其中大部分都被罗马教会查禁了：1932 年，两本书进入禁书目录；1938 年，又有八本难逃厄运。[1]但是，同涉及科学与信仰关系的其他问题一样，在宗教史的问题上，教会最终还是退让了。庇护十二世在 1943 年颁布了通谕《圣神默感》(*Divino Afflante Spiritu*)，之前被禁的部分内容得以解禁。20 世纪 60 年代初，《圣经》文本的历史性又得到了第二次梵蒂冈大公会议的进一步认可。[2]

▶▷ 被排斥的进化论

过去二十年间，大部分讨论科学与宗教关系的书籍乐此不疲地指出，达尔文的作品，特别是《物种起源》，从未出现在禁书目录之上，而对于另一些进化论书籍遭到查禁的事实，它们却只字不提。事实上，早在 1860 年，聚集在德国科隆召开主教会议的主教们就已经明确表达了对达尔文的谴责[3]——虽然并未点名，因为天主教法令很少会将申斥对象的姓名写出来。当时，达尔文的

---

[1] *De Bujanda, Index librorum prohibitorum*, pp. 556-557.
[2] 关于 20 世纪对《圣经》评注的历史批评，请参见 Laplanche, *La Crise de l'origine*。
[3] 提到这一点的少数作品仍然不忘强调科隆主教会议只是区域性的，并不代表整个教会，虽然说罗马教会并没有提出异议。可参考的文献有 Dominique Lambert, «Un acteur majeur de la réception du darwinisme à Louvain: Henry de Dorlodot», *Revue théologique de Louvain,* vol. 40, 2009, p. 505。

作品刚刚有了德文版，主教们便指出，"有人恬不知耻地宣称，人的身体由不完美的状态逐渐趋向完美直至形成现在的样子，这都是自然进化的结果。这种想法是对《圣经》的彻底忤逆"。[1]

又过了十余年，达尔文主义再次遭到谴责，这一次，禁书审定院亲自出面，在1878年发布决议，宣布天主教徒不得阅读意大利神甫、托斯卡纳菲伦佐拉神学院数学及哲学教授拉法埃洛·卡韦尔尼（Raffaello Caverni, 1837—1900）的作品《哲学新研究：致年轻学子》(*De' nuovi studi della filosofia. Discorsi a un giovane studente*)。决议明确指出，这本哲学书籍以正面的态度介绍了达尔文。单看这本书的题目，我们完全看不出其内容涉及进化论，禁书审定院之所以会注意到它，是因为在1877年，意大利耶稣会士的机关刊物《天主教文明》刊登了一篇关于该书的评论文章（该杂志后来还收录了多篇批判进化论的文章）。[2] 评论指出，"达尔文主义将上帝排除在科学之外，播下了不信上帝的种子。在达尔文提出的法则里，上帝是多余的。从这位学者的文章中不难看出，达尔文学说与无神论以及唯物主义的基本原理都是一致的，其门徒更是不加区别地将这些内容进一步发展"。[3] 可以想见，这样的

---

[1] 引文摘自 Jacques Arnould, *L'Église et l'histoire de la nature,* Paris, Cerf, 2000, p. 57。
[2] Mariano Artigas, Thomas F. Glick et Rafael A. Martinez, *Negotiating Darwin: The Vatican Confronts Evolution,* 1877-1902, Baltimore, Johns Hopkins University Press, 2007, p. 25.
[3] Ibid., p. 36.

一本书很快就受到了检举。支持将此书查禁的审查报告被送到了红衣主教们的手中，于是，红衣主教一致决定查禁此书，并表示非常清楚这一决定可能会产生怎样的后果。决议写道，在此之前，罗马教廷从未表明对达尔文主义的态度，此次查禁卡韦尔尼的作品便是教廷的间接表态。一定会有人反对这一决定，他们会"重提伽利略的旧案，说禁书审定院无权评判有关演化的生理学说和本体论"。但他们不应该被这些"揣测之词"所左右，因为达尔文的这些观点"破坏了启示真理的根基，公然宣扬了泛神论和卑劣的唯物主义"。"卡韦尔尼在意大利青年之间传播达尔文学说，支持达尔文的观点。对他的书进行查禁，从而间接地对达尔文进行谴责，是有意义的，也是必要的。"[1]

在这里，科学的自主性正是问题的症结之所在，红衣主教们很清楚，达尔文主义"要把上帝排除在科学之外"，在他们看来，其结果只可能是无神论。

在新教地区，对进化论支持者的制裁主要由地方机构直接实施，但制裁理据在本质上与天主教别无二致，归根结底，主要矛盾依然在于科学是否能够独立解释《圣经》。在学校，教师的教学内容应当与学校的宗教信条相一致，各个学校的校长需要对此负责。

---

[1] Mariano Artigas, Thomas F. Glick et Rafael A. Martinez, *Negotiating Darwin: The Vatican Confronts Evolution,* 1877-1902, Baltimore, Johns Hopkins University Press, 2007, p. 47.

在 20 世纪中叶之前，不服从校长要求的教师会被除名，因此在那个时候的学校，思想自由和铁饭碗是不存在的。举个例子：1875 年，地质学家亚历山大·温切尔（Alexander Winchell）被任命为田纳西州纳什维尔市范德堡卫理公会大学的教授，但三年后他便丢了这份工作，原因是学校领导并不欣赏他在进化论方面的主张。[1]

前往奥斯曼帝国传教的美国福音派传教士将进化论也带了过去。1882 年，也就是查尔斯·达尔文去世的那一年，长老会牧师、地质学和化学教授埃德温·刘易斯（Edwin Lewis）在叙利亚新教学院（现为贝鲁特美国大学）的年会上向学生和当地知名人士介绍了进化论，并表示了对这一观点的赞同，该校的纽约董事会随即将其辞退。[2] 几年之后，1884 年，同样的事情在美国南部再度上演：长老会牧师、"与上帝启示相关的自然科学"的主讲人詹姆斯·威尔逊（James Wilson）在一次讲座中也以非常正面的态度讲述了进化论。他所在的修会责令他在主教会议上对此事做出说明，但他坚持认为科学应当是独立自主的，他以为自己要接受审判，便重述了伽利略的观点为自己辩护，说《圣经》存在的目

---

[1] Leonard Alberstadt, «Alexander Winchell's Preadamites: A Case for Dismissal from Vanderbilt University», *Earth Sciences History,* vol. 13, n° 2, 1994, pp. 97-112.
[2] Ahmad Dallal, *Islam, Science and the Challenge of History,* New Haven (Conn.), Yale University Press, 2010, p. 165; 作者在书中所写的名字为埃德蒙·刘易斯，但事实上此事的当事人为埃德温·刘易斯。更多细节参见 Anne-Laure Dupont, *Ğurğī Zaydān (1861-1914). Écrivain réformiste et témoin de la Renaissance arabe,* Damas, Presses de l'IFPO, 2006, chapitre 4, en ligne: books.openedition.org/ifpo/5454。

的并不是传授科学道理，他还强调，他坚信物种进化论与《圣经》之间没有任何矛盾。但是，由于基要主义仍然是社会的主流观点，而南卡罗来纳州哥伦比亚南长老会神学院又不愿冒天下之大不韪，所以，1886年，学院免除了威尔逊的教授职务。[1]

在天主教地区，罗马教会采用中央集权的管理方式，在19世纪末查禁了一批推广进化论的书籍，与新教地区相比，这样的惩处方式更容易为人所知。埃米尔·费里埃（Émile Ferrière, 1830—1900）的作品就是一个例子。他的书直接以"达尔文主义"为题，原书为法文版，出版于1872年，20年后被列入禁书目录。他之所以被教会注意到，很可能是因为他在1891年发表了一篇题为《圣经的科学谬误》的文章。事实上，在1891年4月7日的法令中，除了《达尔文主义》之外，他的另外几部作品也遭到了查禁，如《使徒：自然科学方法指导下的宗教史随笔》《灵魂是大脑的功能》以及《物质与能量》，这三本书分别于1879年、1883年和1887年由费利克斯·阿尔康（Félix Alcan）出版社出版。也许是为了反抗，费里埃在1893年又发表了一本评论《圣经》的作品，书名叫做《圣经中的神话》，他在引言中写道：

> 特伦托会议宣布《圣经》为上帝亲自所创，那么书中关

---

[1] David N. Livingstone, *Dealing with Darwin: Place, Politics and Rhetoric in Religious Engagement with Evolution,* Baltimore, Johns Hopkins University Press, 2014, pp. 117-156.

于宇宙、天文、气象、物理、地质、植物、动物、生理的所有错误便全部都归于上帝，上帝也就变为了愚昧无知之人，根据这条决定，人们必须要相信这一点，否则就会下地狱。会议还宣布《圣经》涵盖了自然科学各个领域关于万物的真理，这简直是要让《圣经》落入令人耻笑的境地。[1]

禁书审定院当然不会对这样的话坐视不理，审查官们迅速采取行动，在1893年7月14日发布法令，将这本刚刚出版几个月的书查禁了。7月14日是法国大革命的纪念日，可就连这样的日子也丝毫不会削减禁书审查官的工作热情……

一些作者还是天主教的神职人员，他们的用词更加微妙，但罗马教廷并没有因此便对他们网开一面。1887年，多明我会的达尔马斯·勒鲁瓦（Dalmace Leroy）认为应当对物种进化的问题畅所欲言，于是出版了一本名为《有机物种的进化》的书。他料到进化论面临着此前伽利略的观点所遭遇的一切，他说："[……]我相信，进化论会像伽利略的观点一样，虽然一开始会引起正统派的不快，但是一旦人们的情绪平复下来，双方夸大其词的部分就会渐渐褪去，最终，真理一定会大白于天下。"[2] 可是这个过程究竟需要几年还是几十年，勒鲁瓦并没有说……

---

[1] Émile Ferrière, *Les Mythes de la Bible, Paris,* Félix Alcan, 1893, pp. 6-7.
[2] 引文摘自 Arnould, *L'Église et l'histoire de la nature*, p. 63。

著名天主教地质学家阿尔贝·德·拉帕朗（Albert de Lapparent）以及巴黎圣母院的一位布道者为勒鲁瓦的书做了序，但保守派神学家并不会就此偃旗息鼓，他们相信《圣经》阐述的内容是非常明确的。耶稣会士约瑟夫·布吕克（Joseph Brucker）在研究《圣经》与物种变化论的关系时写道："世上第一个人的身体是造物主直接用泥土做成的。"[1] 布吕克用长文维护了天主教的正统观念，在文章的最后，他说，希望"那些缺乏神学知识的学者们"能够明白，"在物种变化论的问题上，从信仰的角度来讲，他们几乎是没有能力'畅所欲言'得出定论的"。[2] 他认为，勒鲁瓦在书中所说的"教会圣师无意传授有关该问题（即进化）的教义，因为他们并不了解相关的情况"完全是错误的观点。在他看来，科学只能"大致归纳"出人类的起源，"唯有造物主给予我们的启示才能将这一问题彻底解释清楚"。《圣经》本就包含了关于人类起源的教诲，"认为教会不了解相关的情况、教会的判断不可靠、不是每一位信徒必须接受的，这难道是一个天主教徒应该有的观念吗？"布吕克指出，这样做将会"严重动摇教会的天赋权威，启示经文的意义与涵盖范围也会受到争议"。[3] 19世纪末，"学院之争"仍在上演，布吕克强调，当涉及《创世记》第一章的内

---

[1] Joseph Brucker, «L'Origine de l'homme d'après la Bible et le transformisme», *Études*, vol. 47, 1889, p. 39.
[2] Ibid., p. 50.
[3] Ibid., p. 44.

容时，科学仍然是位于神学之下的。

1891年，勒鲁瓦的书在修改后重新出版，书名为《有机物种的有限进化》，这个版本通过了上级的审查，被认为不包含任何"有违信仰或道德"[1]的内容。他在书中对布吕克的指责做出了回应。他指出，没有任何一个机构谴责物种进化的思想，可是人类进化的观念"却像黏土捏成的雕塑一样饱受践踏"。[2] 多明我会的勒鲁瓦与耶稣会士布吕克争论不休——这个事实很好地体现了教会内部的斗争——但最终胜出的是布吕克，这倒不是因为他的观点更有道理，而是因为罗马教会介入了进来。布吕克本人并不想惊动禁书审定院，但是有人举报这本书，称其违背了一直以来天主教会对《圣经·创世记》的字面解释，审定院便因此展开了调查。然而，这本书第一份审查报告是由一位方济各会修士撰写的，这位修士比较赞成勒鲁瓦的观点，他得出的结论是该书不包含应当予以斥责的内容。禁书审定院的红衣主教们对这份报告并不满意，于是又找来两个人再次审查，事实上，他们的想法就是要查禁此书。在两份新提交的报告中，其中一份依然支持勒鲁瓦的观点，但尽管如此，红衣主教们还是在1895年1月下达了将此书列

---

[1] Francesco Beretta, «Les congrès scientifiques internationaux des catholiques (1888-1900) et la production d'orthodoxie dans l'espace intellectuel catholique», dans Claude Langlois et Christian Sorrel (dir.), *Le Catholicisme en Congrès, 2005. Chrétiens et sociétés. Documents et mémoires,* 2009, p. 13, en ligne: halshs-00453294.
[2] Ibid., p. 15.

入禁书目录的法令。

经过多次非正规谈判,审定院决定,如果勒鲁瓦公开收回自己的观点并同意撤回已经发行的作品,便可以不公布查禁法令。作为一个对教会言听计从的合格天主教徒,勒鲁瓦照做了。1895年3月4日,他在天主教日报《世界报》上发表了一封信——这封信的笔调又一次让人想起伽利略在1633年发表的弃绝书——宣布"弃绝、收回并谴责[自己]此前所有赞同该观点的口头、书面言论及已经发表的作品","经过罗马主管部门的审查",这一观点"是不能成立的,因为它既不符合《圣经》,也称不上是合理的哲学"。[1] 罗马法兰西大学的校长路易·迪歇纳(Louis Duchesne)在1896年写信给阿尔弗雷德·卢瓦西(我们已经看到,他在几年之后也将遭受宗教裁判所的重击),他说,"教廷圣职部没有关门。伽利略留给人们的回忆已经没用了,他只保得了化学家"。[2]

尽管发表了声明,勒鲁瓦在暗地里仍然试图让教会改变决定。在他收回观点一年之后,圣瓜斯的一位神甫、美国圣母天主教大学的物理学教授约翰·扎姆(John Zahm)用英语出版了一本书,表达了与勒鲁瓦相同的观点,该书于次年被翻译为法文,题目为《进化与教条》。它也被翻译成了意大利文,不出所料,这个版本

---

[1] 引文摘自 Arnould, *L'Église et l'histoire de la nature,* pp. 64-65。
[2] 引文摘自 Régis Ladous, «Le magistère au défi de la modernité. Ou l'impossible distinction des sciences (1870-1920)», *Revue d'histoire ecclésiastique,* vol. 95, 2000, p. 652。

在1897年被检举到了禁书审定院。扎姆知道教会的传统派与进步派孰强孰弱,好在此前不久,教皇利奥十三世亲自为他颁发了荣誉博士学位,他希望能够以此来与保守派相抗衡。但这一次,他也高估了教皇在罗马官僚体系中的地位:1898年9月,红衣主教们决定将他的书列入禁书目录。与对付勒鲁瓦时一样,保守派起先也试图逼迫扎姆公开收回自己的观点,但扎姆有教会的高层做靠山,所以双方各让一步,扎姆最终发表了一封写给出版商的信,他在信中让出版商们撤回市面上的书籍。

就这样,将扎姆的作品列入禁书目录的命令最终并未公布,因此,这份判决和勒鲁瓦的那份一样,都不算正式判决,他们二人的名字也就没有出现在禁书目录之中。从这件事上,我们可以看到罗马审查机构特有的二元文化,这让人不由得想起19世纪30年代早期,当他们将哥白尼和伽利略的书籍从禁书名单中删去时,又何尝不是这般的悄无声息呢?扎姆很是痛苦,他私下对朋友说,这将是一场旷日持久的战争,但他获胜的可能性很大,因为"真理和正义在我们这边"。他说,这是"反抗耶稣会士的专制、反抗蒙昧主义、反抗中世纪主义的进步之战"。[1] 扎姆说得没错,只是又过了一个世纪,天主教保守派和进步派的斗争才见分晓……

20世纪20年代早期,议事司铎、神学家、鲁汶天主教大学

---

[1] Scott Appleby, «Between Americanism and Modernism: John Zahm and Theistic Evolution», *Church History,* vol. 56, 1987, p. 488.

地质学及古生物学教授亨利·德·多洛多（Henry de Dorlodot, 1855—1929）出版了《天主教视角下的达尔文主义》一书。鲁汶大学的思想较为开放，在1909年的时候，多洛多就作为该校的官方代表被派往剑桥大学参加查尔斯·达尔文诞辰一百周年纪念大会。他在书的第一卷探讨了物种起源问题，并表示第二卷会讨论人类的起源。多洛多在书中表达了与扎姆、勒鲁瓦类似的观点，即凭借上帝的智慧，所有的物种完全可以从一种或几种原始物种进化而来，天主教信仰丝毫不妨碍人们相信这一点。这个观点与所有支持进化论的天主教徒一贯秉持的观点一样，其实质根本不是达尔文的理论，而是目的论的另一种表述而已，它将自然选择的运行机制视为不解之谜，而把舞台的中心留给了偶然。但是，即便是这种极度简化的进化论，罗马教廷的保守派及其支持者也无法接受。

天主教神学家让·里维埃（Jean Rivière）对多洛多的作品很是赞赏。里维埃支持现代主义，1918年被阿尔比神学院辞退。他在《宗教科学杂志》上发表了该书的书评，并在文章结尾表示希望这本书能够成功"驱散《上帝创世》中物种不变的观点"。[1] 他说他已经迫不及待地想要阅读下一卷关于人类起源的内容了。但是第二卷书并未出版，因为多洛多和他之前的很多人一样，不久

---

[1] Jean Rivière, compte rendu du livre de Dorlodot, *Revue des sciences religieuses,* vol. 3, 1923, pp. 275-276.

之后就被禁言了。

事情是这样的。1902 年，罗马教廷成立了宗座圣经委员会，按照天主教历史学家的说法，其目的是应对"现代主义危机"，但实际上，这个机构的诞生是为了抵制现代主义。委员会从正统性的角度出发，对《天主教视角下的达尔文主义》进行了审查，随后便要求鲁汶大学校长让该书的作者撤回其作品。这个要求遭到了校长和多洛多的拒绝，于是，委员会主席便将此案转交给了教廷圣职部。[1]

随着审理的深入，圣职部一共让人对该书的内容撰写了的三份报告。1925 年，圣职部书记、极保守的红衣主教梅里·德尔瓦尔（Merry Del Val）私下将圣职部的判决告诉了比利时高级教士、红衣主教梅西耶（Mercier）。杰出的史前史学家亨利·布勒伊（Henri Breuil, 1877—1961）曾向梅西耶提到，如果教廷下达这样的禁令，那么天主教学者的声誉都可能受到影响。于是，趁判决尚未公布，梅西耶便向教廷施压，希望教廷放弃审理。其实，一段时间以来，一直有传言说罗马教廷有意发布新的《教义纲领》将进化论彻底查禁。[2] 事实证明这只是一个传言而已，梅西耶感到安心了。1925 年 11 月，他给鲁汶大学校长写了一封信（他也

---

[1] Fanny Defrance-Jublot, «Le darwinisme au regard de l'orthodoxie catholique. Un manuscrit exhumé», *Revue d'histoire des sciences humaines,* n° 22, 2010.1, pp. 229-237.
[2] Arnaud Hurel, *L'Abbé Breuil. Un préhistorien dans le siècle,* Paris, CNRS éditions, 2014, pp. 277-285.

是该校的哲学教授），说"过去的几个月一直风平浪静，这是个好兆头。希望就这样平静下去吧"。[1]多洛多的作品最终并未被查禁，他也没有收回自己的观点。正如他在1925年10月向朋友所说那样，他的策略是"既谨慎又坚定"，但他从此之后再也没有探讨过与进化相关的问题，那本关于人类进化的第二卷书也没有了下文。[2]梅西耶在信中还说，"时机尚未到来"，"没想到布拉萨克的《圣经手册》也会成为禁书"[3]，这让他觉得眼下更应该保持缄默。

《圣经手册》最早由圣绪尔比斯修道会的路易·巴屈埃（Louis Bacuez, 1820—1892）与菲尔克朗·维古勒（Fulcran Vigoureux, 1837—1915）合作编著，这本书自19世纪末以来不断被重订。神甫奥古斯塔斯·布拉萨克（Augustus Brassac）修订的新版本被认为体现了过多的历史批评观点，我们在前文已经提到，历史批评在1907年就已经受到教会的严厉批判了。顽固派天主教徒常常被自由派天主教徒不假思索地称为基要派，在这些人看来，1924年新版《圣经手册》受到查禁是对世人的一个提醒，它在告诉世人"书籍评注（以及历史学）从属于神学"。[4]1924年夏天，布拉萨

---

[1] 引文摘自 Raf De Bont, «Rome and Theistic Evolutionism: The Hidden Strategies Behind the "Dorlodot Affair", 1920-1926», *Annals of Science,* vol. 62, n° 4, 2005, p. 474。
[2] 这卷书的手稿不久前被发现了，现已出版：Henry de Dorlodot, *L'Origine de l'homme. Le darwinisme au point de vue de l'orthodoxie catholique, texte inédit présenté et annoté* par Marie-Claire Groessens-Van Dyck et Dominique Lambert, Collines de Wavre, Éditions Mardaga, 2009。
[3] 引文摘自 Defrance-Jublot, «Le darwinisme au regard de l'orthodoxie catholique», p. 234。
[4] Étienne Fouilloux, «Un regain d'antimodernisme?», dans Pierre Colin (dir.), *Intellectuels chrétiens et esprit des années 20,* Paris, Cerf, 1997, p. 97; 另外参见 Laplanche, *La Crise de l'origine,* pp. 138-139。

克向一位朋友透露，1922年新上任的教皇庇护十一世已经疲惫多时了，包括梅里·德尔瓦尔在内的多位红衣主教还有"整个极右势力都在借机推行他们的主张"。[1]

至于多洛多，在现代主义和正统派之间，他更倾向于后者。他根据教会圣师的教诲提出了一种与科学和宗教都不矛盾的解释。圣瓜斯的一位教士读了这种解释的英文译文后撰写了一篇评论，其结论是相比于上文所说的约翰·扎姆在20年前提出的主张，多洛多并没有带来任何新观点。[2] 但是在宗座圣经委员会以及教廷圣职部的红衣主教看来，将《圣经》与动物物种进化的观点相统一的做法仍然属于非常明显的异端之举。因此，1923年6月，相对来说更偏向保守派的红衣主教威廉·马里乌斯·范罗苏姆（Willem Marius Van Rossum）给鲁汶天主教大学的校长写了信，为他列举了"三十年来罗马教廷为阻止达尔文学说在天主教徒中的传播已经采取的诸多措施"。[3]

面对这种情形，叫停多洛多一案可能反而会打破当时的平静，而且那个时候，庇护十一世还有更紧急的事情要处理——比如1929年确立梵蒂冈为主权国家——关于进化论的争议就显得

---

[1] 引文摘自 Fouilloux, «Un regain d'antimodernisme?», p. 113。
[2] Francis J. Wenninger, «Catholicism and Catholic Thought by Canon Dorlodot», *The American Midland Naturalist,* vol. 8, 1923, pp. 211-214.
[3] 引文摘自 Dominique Lambert, «Un acteur majeur de la réception du darwinisme à Louvain: Henry de Dorlodot», *Revue théologique de Louvain,* vol. 40, 2009, p. 518。

不那么重要了。在随后的几年里，推崇进化论的天主教信徒似乎不再被教廷圣职部以及禁书审定院紧追不放，教会也容忍了人们对人类进化问题的讨论。例如，神甫埃内斯特·梅辛杰（Ernest Messenger）曾在鲁汶大学学习神学，他从1922年开始将多洛多的作品翻译成英文，并且将多洛多的观点进一步发展。他在1932年发表了一篇题为《进化与神学：人类起源问题》的文章，而这篇文章并没有受到教会的严惩。[1]

然而，尽管禁书审定院任由神职人员沉浸在平静之中，唯灵论哲学家爱德华·勒罗伊（Édouard Le Roy）的进化论作品仍然遭到了查禁。他的论文《唯心主义之需与进化之实》（1927）以及《人类起源与智力进化》（1928）于1931年被列入禁书目录，事实上，他的老师亨利·贝格松（Henri Bergson）也有过同样的遭遇，其作品《创造性进化》于1914年被查禁。[2] 耶稣会士泰亚尔·德·夏尔丹（Teilhard de Chardin）是勒罗伊的朋友，也是有神进化论的支持者，1925年，因为他的神学观点过于前卫，巴黎天主教学院决定不再聘任他执教地质学。他曾帮助勒罗伊撰写《人类起源与智力进化》。当得知这本书被查禁时，远居中国的夏尔丹给勒罗伊写了一封信，说自己也感到很受伤，"罗马正教狭隘的权

---

[1] 参见 De Bont, «Rome and Theistic Evolutionism», pp. 457-478。
[2] François Azouvi, *La Gloire de Bergson. Essai sur le magistère philosophique,* Paris, Gallimard, 2007, p. 155.

力部门"发布的这条法令"完全没有理解"勒罗伊的思想,而他"觉得这个思想震撼非常"。[1]勒罗伊在 1921 年接任贝格松成为法兰西公学院现代哲学教授,他是天主教进化主义科学家群体中的一员,为法兰西公学院在 1929 年创立史前史讲坛起到了关键作用,布勒伊神甫就是史前史讲坛的第一位教授。[2]

布勒伊神甫虽然是世界知名的科学家,但教会却不信任他。1936 年,在庇护十一世宣布成立宗座科学院的时候,布勒伊与泰亚尔·德·夏尔丹都在备选成员的名单中。但是,在对布勒伊的正统性进行调查后的报告显示,他所研究的问题"涉及人类和人种的起源,都是最为敏感的问题"。虽然他的研究紧贴事实,且没有提出任何"普世性的理论",但人们都知道他支持"在亚当之前就已有人类存在的假说"。布勒伊是一个谨慎的人,他没有"像泰亚尔·德·夏尔丹神甫一样"公开得出"关于原罪的结论"。调查报告的结论是,"此人的学说可能会对神学产生重大影响,任命此人,世人也许会认为教会为他的学说发放了通行证,究竟是否要冒这个风险,由教皇定夺"。[3]就这样,与泰亚尔·德·夏尔丹一样,布勒伊的名字也从备选成员名单中被划掉了。殊不知,宗

---

[1] Pierre Teilhard de Chardin, *Lettres à Édouard Le Roy (1921-1946),* Paris, Éditions Facultés jésuites de Paris, 2008, lettre du 21 décembre 1931, pp. 126-127.
[2] Hurel, L'Abbé Breuil, pp. 318-320.
[3] 引文摘自 Régis Ladous, *Des Nobel au Vatican. La fondation de l'Académie pontificale des sciences,* Paris, Cerf, 1994, p. 60。

座科学院成立的目的是向外界发出一个教会向现代科学开放的信号,在 1937 年的落成仪式上,教皇还指出它的使命是"为真理而服务"[1]……

宗座科学院的成立是罗马教廷抵制现代主义的一次胜利,此后,人们的思想发生了一定的转变。1950 年,庇护十二世颁布教皇通谕《人类》,论述了"可能会破坏天主教基本教义的一些错误观念"。在这份通谕里,他终于承认,"进化学说[……]是各方学者研究与讨论的对象,教会对此不加禁止"。一些人看到这里便松了一口气,以为从此之后教会再也不会与进化论为敌了,但是他们应该继续读读后面的内容:"前提是所有人都要全心接受教会的观点,因为基督将解读《圣经》和保护信仰的任务交给了教会。"[2] 因此,物种进化论"同与它对立的假说一样,都是值得深入研究和思考的重要假说",所谓"与它对立的假说"也就是半个多世纪之前就已经被科学界淘汰出局的物种不变论。[3] 千万别以为教会向所有的科学假说都敞开了大门。在《人类》通谕颁布十年之后,

---

[1] 引文摘自 Régis Ladous, *Des Nobel au Vatican. La fondation de l'Académie pontificale des sciences,* Paris, Cerf, 1994, p. 113。
[2] Pie XII, «*Humani generis*. Lettre encyclique de Sa Sainteté le pape Pie XII sur quelques opinions fausses qui menacent de ruiner les fondements de la doctrine catholique», 15 août 1950; reprodut dans *Laval théologique et philosophique,* vol. 6, 1950, n° 2, p. 215.
[3] 引文摘自 Jean-Paul II, «Aux Membres de l'Académie pontificale des sciences réunis en Assemblée plénière», 22 octobre 1996, 详见网页: www.vatican.va/holy_ father/john_paul_ii/messages/pont_messages/1996/documents/hf_jp-ii_ mes_19961022_evoluzione_fr.html#_ftnref4; 请留意。

红衣主教保罗-埃米尔·莱热（Paul-Émile Léger）指出，教皇在通谕里已经表示，多祖论，即认为人类可能存在多个祖先的假说，是不可接受的，"教会的子民不得有这种放肆的想法"。多祖论与宗教教义是矛盾的，因为根据原罪的说法，所有人都是亚当的后代。莱热认为，"对于天主教徒来说，背离这条教义是一种莽撞的行为。对于学者来说，他们不应认为这种观点有失偏颇、使他们的研究失去了客观性，而应将其视为一种更高级的已知定论，尽管这个定论并非源于科学，但是在主观上却大有裨益"。[1]

进化论最终还是被天主教会接受了，虽然教会思想的转变速度极其缓慢。1992年，教皇若望·保禄二世总算承认，"在通谕（《人类》）颁布近半个世纪的时间里，新的科学发现让我们认识到，进化论不只是一个假说"。[2] 对于这样一个存在了一个世纪的错误，在教会隐晦的语言里，"不只是一个假说"已经是承认错误的极限了。

就这样，在20世纪末，基督教神学与科学之间的力量对比终于发生了反转。若望·保禄二世在1992年对宗座科学院的讲话中指出，"神学家应当经常去了解科学的新进展，审视自己的所思所想以及自己的布道词是否应当据此进行适当的调整"。[3] 四年后，

---

[1] Paul-Émile Léger, *Les Origines de l'homme*, Montréal, Fides, 1961, p. 26.
[2] Ibid., 请留意。
[3] Jean-Paul II, «Aux participants à la session plénière de l'Académie pontificale des sciences», 31 octobre 1992, 参见网页 www.vatican.va/holy_father/john_paul_ii/speeches/1992/october/documents/hf_jp-ii_spe_19921031_accademia-scienze_fr.html。

在宗教科学院的另一次会议上，他又一次表示，"宗教经文的诠释家以及神学家必须要及时了解自然科学的成果"，以"妥善地界定《圣经》的真正含义，剔除并非《圣经》本义的不当解释"。[1] 他的这些话终于证明了伽利略所言非虚，正如我们在前文已经提到过的，伽利略在 1615 年曾经说过，"圣灵的本意在于教我们如何去往天国，而不是要告诉我们天上的日月星辰是如何运行的"。[2]

---

[1] Jean-Paul II, «Aux Membres de l'assemblée plénière de l'Académie pontificale des sciences», 22 octobre 1996.
[2] Galilée, «Lettre à Madame Christine de Lorraine, grande-duchesse de Toscane (1615)», dans Maurice Clavelin, *Galilée copernicien. Le premier combat, 1610-1616,* Paris, Albin Michel, p. 427.

| 第五章 |
从对抗到对话？

宗教与真正的科学既不是亲戚，也不是朋友，甚至连敌人都算不上：它们所处的是两个不同的世界。

——弗里德里希·尼采[1]

---

[1] Friedrich Nietzsche, *Humain, trop humain,* paragraphe 110, Paris, Hachette, 1988, p. 95.

过去20年出版的大部分科学史书籍都认为，科学与宗教存在"冲突"的说法是在19世纪七八十年代才产生的，最初见于美国医生、化学家约翰·威廉·德雷珀（John William Draper, 1811—1882）以及历史学家、康奈尔大学首任校长安德鲁·迪克森·怀特（Andrew Dickson White, 1832—1918）的作品中。德雷珀在1874年出版了《科学与宗教冲突史》，怀特在1896年出版了《基督教世界的科学与神学战争史》。在历史学家罗纳德·南博斯看来，这两位作者"为科学与宗教的关系史创造了最离奇的传说，称二者曾长期处于冲突的状态"。[1]

南博斯和另外一些史学家将德雷珀与怀特的作品视为冲突"传说"的根源，认为科学与宗教之间并不存在真正的冲突，这两位作者的说法都是杜撰出来的，是夸大其词。他们还认为，冲突既不是长期的，也不是不可避免的。这样的说法很难令人信服，因为正如我们在前几章已经详细论述过的，宇宙学、地质学和生物学等学科经常会直接涉及《圣经》提到过的问题，而基要主义者直至今日仍然从字面上解读经文。不过南博斯倒是承认，19世纪初以来，关于科学与宗教的"讨论"时常出现，偶尔也会有人

---

[1] Ronald L. Numbers (dir.), *Galileo Goes to Jail and Other Myths about Science and Religion,* Cambridge (Mass.), Harvard University Press, 2009, p. 1. 让我们顺便指出一个奇怪的事实。在否认了冲突的存在之后，作者在接下来的几页描述了19世纪20年代至60年代的几个冲突，也就是说，这些事件都发生在德雷珀与怀特的作品发表之前。这本书得到了邓普顿基金会的大力资助。我们将在后面看到，之所以会涌现出大量淡化学者与宗教机构之间矛盾的书籍，这个基金会发挥了重要的作用。

用"紧张"来描述信仰与理性之间的关系，但"从来没有人用宗教来对抗科学，也从来没有人用科学来对抗宗教"。[1]

在过去的 20 年里，不少历史学家都重复了南博斯的观点，可是他们只是在玩文字游戏，否认了显而易见的事实，是经不起考验的。不过，这倒是契合了历史编纂学所特有的一种做法，那就是将冲突中最不容置疑、在当事人看来也的确很有分量的事情作为特例，从而达到大事化小的效果。比如，罗纳德·南博斯根据心理学的还原论提出，德雷珀的作品之所以那么刻薄，是因为他的妹妹皈依了天主教，兄妹之间产生了矛盾。[2] 而历史学家格伦·阿尔特舒勒（Glenn Altschuler）在评述这部作品时，则将它放在了 19 世纪科学与历史批评取得发展、人们开始对基督教提出质疑的大背景之下。[3] 相比而言，后者的做法似乎更合理一些。德雷珀的作品被译成了多种语言，其中法文版在原书出版的第二年就问世了，这尤其能够说明该书的诞生并非私人矛盾的产物，而是一种社会现象，南博斯的说法是说不通的。另外，德雷珀的书在 1876 年被天主教会

---

[1] Ronald L. Numbers (dir.), *Galileo Goes to Jail and Other Myths about Science and Religion,* Cambridge (Mass.), Harvard University Press, 2009, p. 1. 让我们顺便指出一个奇怪的事实。在否认了冲突的存在之后，作者在接下来的几页描述了 19 世纪 20 年代至 60 年代的几个冲突，也就是说，这些事件都发生在德雷珀与怀特的作品发表之前。这本书得到了邓普顿基金会的大力资助。我们将在后面看到，之所以会涌现出大量淡化学者与宗教机构之间矛盾的书籍，这个基金会发挥了重要的作用。
[2] 参考文献出处同上。
[3] Glenn C. Altschuler, «From Religion to Ethics: Andrew D. White and the Dilemma of A Christian Rationalist», *Church History,* vol. 47, n° 3, 1978, pp. 308-324.

列入禁书目录，奇怪的是，这一事实很少被人提及。[1]

怀特在1868年创立了康奈尔大学，并在此后20年一直担任该校的校长。康奈尔大学是一所非宗教性质的学校，新教团体对此很是反对，所以怀特写了一本书来回应他们。[2] 他在引言中解释说，他曾试图与新教团体和解，但是对方不愿意妥协，他的努力无疾而终，于是他便决定主动出击。1869年12月，他发表了题为《科学之战》的演讲，演讲内容很快就被刊登在了一份国家级日报上。接下来，他又用同样的题目进一步阐述自己的观点，形成了两篇论文，这两篇文章先后于1876年2月和3月在《大众科学月刊》上发表。[3] 很快，这些文章又形成了文集。此前两年，德雷珀那本书的序言也曾在《大众科学月刊》上刊登。从1890年到1895年，怀特用一系列文章对各个学科（考古学、人类学、医

---

[1] 这里也有一个特例：Ronald L. Numbers, «Aggressors, Victims and Peacemakers: Historical Actors in the Drama of Science and Religion», dans Harold W. Attridge, *The Religion and Science Debate: Why Does It Continue?*, New Haven (Conn.), Yale University Press, 2009, p. 33；南博斯用讽刺的口吻指出，这本书的西班牙文译本"在禁书目录中拥有一席之地实在是实至名归"。必须强调的是，这个作品集是特里讲座（Terry Lectures）的成果，而该讲座的宗旨是"汇聚宗教与科学之力量造福人类"（参见该作品集第14页 Keith Thomson, «Introduction»），与邓普顿基金会的目的一样。另外，这些人声称科学与宗教之间的冲突只是一个编造出来的传说，可是这部作品集却在讨论为什么冲突仍在继续，这未免有些矛盾……

[2] George Lincoln Burr, «Sketch of Andrew Dickson White», *Popular Science Monthly*, vol. 48, 1896, pp. 546-556；怀特在《基督教世界的科学与神学战争史》这本书的引言中介绍了当时的背景，但该书的法文版并没有翻译这部分内容。

[3] Andrew Dickson White, «The Warfare of Science», *Popular Science Monthly*, vol. 8, février 1876, pp. 385-409, et mars 1876, pp. 553-570；更多细节参见 David N. Livingstone, «Re-Placing Darwinism and Christianity», dans David C. Lindberg et Ronald L. Numbers (dir.), *When Science and Christianity Meet*, Chicago, University of Chicago Press, pp. 192-193。

学、天文学等）与基督教的关系逐一进行了讨论，这个系列的题目叫作《科学之战的新篇章》，同样发表在《大众科学月刊》上。这些文章最终形成了他在 1896 年出版的两卷本著作《基督教世界的科学与神学战争史》。同德雷珀的作品一样，怀特的书不久后就被译为多种文字（德文、意大利文、瑞典文以及法文），这说明，这本书触碰到了某个群体的一根敏感神经，这个群体即便不是反对基督教的，起码也是反对教权的。[1]

过去二十年里，研究科学与宗教关系的历史学家（以英语世界的学者为主）只将重点放在个人层面、以这些人的心理状态为关注点，忽视了组织的力量，而且他们的方法论也存在严重的问题。他们把对事件的分析与当事人的观点混为一谈。这些科学史学家不仅没有站在中立的角度审视双方的观点，反而是在重复其中一方的观点（通常是否认或淡化冲突的那一方），成为他们的传声筒，或是将其观点进一步论证，扮演起了辩护律师的角色。他们实际上只是在老生常谈，并没有进行分析。所以，正如《大众科学月刊》的编辑所指出的，1874 年，在德雷珀的作品出版后的几个月里，各个宗教派别（犹太教、一神论派、天主教）的代表都认为这样的冲突现在不存在，以前也从未存在过。[2] 加拿大地

---

[1] Andrew Dickson White, *Histoire de la lutte entre la science et la théologie,* traduction et adaptation de H. de Varigny et G. Adam, Paris, Guillaumin, 1899; 参见 Altschuler, «From Religion to Ethics», pp. 315-316。
[2] 对德雷珀作品的评论盘点可参见 *Popular Science Monthly,* vol. 7, juin 1875, pp. 230-233。

质学家约翰·威廉·道森（John William Dawson）在1876年也加入了这场辩论，他认为科学与宗教的冲突是用词不当的结果，因为"真正意义上的宗教热爱上帝，也热爱上帝的子民，它是不可能与真正意义上的科学发生冲突的"。道森还指出，历史学家们总是局限于讨论个人角度的宗教观念，而忽略了另一个方面，那就是"从历史的角度来看，与科学产生冲突的"并不是宗教，而是"1教会，2神学，3迷信，4不正确或不完善的科学和哲学"。道森是一位对天主教极为憎恶的虔诚新教徒，即便是这样，在他看来，个人的宗教信仰与组织（即教会及其神学家）的宗教信仰也是截然不同的。[1]

带着对个人与组织的混淆，这些史学家找出了科学与宗教之间发生冲突、和谐相处或是相互独立的"典型范例"，在他们看来，这些都是不争的"事实"。"典型范例"的当事人见证了科学、宗教与神学的冲突、和谐或独立，对科学与宗教的关系有着自己的认识，可他们的个人观点往往与事件混杂在一起。[2] 然而，这里的重点并不是选择典型，然后笼统地一概而论，这样做是没有意义的，我们应该做的正是将事件当事人对科学与宗教的看法剥

---

[1] John William Dawson, «The So-Called Conflict of Science and Religion», *Popular Science Monthly,* vol. 10, novembre 1876, p. 72. 关于道森，参见 Susan Sheets-Pyenson, *John William Dawson: Faith, Hope, and Science,* Montréal, McGillQueen's University Press, 1995。

[2] 可参见 Margaret J. Osler, «Mixing Metaphors: Science and Religion or Natural Philosophy and Theology in Early Modern Europe», *History of Science,* vol. 35, 1997, pp. 91-113。

离出来进行分析。这就好比对德雷珀和怀特的作品一味地贬损是没有意义的（虽然约翰·布鲁克、罗纳德·南博斯以及其他许多人都这样做了），因为他们只是把历史作为意识形态斗争的武器而已，实际上是在反抗蒙昧的宗教神权。[1] 在这里，缓和的观点是不会受到关注的，因为辩论需要明确的取向。德雷珀在他的序言中就写道："我的每一章都遵循了同一个顺序：首先陈述正统观点，然后陈述相反的观点。我几乎没有罗列介于两者之间的含混言辞。在这种性质的冲突里，无论温和派能够起到多么重要的作用，我们要关注的都不是他们，而是极端派，因为极端派才是酝酿大事的力量。"[2]

最后，在整个19世纪，人们之所以不断否认冲突的存在，恰恰是因为在某个角落一直存在着冲突的观念，需要人们奋力抵抗。每个时期都有人坚称科学与宗教没有冲突，这说明他们觉得有些人不这么想。如果所有人自然而然地就认为这是两个完全独立的或是不可分割的领域，那就不会产生辩论，也不会出现推动二者"和谐共处"的文章了。

所以，至少从19世纪初开始，很多人都意识到了冲突的存在，

---

[1] John Hedley Brooke, *Science and Religion: Some Historical Perspectives*, Cambridge, Cambridge University Press, 1991, pp. 34-35; 关于怀特的作品引起的反响，参见 Altschuler, «From Religion to Ethics», pp. 316-324。
[2] John William Draper, *Les Conflits de la science et de la religion*, Paris, Librairie Germer Baillère, 1875, p. viii.

这是无可争议的，前面几章也足以证明这一点。而凭借这一点，科学与宗教的冲突史就是一个成立的话题了，我们从此就可以不偏不倚地对其进行讨论，既不需要加入哪个阵营，也不必像这一领域最活跃的两位历史学家林德伯格和南博斯那样，试图升华"战争与和平"。[1]

总而言之，与过去二十年英语世界历史编纂学的主流倾向相反，对科学与宗教冲突史的研究不是一个选择立场的问题，对冲突性质、冲突程度的判断不能根据其中一方的观点来下定论，我们要做的只是对他们的论战进行跟踪，注意观察哪些人在何种情境下谈到了冲突。我们将在本章具体地看到，科学与宗教之间存在潜在或实质性冲突的观念至少从19世纪20年代起就出现在很多文章之中了。在众多的辩论之中，德雷珀和怀特的作品实际上只是在晚期用更为激进、更有论战意味的方式肯定了冲突的存在。对冲突这一概念进行评论的人通常都说，科学和宗教的本质四百年来都未曾改变，人们根据它们的本质便认为会有冲突存在。当然，这么说的人都不会列出实例，从来没有人会对一个过于简单的观点进行论证。[2] 即便不是一个"本质主义者"，我们也完全可

---

[1] David C. Lindberg et Ronald L. Numbers, «Beyond War and Peace: A Reappraisal of the Encounter Between Christianity and Science», *Church History,* vol. 55, 1986, pp. 338-354; le titre même suggère une position d'acteur et non d'analyste de la question des relations entre science et religion.

[2] 参见 Osler, «Mixing Metaphors»。

以注意到各个时代的相关人员与相关机构所起到的作用。不用说17世纪初，就连17世纪末的科学实践都与19世纪中叶有着明显的区别。但是伽利略和开普勒在他们那个时候就已经非常清楚地知道，他们所研究的是天文学，不是神学，在所有和他们辩论哥白尼体系的人中，他们可以毫不费力地指出哪些人是神学家，正如我们在前面的章节看到的那样。

知道了他们的方法论之后，让我们去看一看他们具体是如何阐述科学与宗教的冲突问题的。然后，我们将回过头来探讨和谐主义的历史编纂学为何成为主导力量并不断发展。之所以用"和谐"这个词，是因为这种历史编纂学总是弱化冲突而强调"对话"。

▶▷ 论调的演变

我们首先要看一看19世纪初以来，在英语世界和法语世界公开发表的作品中，"宗教"与"科学"两个词语的出现率有何变化。我们所用的方法是对19世纪至今发表的所有书籍和文章的内容进行分析。谷歌图书包含有数以百万计的数字图书，我们通过这个数据库得到了一个比较有代表性的样本（虽然未能穷尽所有书籍)。[1]如图1所示,在英语世界(主要是英美)所有类型的书籍中,20世纪30年代之前,"宗教"(religion)一词出现的频率一直明显高于"科学"(science)一词。随后,"科学"迎头赶上超过了"宗教",但是可以看到,从20世纪90年代开始,"宗教"的出现频率又有所回升,而"科学"出现了停滞,两条曲线似乎在2010年前后有相交的趋势。

资料来源:2012 Google Books Ngram Viewer。

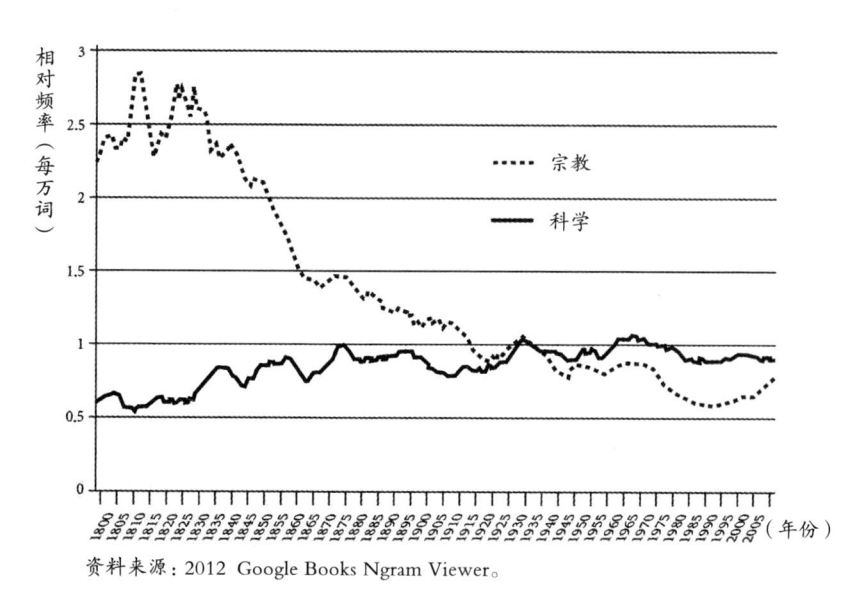

图1 "科学"和"宗教"二词在 Google Books Ngram Viewer 英文书籍数据库(1801—2008)的相对词频(时间间隔为5年)

---

[1] Yuri Lin et al., «Syntactic Annotations for the Google Books Ngram Corpus», *Proceedings of the 50th Annual Meeting of the Association for Computational Linguistics*, pp. 169-174, Jeju (Corée du Sud), 8-14 juillet 2012. 需要注意的是,图中的纵坐标表示相关字词占作品总字数的相对比例,因此虽然书籍的绝对数量日益增多,对曲线是没有影响的。

在法文书籍数据库中,这两个词的相对比重就大不一样了。如图 2 所示,法国大革命以后盛行的理性主义以及 19 世纪中叶的实证主义哲学对书籍的内容都产生了影响。值得注意的是,"科学"与"宗教"两个词语的高下之争在 1850 年左右发生了逆转,这比深受新教影响的英语世界早了近 80 年。但尽管如此,关于宗教的讨论在法语世界也出现了复苏迹象,我们看到,从 20 世纪 80 年代开始,"宗教"一词的曲线有了明显的上升,两条曲线在 2010 年左右交汇在了一起。

资料来源:2012 Google Books Ngram Viewer。

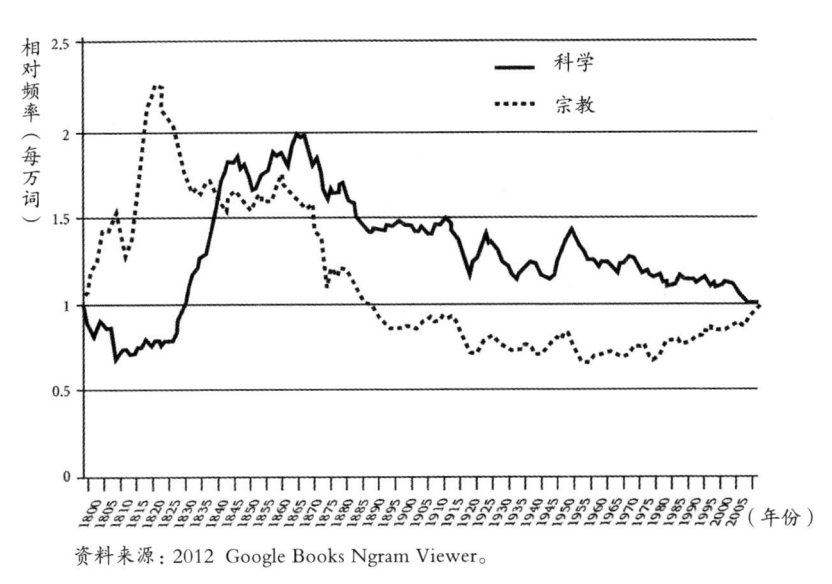

图 2 "科学"和"宗教"二词在 Google Books Ngram Viewer 法文书籍数据库(1801—2008)的相对词频(时间间隔为 5 年)

再来看看在公开发行的作品中涉及科学与宗教关系的讨论有

何变化。我们依然借助 Google 图书数据库。在英文书籍数据库中（见图 3），我们首先注意到的是，"科学与宗教"这个短语的出现频率在 1800 年至 1880 年持续走高，随后在 1880 年至 1920 年经历了一段稳定期，在 1920 年至 1940 年间又突然大幅上升。第二次世界大战后，曲线总体呈下降态势，从 20 世纪 90 年代之后又持续反弹。

如果更进一步观察，我们会发现在 19 世纪 30 年代初出现了一段上行曲线，而英国科学促进协会恰好就是在 1831 年成立的。英国科学促进协会的工作引起了人们对科学的关注，可在当时的英国，宗教更有话语权，在这种情况下，人们当然会对科学与宗教的关系产生思考。曲线的第二次大幅上升出现在 19 世纪 70 年代早期，这正是德雷珀与怀特发表评论文章的时间。第三段增长曲线对应着两次世界大战之间的那个阶段，伯特兰·罗素（Bertrand Russell）在 1935 年出版的《宗教与科学》就是这一时期的作品。[1]

---

[1] 关于该时期的详细分析，参见 Peter Bowler, *Reconciling Science and Religion: The Debate in Early-Twentieth-Century Britain*, Chicago, University of Chicago Press, 2001。

资料来源：2012 Google Books Ngram Viewer。

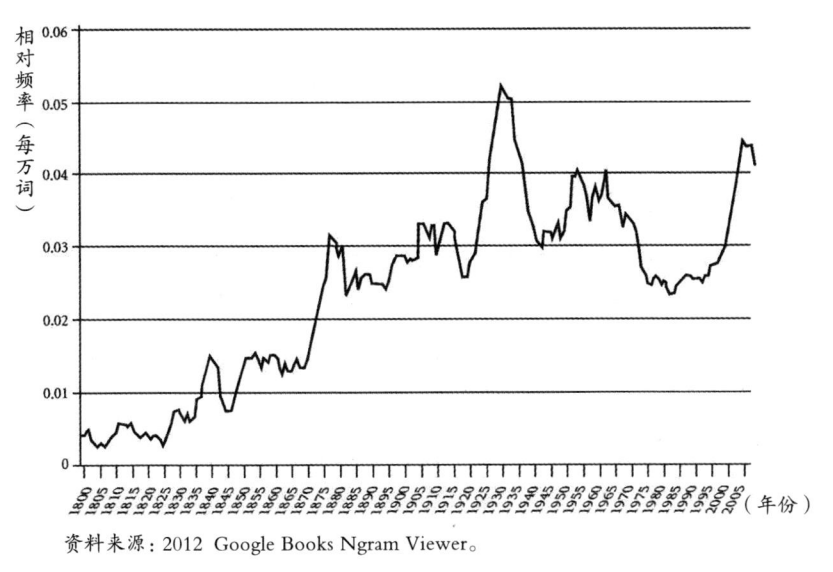

图3 "科学与宗教"在 Google Books Ngram Viewer 英文书籍数据库（1801—2008）的相对频率（时间间隔为5年）

法文书籍的情况（图4）与英文书籍依然有些差异。[1]19世纪60年代，也就是达尔文主义盛行、勒南的《耶稣传》引起争议的时候，法语世界才开始关心科学与宗教的关系。自此之后，我们看到曲线持续上升，1920—1940年、1960—1980年两个阶段相对稳定，1980年以来再度走高。值得注意的是，法国的集体性科学组织要比英国成立得晚，法国科学促进协会（AFAS）是在1872年才诞生

---

[1] 可参看 Guillaume Carnino, *L'Invention de la science. La nouvelle religion de l'âge industriel,* Paris, Seuil, 2015, pp. 61-86。

的。[1] 另外，法语世界的自然神学也不像在英语世界那么有影响力，引发的讨论也就少一些。比如说，《费加罗报》曾以"宗教观念与科学"为题对法兰西科学院的成员进行了大型调查，并于1926年5月将调查结果陆续公布，英国在20世纪30年代初也进行了类似的调查，相比而言，法国的反响就没有英国那么强烈。

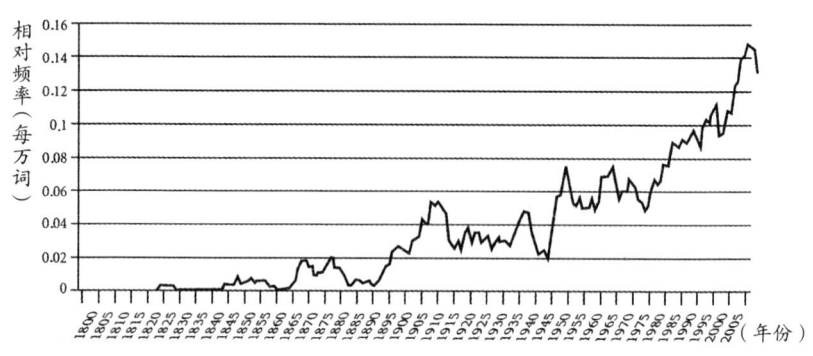

资料来源：2012 Google Books Ngram Viewer。

图4 "科学与宗教"在 Google Books Ngram Viewer 法文书籍数据库（1801—2008）的相对频率（时间间隔为5年）

还有一个指标能够证明人们对科学与宗教的关系更加感兴趣了，那就是题目中包含"科学"与"宗教"两个词语的书籍越来越多（见图5）。[2] 这类书籍主要是在20世纪90年代以后涌入图

---

[1] Hélène Gispert (dir.), Par la science, pour la patrie. *L'Association française pour l'avancement des sciences (1872-1914). Un projet politique pour une société savante*, Rennes, Presses universitaires de Rennes, 2002.
[2] 哈佛大学怀德纳图书馆（widener Librarg）以藏有大部分已出版的书籍而闻名，这组数据就是以怀德纳图书馆的馆藏目录为基础统计出来的。世界书目收录了同一本书的多个副本，因此统计结果的绝对数值并不可靠，但曲线的总趋势是不受影响的。

书市场，而英文书籍的比例明显更高，这个事实再次证实了法语世界和英语世界在这一问题上的文化差异。

资料来源：哈佛大学 Widener 图书馆的馆藏目录。

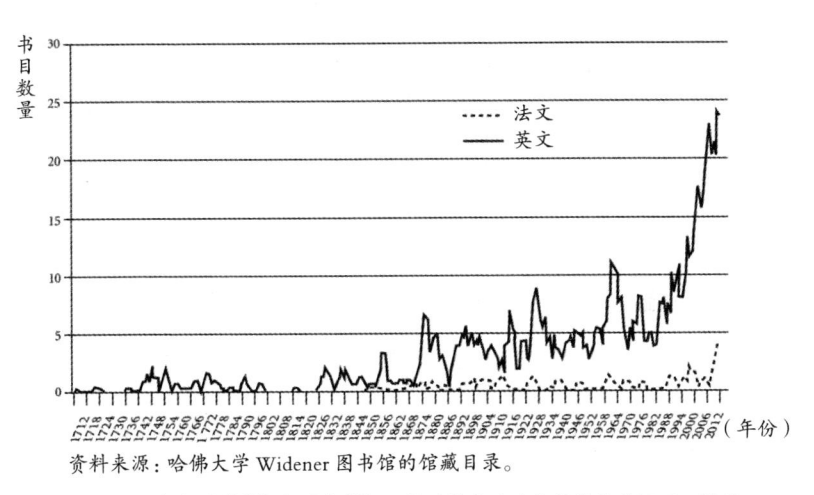

图 5　题目包含"科学"与"宗教"二词的英文及法文书籍数（1712—2012，时间间隔为 3 年）

总体上来讲，科学与宗教的关系引起社会的关注首先出现在 19 世纪上半叶。随后的几次高潮对应了相关讨论较为激烈的几个时期，这些激烈的讨论通常是某个地方性的事件偶然引起的，比如法国的 1926 年以及英国的 20 世纪 30 年代初。

最后，让我们来看看"科学与宗教的冲突"这个短语。20 世纪 80 年代以来，大多数研究科学与宗教关系的历史学家都认为冲突之说只是个"传说"。在图 6 中，我们首先可以看到，在 19 世纪 70 年代初的英文书籍中，这个短语的出现频率迅速上升，这说明，怀特在 1869 年第一次谈论这一问题发表的演讲、德雷珀在 1874 年发表于《大众科学月刊》的文章以及同年出版的著作都引起了极大的反响。1880 年至 1920 年，相关的讨论相对稳定。1920 年之后，英语世界明显比法语世界经历了更多血雨腥风。法语世界激烈讨论"科学与宗教的冲突"则是在 1945 年之后，但是到 20 世纪 60 年代初，热度便迅速消退了，直到 20 世纪 80 年代后期，这一话题才再度活跃起来，根据前面几组数据，这也是可以想见的结果。[1] 其实，冲突的概念在 19 世纪 70 年代风行之前，在 19 世纪二三十年代就已经产生了，图中未能体现这一点。

资料来源：2012 Google Books Ngram Viewer。

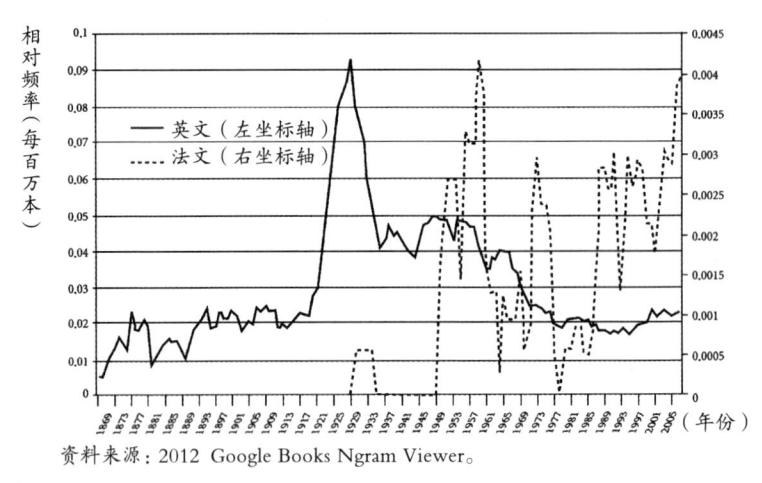

图 6　短语"科学与宗教的冲突"出现在 Google Books Ngram Viewer 英文、法文书籍数据库（1869—2007）的相对频率（时间间隔为 5 年）

---

[1] 法文数据库的内容比较有限，曲线的波动幅度很大，因此结果并不是非常可靠。

▶▷ 冲突的兴起

苏格兰牧师托马斯·迪克斯（Thomas Dicks, 1774—1857）撰写的《基督教哲学家：科学和哲学与宗教的联系》是最早谈及科学与宗教关系的书籍之一。这本书出版于1823年，罗纳德·南博斯曾提到过它，但也仅限于提及而已，并未加以分析。[1] 我们在书中读到了一个章节，题为"将宗教与科学对立的不良影响"，作者指出，"一些神学家"（他没有写出名字）贬低自然研究，似乎人类不应该对自然进行思考。在他们看来，"甘当不合格的（自然）哲学家就是成为合格基督徒的最佳方式"。按照他们这种说法，"如果自然的规则与救赎的规则是对立的，那么创造万物的上帝与他们信仰的那个救赎灵魂的上帝也就不是同一个存在了"。[2] 他在后文又进一步阐述了这种对立：[3]

> [自然]哲学家在研究大自然的运行规律时，有时并不把变化的原因归结到万能的造物主身上，宇宙仿佛是一个独立的机器可以自行运转。他们还常常拿着难以解释的孤立事实

---

[1] Numbers, «Aggressors, Victims and Peacemakers», p. 16.
[2] Thomas Dicks, *The Christian Philosopher, or the Connection of Science and Philosophy with Religion*, deuxième édition américaine, New York, G. & C. Carvill, 1827, pp. 19-20.
[3] Ibid., pp. 132-133.

来暗示基督教的启示真理也许并非真理。神学家使出浑身解数来对付这些不忠诚的哲学家，他们毫不避讳地反对科学研究，好像科学对宗教怀有敌意一样。他们不管哪些是疯狂的投机思想，哪些是对上帝经文的理性研究，只要经书里涉及的，就不许科学染指。就这样，他们不让芸芸众生通过对美妙大自然的思考来增长见识。

他认为，"现在，斗争的双方（contending parties）该好好地握手言和了"。这里的用词明显表明科学与宗教确实经历着冲突和斗争。

几年后，刚刚成立的英国科学促进协会动作频频，对此，埃塞克斯郡普里特威尔区的副本堂神甫弗雷德里克·诺兰（Frederick Nolan,1784—1864）在1833年牛津大学的一系列讲座中指出，对于宗教而言，科学与宗教的对立（这是他的原话）被这般大肆宣扬和讨论是很危险的：[1]

> 如果我们希望宗教的影响力维系下去，那就必须尽力使[科学与宗教]达成一致，如果二者一直对立，势必会危及宗教的存在。对于看上去与神的启示相悖的科学观点，尽管接

---

[1] Frederick Nolan, *The Analogy of Revelation and Science,* Oxford, J. H. Parker, 1833, p. xii.

纳它们并无益处，我们至少也要让它们变得没有害处。如果做不到这一点，那么毫无疑问，科学越是进步，宗教就会越没落，道德观念也会逐渐被人们抛之脑后。

他用从《圣经》中摘录的一句话（提摩太前书 6：20—21）开始了他的第一场讲座，他说，我们必须避开"世俗的虚谈以及似是而非的学问。有人公开主张这些错误的学问，所以也就偏离了信仰"。[1] 这句话似乎是让人们警惕那些与信仰不符的科学。诺兰认为，"在过去所有的苦涩经历中，神的启示所遭遇的任何磨难都不及与科学对立所承受的这些痛苦"。他非常清楚，从科学的角度来看，"所有与神迹有关的东西都不属于自然真理的范畴，因此必然与科学相对立；在科学的标尺里，自然真理之外的东西就是错误的"。可是，"启示经文即便不是全部都来源于神迹，大部分也是神迹的产物，这样一来，它的来源就成了质疑的对象"，这种质疑有损于它的权威，对"我们坚守的思想和行为准则"造成了破坏。[2] 事实上，在诺兰看来，合理的哲学不应只遵从次要原因（自然原因）而无视首要原因（超自然原因）。他认为，若是没有超自然的力量，科学就是空谈，就是无源之水、无本之木。[3] 可是，当

---

[1] Frederick Nolan, *The Analogy of Revelation and Science,* Oxford, J. H. Parker, 1833, p. 1.
[2] Ibid., p. 3-4.
[3] Ibid., p. 5-6.

科学从纯自然的角度开展研究的时候，抛弃宗教就成为众人心照不宣的事实，这是无法否认的。[1]科学会疏远上帝的观点由来已久，柏拉图在《法律篇》中就曾指出，普通百姓都认为，"研究天文学或相关学问的那些人，一旦隐约觉得事情的发生可能是一种必然、而不是由某种意志所引导的，就会成为无神论者"。[2]

诺兰说这些话实际上是在攻击英国科学促进协会，很快，同年出版的《神启与科学》一书对诺兰做出了回应。这本书出自巴登·鲍威尔（Baden Powell）之手，此人是牛津大学几何学教授，也是与英国科学促进协会一道致力于倡导科学的学者之一。这本书的出版说明人们已经感觉到了冲突的存在，《英国杂志》随后便发表了一篇简要的书评。该书评的匿名作者指出，"激烈大战（warfare）伊始的所有征兆"都在这场论战中有所体现，他要保持谨慎的态度，对此不发表任何意见。他在文章的最后表示，就让"鲍威尔先生和诺兰博士开战吧"。[3]鲍威尔的立场很简单：科学不能受到任何以《圣经》为依据的约束。[4]

让我们再看一场发生在19世纪30年代末的关于科学与宗教关系的论战。在一本反对牛顿学说的作品中，作者引用了《爱丁

---

[1] Frederick Nolan, *The Analogy of Revelation and Science,* Oxford, J. H. Parker, 1833, p. viii.
[2] Platon, *Les Lois,* 967a, Paris, Gallimard, coll. «Folio essais», 1997, p. 213.
[3] *The British Magazine,* 1er janvier 1834, p. 72.
[4] Michael Ruse, «The Relationships Between Science and Religion in Britain, 1830-1870», *Church History,* vol. 44, 1975, p. 507.

堡评论》的一篇文章，提到了地质学的发现（但并未注明参考文献），文中说：

> 最先洞悉地质学奥秘的那几个人料到科学与宗教会产生冲突，担心地质学家也会像天文学家一样受到宗教裁判所的审问。然而地质学家知道，真理与真理永远不会互相矛盾，于是，他们耐心地继续他们的研究。在不到半个世纪的时间里，他们创造出了一个新的知识领域，从哲学意义和科学意义的角度来看，这个新的知识领域与自然科学的任何一个领域相比都毫不逊色。[1]

当然，意识到自然主义科学会对宗教带来危害的并不只是这些作家。我们在第三章就已经看到，同一时期的牧师约翰·亨利·纽曼在他的演讲《理性的僭越》以及《信仰与理性的关系》中也提到了这一点。美国牧师哈伯德·温斯洛（Hubbard Winslow, 1799—1864）在波士顿自然史学会做了有关自然科学与启示宗教的关系的讲座，讲座内容后来出版成书。1837 年，《北美评论》发表了一篇关于该书的匿名书评。书评指出，这本书意在"表明

---

[1] T. S. Mackintosh, *The "Electrical Universe" or The Elements of a Physical and Moral Philosophy,* Boston, Josiah P. Mendum, 1846, p. 13. 该书于 1838 年首先在伦敦出版，本文参考的是该书在美国再版的版本。

科学与宗教不是敌人,而是密不可分的朋友"。温斯洛对宇宙学、地质学、自然历史学、自然哲学等各个学科进行了审视,认为这些学科告诉我们的事实与《圣经》中的教诲是一致的。书评对此表示赞赏,认为随着时间的推移,"人们会深深地认可科学与宗教相契合的观点",终有一天,他们会对促进科学发展的学者们给予大力支持。[1] 这个例子表明,为了确保科学能够继续在社会中得以发展,宗教与科学可以相容的这个观点被表达出来是非常重要的。我们在后面将会看到,21 世纪初,面对科学对宗教的指摘,美国科学促进会(AAAS)等机构将会照搬这些观点,以倡导科学与宗教的"对话"。

冲突的观念并非是德雷珀和怀特杜撰的"传说",1820—1860年,也就是早在他们二人的作品引起争议之前,众多社会人士(这里既有学者,也有宗教人士)都已经感受到了这种冲突的存在,这样的例子不胜枚举,在此,我们仅以红衣主教纽曼为例。1855年,纽曼在都柏林天主教大学医学院发表了关于基督教与自然科学的演讲,他在演讲的开头便对学生们说道:[2]

<u>人们普遍认为科学与神学之间存在着冲突</u>,所以我要对这一点进行讨论。我首先便要证明这种冲突实际上并不存在,

---

[1] *The North American Review,* vol. 45, n° 97, 1837, pp. 488-489.
[2] John Henry Newman, «Le christianisme et les sciences physiques», pp. 169-170,请留意。

然后我将会解释这种几乎没有根据的想法是如何散布开来的。

我发现，如今之人，无论学识渊博还是学问浅陋，都隐约觉得宗教观念与科学成果存在着某种根本性的对立。在这种感觉的带动下，那些本就没有热忱宗教信仰的人认为二者总有一天会剑拔弩张，到那时，神的启示将再无立足之地；而虔诚的信徒如果没有机会细细审视问题之所在，就会以一种怀疑的态度去对待科学研究、对科学的成见日益加深。前一种情况将导致神学受到质疑，而后一种情况则会使生理学、天文学、地质学等领域的研究成果被人们不屑一顾、连声质疑、遭到奚落、打击，甚至会被审判。

由此我们可以看出，早在德雷珀的作品问世的20年之前，红衣主教纽曼就明确指出，科学与宗教存在冲突的观念已经深入人心，无论是学识渊博之人还是学问浅陋之人都这样认为。当然，他也主张每个人都应在各自的领域内行事，认为这样就可以避免冲突：[1]

> 因此，既然神学是对超自然世界的理性研究，而科学是对自然世界的理性研究，那么无论从观念上来讲还是从涉及

---

[1] John Henry Newman, «Le christianisme et les sciences physiques», p. 171.

的领域来看，二者都无法互通有无，也无法产生冲突，即便需要将二者联系起来，它们也没有相互调和的必要。

我们在第三章已经看到，纽曼是反对自然神学的，不仅如此，他还反对以促进科学、神学与宗教三者和解为目标的调和主义。我们在此无意讨论他的观点是否正确，我们只想说明，早在德雷珀和怀特提出所谓的冲突"传说"之前，冲突的观念就已经存在了。有些历史学家从来不区分哪些观念是个人观念，哪些观念是组织的观念，但纽曼却理得很清楚，他指出，如果一个人既是学者也是信徒，那么他对上帝的认识"只属于他个人，与他的专业无关。因为这是他作为一个信徒所抱有的想法，而不是作为科学工作者所坚持的观点。这么说不是因为科学观点与宗教观点不同，而是因为科学并不涉及信仰，它从一开始就不以宗教为研究对象，所以根本就不会提出与上帝有关的任何观点。"[1]20世纪90年代以来，一些物理学家以"上帝与新物理学"为题著书立说，希望自然神学能够死灰复燃，他们真该读读红衣主教纽曼的这些话……

宗教与科学毫无交集的说法其实是有一些例外情况的，纽曼也非常清楚，《圣经》中的一些观点似乎应当属于自然科学的范畴。他指出，天主教会在这些问题上从未通过正式文件来要求信徒接

---

[1] John Henry Newman, «Le christianisme et les sciences physiques», p. 172.

受某种固定的解释，所以谁都不能断言《圣经》中的某句话真正意味着什么，而当《圣经》中的某个句子存在多种解释时，很少会出现每种解释都与自然科学不一致的情况。所以，尽管纽曼承认科学与宗教之间存在着可能"交战"的公共地带，他认为真正意义的冲突是不会发生的。

正如他自己所言，既然已经论证了自然科学与神学不可能产生冲突，他的演讲就该结束了。然而，他认为自己还需要解决一个问题：既然理论上双方不可能存在冲突，那么古往今来神学家与科学家为何会一直争论不休呢？在他看来，这是因为人们要么是想把神学的方法用到科学领域，要么是想把科学的方法用到神学领域，越过了各自领域应当遵守的界限。[1]

在纽曼发表这次演讲的十多年后，德雷珀和怀特的作品引发了更激烈的讨论，以科学与宗教的冲突为主题的书籍在19世纪70年代数量大增就是一个很好的证明。这一时期的科学大环境与19世纪50年代大不相同，其原因是查尔斯·达尔文在1859年发表的著作《物种起源》引发了一场意识形态的大风暴。同时，宗教大环境也发生了变化，这与达尔文主义的兴起也是有关系的。正如我们在前一章看到的那样，庇护九世在1864年发表了《谬论举要》，1870年的第一次梵蒂冈大公会议又提出了教皇不能错和

---

[1] John Henry Newman, «Le christianisme et les sciences physiques», p. 171.

《圣经》不能错的教义，这都激起了理性主义者的愤怒，他们更加强烈地要求科学研究应当享有充分的自由。关于冲突的讨论一直持续到 19 世纪末。[1]

▶▷ 上帝的两本书不会相互矛盾

19 世纪，受过教育的人都很清楚，一些科学学科，如地质学和自然历史学，是与《圣经》中的一些说法相冲突的，但他们依然相信这些冲突都可以避免。他们认为，在某种意义上，这都是伪冲突。这些人中的绝大多数都为虔诚的基督徒，他们相信真理与真理之间不存在真正意义上的矛盾。所有认为科学与宗教不存在真正冲突的观点可以分为两类，而这两类观点都基于同一个假设：《圣经》与自然都是上帝创造的，二者不会存在矛盾，因为上帝显然不可能自相矛盾。这个观点可以追溯到基督教起源之时，每当人们对自然的解读与对经书的解读出现分歧时，它就会被人们再次提起，正如我们在前几章所看到的那样。1998 年，教皇若望·保禄二世在通谕《信仰与理性》(*Fides et Ratio*) 中重申了这个观点，他引用了托马斯·阿奎纳的话，指出"理性之光与信仰之光都来自上帝 [……]，因此二者不会互相矛盾"。[2]

---

[1] 关于法国的情况参见 Carnino, *L'Invention de la science*, pp. 61-86。
[2] Jean-Paul II, La Foi et la Raison. *Lettre encyclique* Fides et ratio, Paris, Bayard, 2012, p. 58.

第一类否认存在真正冲突的观点是：冲突是"伪"科学的产物，当"真"科学取代"伪"科学的时候，科学与宗教的冲突就会消失，这里所说的宗教是指真正的宗教。同样，站在科学的角度，"真正"的宗教或是"理解得当"的宗教是不会与"真"科学相矛盾的。也就是说，冲突只是一种表象，只要对《圣经》进行"合理"阐释，冲突自会消散。道森在反驳德雷珀时用到的正是这个观点，伽利略在写给托斯卡纳大公夫人的信中也用到了这个观点。甚至连怀特那么严格的评论家也因为其虔诚的基督教信仰而坚信上帝在"人类灵魂上写下的"真理不可能与几百万年来在"化石上写下的"真理相矛盾。[1] 他同样认为科学与宗教之间并没有真正的冲突，他所描述的交锋都是无知的神学家想要对科学的自由加以限制的结果。正如理性主义哲学家埃内斯特·勒南在19世纪中叶所指出的那样，"真理当然是不会自相矛盾的，于是人们往往就认为正确的科学不会与神的启示相矛盾。但是由于神的启示绝不会错而且是更加明确的真理，所以只要科学与之不符，那么人们就认为这不是正确的科学，所有对此提出异议的人就会被禁言"。[2]

第二类观点的代表人物是红衣主教纽曼。这种观点认为，之

---

[1] 1885年8月26日怀特写给他的朋友乔治·林肯·伯尔（George Lincoln Burr）的信，引文摘自 Altschuler, «From Religion to Ethics», p. 315。
[2] Ernest Renan, *L'Avenir de la science,* Paris, Flammarion, coll. «GF», 1995, p. 129.

所以出现冲突，是因为科学超越了自己的本分、触及了本该属于神学和宗教的领域。反过来，也有可能是神学越了界，侵犯了科学。在纽曼看来，为了避免各种形式的伪冲突，各个科学学科应当严守自己的研究方法和研究目标，在各自的领域内行事。当然，许多学者都不能接受这种为科学设限的观点，他们认为科学是没有止境的，避免公开冲突的唯一方法就是神学根据科学的现状调整它的说辞。

总体上，最特别的那些观念似乎都和纽曼的想法是一致的，他们认为冲突并不存在，因为两个领域的对象互不相同。正如物理学家、科学哲学家、天主教信徒皮埃尔·迪昂所言，"如果两个论断说的是两回事，它们就无所谓一致或是不一致"。[1] 在宗教世界的另一端，哲学家弗里德里希·尼采（Friedrich Nietzsche）在《人性的，太人性的》一书中也说过，"事实上，宗教与真正的科学既不是亲戚，也不是朋友，甚至连敌人都算不上：它们所处的是两个不同的世界"。[2] 勒南认为，"让信仰与理性寻求所谓的协调统一，就意味着二者势均力敌、应当和解，这个问题毫无意义。因为如果信仰强于理性，那么理性之于信仰便如同有限之于无限，在信仰面前，理性微不足道，所以正统宗教永远有理；反之，如

---

[1] Pierre Duhem, «Physique de croyant», dans *La Théorie physique. Son objet, sa structure*, deuxième édition revue et augmentée, Paris, Vrin, 1981, p. 429.
[2] Nietzsche, *Humain, trop humain*, paragraphe 110, p. 95.

果理性强于信仰，那么最终只会理性至上，它的表现形式虽然可以有很多种，但实质却是不变的"。[1]

但是，这种论断是从规范性的认识论角度提出的——它其实是一种希冀——它不能等同于科学与宗教在历史上的实际关系。将"实际是怎样"与"应该是怎样"进行区分，或者说将<u>事实</u>与<u>规范</u>区别开来至关重要。可是研究科学与宗教之间关系的大量书籍都忽视了这一点。从历史分析的角度来看，我们的任务应当是证实冲突的存在、认识到多年未变的论辩模式。这些冲突都具有一种根本的社会性，因为冲突总是在一些社会团体之间发生，它们都在维护自己的象征意义以及社会意义、试图掌控话语权。由此看来，这不仅是一个认识论上的问题，还是关乎社会政治的问题。

▶▷ "对话"成为热门话题

我们在图6中清楚地看到，"冲突"这一主题出现在了研究科学与宗教关系的诸多作品中。我们发现，曲线的高低起伏总是与当时的特定事件相关，最近的一次剧烈变化发生在20世纪80年代，而"对话"这一主题正是此时出现的，人们此前从来没有公

---

[1] Renan, *L'Avenir de la science*, p. 129.

开表达过这两个领域可以对话的观点（见图7）。此后，对话的热度不断上升，在2000年似乎达到了顶峰，这可能是几种思潮趋同的结果。

资料来源：2012 Google Books Ngram Viewer。

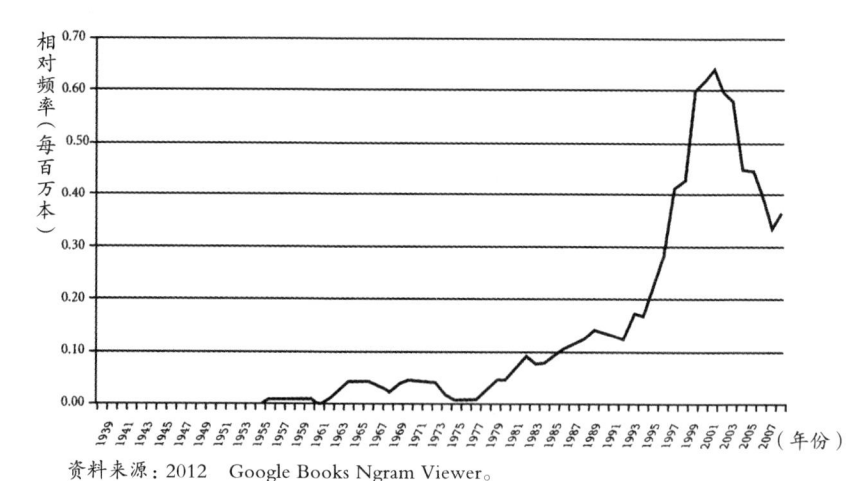

图7 短语"科学与宗教的对话"出现在Google Books Ngram Viewer英文书籍数据库（1939—2008）的相对频率（时间间隔为5年）

首先，正如我们在第三章末尾所看到的那样，1979年，教皇若望·保禄二世正式号召教会忘记长期以来的冲突，与科学建立新的对话。基督教宗教团体便开始大量出版专门研究相关问题的杂志，其观点当然都是站在"对话"这个角度的。当然，在教皇表态之前，就一直有人在积极倡导科学与基督教高度统一的观念，但尽管如此，这一类型的期刊在20世纪80年代以后才涌现出来。事实上，第一本关于《圣经》与现代科学关系的刊物问世于

1949年，名为《美国科学协会杂志》，是美国科学协会（American Scientific Affiliation, 成立于1941年）的机关刊物，该机构在1948年还出版了《现代科学与基督教信仰》作品集。[1] 1987年，杂志改名为《论科学与基督教信仰》，主题更加明确。[2] 1989年，英国基督徒科学家同盟（Christians in Science）也创办了自己的期刊《科学与基督教信仰》，这个组织属于福音派联盟，邓普顿基金会一直对其给予帮助。[3] 此外，成立于20世纪80年代初的神学与自然科学研究中心（Center for Theology and the Natural Sciences）也从2003年开始发行自己的杂志《神学与科学》。该中心组织了很多关于科学与神学关系的会议，邓普顿基金会为此提供了大量的资金支持。中心的创始人、联合教会牧师罗伯特·J.罗素（Robert J. Russell）与基金会联系密切。[4] 每一位为科学与宗教的"对话"注入新活力的"名人"，如伊恩·巴伯（Ian Barbour）、保罗·戴维斯（Paul Davies）、乔治·埃利斯（George Ellis）、约翰·波尔金霍恩（John Polkingorne）以及弗朗西斯科·阿亚拉（Francisco Ayala）等，都和神学与自然科学研究中心不无关系。[5] 嗅到商机

---

[1] American Scientific Affiliation, Modern Science and Christian Faith: A Symposium on the Relationship of the Bible and Modern Science by Members of the American Scientific Affiliation, Wheaton (Illinois), Van Kampen Press, 1948.
[2] 参见美国科学协会官网 network.asa3.org/。
[3] 参见该组织官网 www.cis.org.uk/about-cis/。
[4] 参见官网 www.ctns.org/。
[5] 名单见网页 www.ctns.org/research.html。

的出版社也想分一杯羹，相关内容的书籍大量问世。2014年，史密斯&富兰克林学术出版公司创立了《科学、文化与宗教》杂志。该杂志的涵盖面比神学更广，但仍然是在做"科学与宗教"的文章。最后，我们还要提一下2005年创立的《欧洲科学与神学杂志》，它主要刊登从基督教的角度讨论科学与宗教的关系的文章。在伊斯兰世界，人们从20世纪80年代起也开始关注科学与宗教的关系。2000年，巴基斯坦裔化学家穆扎法尔·伊克巴尔（Muzaffar Iqbal）在加拿大成立了伊斯兰研究中心。该中心在2003年创办了英文期刊《伊斯兰教与科学》，2013年，期刊改名为《伊斯兰科学》。[1]

在反正统文化主义与"新纪元"思潮兴起的大背景下，又一个重要的刊物——Zygon问世了。"Zygon"一词是希腊语，意思是"联盟"。美国一神论神学家拉尔夫·温德尔·伯霍（Ralph Wendell Burhoe）在1966年创立了该杂志，目的是"探索如何将知识与道德、真理与良知、科学与宗教这些被现代世界割裂的观念统一起来"。杂志负责人的观点与"新纪元"思潮不谋而合，即最先进的科学应当与最古老的宗教相协调，他们指出：

> 宗教智慧是长期演化出来的结果，当它与人类自然世界

---

[1] 关于伊克巴尔的详细介绍参见 Nidhal Guessoum, *Islam et Science. Comment concilier le Coran et la science moderne,* Paris, Dervy, 2013, pp. 96-97。

的最新科学发现相结合的时候，就能够对基本价值观和道德信念的本质含义进行准确表述，这些观念能够为人类指明方向，改善人类的生活。[1]

正如我们将在下一章看到的那样，这种唯灵主义思想促使现代科学宣扬科学与精神形成"新同盟"，科学客观、冰冷、无关灵魂的观念成为旧"范式"。[2]1980年，Zygon杂志的创始人凭借"对科学与神学的差异性与相似性的热忱研究"获得了邓普顿奖，奖金超过100万美元。[3]从20世纪90年代中期开始，许多物理学家紧随其后，提出科学、宗教和精神存在联系，也成为获奖者。

促使科学与宗教相互融合的另一股力量是"后现代主义"。后现代主义产生于20世纪80年代，它的一个主要特征就是否认各类事物之间的明显差异，主张融合交互，与"本质主义"相对立。它的关键词不再是冲突，而是对话、交流、沟通。后现代主义在概念和文化上还具有相对主义的特点，这看似"进步"，实际上却很好地契合了基督教福音派或伊斯兰教的激进派，而基要主义之所以兴起，是因为它与社会上的传统主义观念和个人主义观念产

---

[1] 摘自刊物官网 www.zygonjournal.org。
[2] François Euvé, «Science et mystique après la modernité», Études, tome 394, 2001, n° 1, pp. 59-68; Françoise Champion, «La croyance en l'Alliance de la science et de la religion dans les nouveaux courants mystiques et ésotériques», Archives des sciences sociales des religions, n° 82, avril-juin 1993, pp. 205-222.
[3] 参见邓普顿奖网页 www.templetonprize.org/previouswinner.html#burhoe。

生了共鸣——英国前首相撒切尔夫人（Margaret Thatcher）以及美国前总统罗纳德·里根（Ronald Reagan）等领导人都为这些观念提供了现身的机会。[1] 例如，在美国，人们又开始讨论该不该在学校教授进化论的问题，反对进化论的伊斯兰教徒与福音派基督徒组成了战略联盟。[2]

如图 7 所示，在英文书籍中，"科学与宗教的对话"这一短语的出现频率在 20 世纪 80 年代初迅速上升，我们可以用若望·保禄二世的讲话来解释这一现象，但曲线真正蹿升是在 20 世纪 90 年代中期，这就要归功于邓普顿基金会在这一时期的积极运作了。

▶▷ 邓普顿效应及科学与宗教关系史"产业"

科学史工作者自然会受到文化、社会以及学术界大环境的影响，很多科学史学家在 20 世纪 80 年代也（有意或无意地）接受了后现代主义的方法和论调。历史学家尼古拉斯·鲁普克（Nicolas Rupke）在浏览了当前的历史文献后发现，如今的历史学家"更多

---

[1] Gilles Kepel, *La Revanche de Dieu. Chrétiens, juifs et musulmans à la reconquête du monde,* Paris, Seuil, 1991.
[2] Ahmad Dallal, *Islam, Science and the Challenge of History,* New Haven (Conn.), Yale University Press, 2010, p. 169.

地是在谈论二者的沟通与交流，谈到冲突的越来越少"。[1]

不可否认，20世纪80年代初以来，不少历史学家在谈到科学与宗教的关系时，所用的辞藻与观点都受到了后现代主义的影响，他们批判本质主义，注重史实，强调从文化和认知的角度相对地看待问题。但是，还有一个因素很少被提及，那就是在愿意证明科学与宗教之间并不存在真正的冲突、二者应当"对话"与"交流"的学者背后，存在着可观的资金支持。这个物质大于精神的因素就是由邓普顿基金会带来的。约翰·邓普顿（John Templeton）来自美国田纳西州，是长老会的虔诚教徒，他在金融业发家致富后，就定居在了避税天堂巴哈马。抱着科学和宗教的关系应该更加融洽的信念，他在1972年创立了邓普顿奖，专门奖励那些为宗教"进步"做出贡献的人。后来他加入了英国国籍，1987年被撒切尔夫人授予男爵封号，成为邓普顿爵士。同年，他创立了约翰·邓普顿基金会，十年后又创立了邓普顿出版社。20世纪90年代中期以来，邓普顿基金会为掀起科学与宗教的新"对话"，每年都将几千万美元投向学术界，基金会对这一领域的影响力就愈加明显了。

鼓励人们公开谈论科学与宗教关系的首选策略是联合知名机

---

[1] Nicolas A. Rupke, «Five Discourses of Bible and Science, 1750-2000», dans Jed Z. Buchwald (dir.), A Master of Science History: Essays in Honor of Charles Coulston Gillespie, Dordrecht (Pays-Bas), Springer, 2012, pp. 179-180. 他在文中指出，这是历史学家对科学与宗教关系的看法，而不是他们所研究的社会主体的观点。

构和知名人物，因为公信力是可以传导的。方法很简单：如果多位著名科学家都愿意与基金会合作（比如基金会可以向其授予某种奖项），那么这必然意味着基金会是一个严肃的机构。例如，在1996年，基金会就为强大的美国科学促进会提供了500万美元的赞助，让其开启了关于"科学、伦理与宗教的对话"的邓普顿项目。在资金的支持下，该项目从1996年一直活跃到2014年。美国科学促进会的领导人意识到，基督教基要主义在美国的崛起会对科学的发展以及科学应用的推广构成一定的威胁，他们认为更恰当的做法是顺应这股潮流，在他们看来，科学与宗教并不矛盾的这个观点可以减少科学的损失。这个项目在他们的表述中并不是一种"对话"，而是一种"促进科学团体与宗教团体交流"的方法。[1] 邓普顿基金会还在2004年与伦敦皇家学会合作，出资28万美元帮助学会举办以"认识的本质"为主题的讲座，如此含混的主题恰好可以拐到宗教与精神上来，而在六位演讲者中，四位与基金会有合作。[2] 这种合作引起了英国学者的议论，于是伦敦皇家学会便冷淡了下来。[3] 同样的原因总会导致同样的结果，这些学术机构的做法在历史上早有先例。事实上，在19世纪30年代，英

---

[1] 参见美国科学促进会网站 www.aaas.org/DoSER。
[2] Sunny Bains, «Questioning the Integrity of the John Templeton Foundation», Evolutionary Psychology, vol. 9, n° 1, 2011, p. 99.
[3] Paul Mitchell, «Behind the Creationism Controversy at Britain's Royal Society», World Socialist Website, 17 octobre 2008, www.wsws.org/en/articles/2008/10/crea-o17.html.

国科学促进协会为适应当时的文化环境也提出过科学与宗教完全不存在冲突的观点。

在科学史这一领域，批评"冲突论"最积极的三位学者都获得了邓普顿宗教与自然科学最佳图书奖，邓普顿基金会的作用可见一斑。1996—2000年，该奖项由神学与自然科学中心颁发，奖金为10000美元，而基金会也是该中心的赞助方。[1] 如表4所示，"神学与自然科学杰出图书奖"的获奖者与倡导科学与宗教关系开启"新"对话主导学者是同一批人。约翰·波尔金霍恩（John Polkinghorne）甚至两次获奖，因为他满足理想人选的所有要求：他是物理学家出身，后来投身神学，成为英国国教牧师。他积极推动科学与宗教走向和谐，于2002年首次获得邓普顿奖。在基金会的支持下，2011年，波尔金霍恩的传记诞生了。该书的正标题为《量子的跃迁》，副标题是《约翰·波尔金霍恩如何在科学与宗教中找到上帝》。[2]

---

[1] 参见神学与自然科学中心网站 www.ctns.org/book_prize.html。
[2] Dean Nelson et Karl Giberson, Quantum Leap: How John Polkinghorne Found God in Science and in Religion, Oxford, Monarch Books, 2011.

> **表 4**
> **邓普顿基金会资助的"神学与自然科学杰出图书奖"**
> **部分获奖者名单**
>
> 1996:
>
> • 伊恩·巴伯,《科学时代的宗教》(1990)
>
> • 约翰·赫德利·布鲁克,《科学与宗教:一些历史观点》(1991)
>
> • 保罗·戴维斯,《上帝的思想:理性世界的科学基础》(1992)
>
> • 大卫·C.林德伯格,《西方科学的起源:哲学、宗教和制度背景下的欧洲科学传统,公元前 600 年至公元 1450 年》(1992)
>
> • 约翰·波尔金霍恩,《物理学家的信仰:一位逆向思考者的反思》(1994)
>
> 1999:
>
> • 罗纳德·L.南博斯,《达尔文主义来到美国》(1998)
>
> • 约翰·波尔金霍恩,《科学时代的上帝信仰》(1998)
>
> 2000:
>
> • 马克斯·雅默,《爱因斯坦与宗教》(1999)
>
> • 尤金·达奎利、安德鲁·B.纽伯格,《神秘思想:探索宗教体验的生物学机理》(1999)

愿意就科学、宗教与神学的关系公开授课、举办会议、著书立说的科学史学家也会得到邓普顿基金会的慷慨支持。根据科学记者约翰·霍根(John Horgan)的说法,在基金会的资助下,美国有近 90 所医学院开设了关于健康与精神的关系的课程。[1] 在综合性大学里也是如此,例如罗马尼亚的亚历山德鲁伊万库扎大学

---

[1] John Horgan, «The Templeton Foundation: A Skeptic's Take», *Edge,* 4 avril 2006, en ligne: edge.org/conversation/the-templeton-foundation-a-skeptic39s-take.

的课程"基督教正统视角下的科学、宗教与哲学"就是因为得到了邓普顿基金会的 272000 美元才开设的。[1]

表 5
受邓普顿基金会资助的部分科学史作品

- 威廉·谢伊、马里亚诺·阿蒂加斯,《伽利略在罗马:一个麻烦天才的起伏人生》(牛津大学出版社,2003)
- 杰弗里·坎托、马克·斯韦特利茨(主编),《犹太传统与达尔文主义的挑战》(芝加哥大学出版社,2006)
- 罗纳德·L.南博斯(主编),《伽利略入狱等科学与宗教的神话》(哈佛大学出版社,2009)
- 托马斯·狄克逊、杰弗里·坎托,斯蒂芬·庞弗里(主编),《科学与宗教:新历史观》(剑桥大学出版社,2010)
- 约翰·赫德利·布鲁克、罗纳德·L.南博斯(主编),《世界各地的科学与宗教》(牛津大学出版社,2011)

我们很容易注意到(见表 5),前文提到的那些一再强调德雷珀和怀特是错的、科学与宗教之间不存在"长期""不可避免"的实际冲突的作品(如布鲁克与南博斯主编的这一本)往往是因为获得了邓普顿基金会的慷慨支持才得以成书的。

这里我们也可以知道科学与宗教关系研究这一新"产业"的关键作家都是哪些人。否认这两个领域之间存在冲突的观点在 20 世纪 90 年代成为主流思想。所以,当托马斯·狄克逊等人在

---

[1] 参见邓普顿基金会网站 www.templeton. org/what-we-fund/grants/courses-on-the-relation-among-science-religion-andphilosophy-from-an-orthodox-c。

2010年把"新历史观"作为研究成果的标题时，未免有些夸张——这是他们20年来一直坚持的观点。表5当然只是一个不完整的列表，还有一些作品可能间接地得到了邓普顿基金会的资助。林德伯格与南博斯主编的作品集《当科学遇到基督教》就是这种情况。这本书是1999年神学与自然科学中心某次研讨会的成果，而这次会议是美国科学促进会邓普顿项目的一部分，我们已经说过，邓普顿基金会对美国科学促进会给予了大力资助。这本作品集于2008年由芝加哥大学出版社出版。邓普顿基金会的活动范围并不只限于基督教世界。2003年，基金会还帮助另一位活跃在科学与宗教史领域的历史学家杰弗里·坎托（Geoffrey Cantor）组织了一次研讨会，并发表了作品集《犹太传统与达尔文主义的挑战》。[1]我们在下一章会看到，伊斯兰教同样得到了基金会的关注，尼达尔·盖苏姆（Nidhal Guessoum）撰写的旨在"使《古兰经》与现代科学达成一致"的作品也得到了基金会的支持。[2]

这些作品大同小异，唯一可圈可点的是杰弗里·坎托在2010年的作品集中提出的观点。他指出，人们对科学与宗教的冲突可能已经否认过了头，现在是时候承认这种冲突的存在了，它从过去到现在一直都存在！他甚至还说，这种冲突不仅体现在社会层

---

[1] 参见邓普顿基金会网站 www.templeton.org/what-we-fund/grants/jewish-tradition-and-the-challenge-of-darwinism。
[2] Guessoum, Islam et Science.

面，还存在于同一个人的思想之中。[1]无论这种后知后觉会产生怎样的反响，我们从中可以看出，邓普顿基金会并没有把任何想法强加给受其资助的学者，学者们在必要的时候仍然可以不受任何约束地表达自己的看法、自由地展开分析。如果我们愿意相信学者的初衷都是坦荡的，那么不难看出，基金会在决定与哪些学者进行合作时是有选择性的，这就是为什么得到基金会资助的学者所发表的言论全部都与基金会的意识形态相一致，同时他们又很确定自己不会直接或间接地被基金会所"左右"。不过，坎托明明是在证明历史学家的做法——将科学与宗教之间明显的冲突大事化小——在方法论上存在着严重的问题，可他的这本书却轻而易举地得到了基金会的资助，这倒是有些出人意料。这本作品集的作者们可能也没想要得到资助……2007年的邓普顿奖得主哲学家查尔斯·泰勒（Charles Taylor）一定没让基金会失望，他在发表感言时指出，"自然科学和宗教的对立使二者都受到了伤害"，然而他只举了一个例子。[2]这个观点让我们不禁想起19世纪中叶天主教徒们的呼喊，"科学与信仰这两大力量的分离是致命的，它

---

[1] Geoffrey Cantor, «What Shall We Do of the "Conflict Thesis"», dans Thomas Dixon, Geoffrey Cantor et Stephen Pumphrey, Science and Religion: New Historical Perspectives, Cambridge, Cambridge University Press, 2010, pp. 283-298.
[2] Guillaume Bourgault-Côté, «Charles Taylor honoré par la Fondation Templeton», Le Devoir, 15 mars 2007.

将让我们陷入精神混乱的深渊","二者应当握手言和"。[1] 可以肯定的是,如果没有如此强大的资金支持,学界恐怕不会出现这么多支持科学与宗教对话的文章,毕竟很多都是在老生常谈。[2]

总之,一些科学史学者坚持认为科学史是一门"复杂"的学科,于是对冲突的问题避而不谈,而是去研究一些其他问题,比如宗教信仰对科学实践的影响等,况且这样的问题也更有意思。他们往往将科学发现与科学论证混为一谈,让读者觉得科学与宗教是可以"对话"的。他们还经常混淆历史学家和历史人物的立场,而正如我们所看到的那样,历史人物曾处在自然问题的话语权被垄断的社会背景之下,他们确实经历了科学与宗教的冲突。这些科学史学者不仅没有把历史人物的言论当回事,反而顺应时代背景去推崇科学与宗教的和谐共生。当然,历史上没有哪次冲突是永无休止的,但一再有冲突发生也是实情。事实上,任何冲突无论激烈程度如何,渐渐都会平息下来,等到时机成熟又会在新一代人中间再次爆发。如表6所示,反对进化论的美国基督教基要主义团体一次又一次地利用保守州的法律阻挠学校教授进化

---

[1] 马雷(Maret)修士在1834年创作了《宗教世界》一文,提倡"天主教科学",其中写到了这句话。引文摘自 Claude Langlois et François Laplanche (dir.), La Science catholique. L'«Encyclopédie théologique» de Migne (1844-1873) entre apologétique et vulgarisation, Paris, Cerf, 1992, p. 41。

[2] 2010年,历史学家罗纳德·L.南博斯写道:"我可以自信地说,在过去十五年左右的时间里,'科学与宗教的对话'已经传遍了全球"。(Science and Religion, p. 274)他没有解释这个话题的热度为何骤增,我们认为,邓普顿基金会积极工作应当是一个重要的原因,而南博斯本人也在其中做出了很大的贡献……

生物学，或是要求在教学中加入圣经故事。

表6
美国通过的反进化论法律

年份	州
1923	俄克拉荷马州
1924	田纳西州
1926	密西西比州
1928	阿肯色州
1973	田纳西州
1976	肯塔基州
1980	路易斯安那州
1981	阿肯色州
1982	密西西比州
1982	亚利桑那州
2008	路易斯安那州

我们看到，成功立法的第一个阶段出现在20世纪20年代，随后在20世纪70年代和80年代又出现一次高潮。1968年和1987年，美国联邦最高法院做出了两次重要的判决，这些法律被宣告无效。还有一次重要的判决发生在2005年，一个下级法院宣布，所谓的"创造论科学"（Creation Science）不过是以科学为幌子弘扬宗教的一种方式。但是在2008年，路易斯安那州又通过一项法律，可见基要主义者是不会善罢甘休的。这项法律与教育相关，它以"学术自由"为名鼓励教师对生物进化、生命起源以及

气候变化等领域的学说进行公开客观的讨论。评论认为，这项法律的实际目的是保护那些在科学课上教授创世论的教师。[1]

20世纪90年代以来，在通信全球化的帮助下，美国的基督教基要主义团体将斗争范围扩展到了伊斯兰世界。正如历史学家艾哈迈德·达拉勒（Ahmad Dallal）所言，"今天的伊斯兰创世论运动似乎很希望成为美国创世论运动在国际上的左膀右臂"。[2] 在突尼斯，基要主义甚至进入了物理课的课堂。物理学家法齐耶·法丽达·沙尔菲（Faouzia Farida Charfi）称，在20世纪80年代早期，她"遇到了学生不愿接受狭义相对论的情况。学生们深信爱因斯坦弄错了，称光的传播速度无限大"。他们之所以这样认为，仅仅是因为他们"相信光与无穷都是神力的体现"，并没有任何科学依据。[3]

这几个例子表明，尽管"对话"的呼声高涨，但这并不能阻挡科学与宗教出现新的冲突。

---

[1] Randy Moore, Mark Decker et Sehoya Cotner, *Chronology of the EvolutionCreationism Controversy*, Santa Barbara (Californie), Greenwood Press, 2010, pp. 360-361.

[2] Dallal, *Islam, Science and the Challenge of History,* p. 169; Martin Riexinger, «Turkey», dans Stefaan Blancke, Hans Henrik Hjermitslev et Peter C. Kjærgaard (dir.), Creationism in Europe, Baltimore (Maryland), Johns Hopkins University Press, 2014, pp. 180-198. 关于早期的论战参见 Adel A. Ziadat, *Western Science in the Arab World: The Impact of Darwinism,* 1860-1930, New York, St. Martin's Press, 1986; Marwa Elshakry, *Reading Darwin in Arabic,* 1860-1950, Chicago, University of Chicago Press, 2013; Farid El Asri, «Discours musulman et sciences modernes: un état de la question», dans Brigitte Maréchal et Felice Dassetto (dir.), Adam et l'évolution. Islam et christianisme confrontés aux sciences, avec la collaboration de Philippe Muraille, Louvain-la-Neuve, Academia-Bruylant, coll. «Science, éthique et société», 2009, pp. 109-123.

[3] Faouzia Farida Charfi, *La Science voilée,* Paris, Odile Jacob, 2013, p. 16.

| 第六章 |
何为科学与宗教的"对话"?

让信仰与理性寻求所谓的协调统一就意味着二者势均力敌、应当和解,这个问题毫无意义。

——埃内斯特·勒南[1]

---

[1] Ernest Renan, L'Avenir de la science, Paris, Flammarion, coll. «GF», 1995, p. 129.

呼吁科学与宗教展开"对话"的声音此起彼伏，这些声音有的来自教皇若望·保禄二世，有的来自牧师，有的来自各个教派的发言人，还有的来自像邓普顿基金会这样的私人机构，这都使相关的书籍、文章像雨后春笋一样令人应接不暇。然而，很少有文章对"对话"的本质进行定义。所以我们应当想一想，究竟什么是科学与宗教的对话？

根据《罗贝尔法语历史词典》，法语中的"对话"一词"dialogue"来自拉丁语，而拉丁语相应的那个词又是从希腊语"dialogus"借来的，它指的是经柏拉图转述的苏格拉底式的哲学交谈。这给了我们一个很好的思路，如果说柏拉图笔下的对话有什么根本特点的话，那就是这些对话都属于推理论证。交谈的双方给出各自的论据并逐渐深入，最终提出一个命题，交谈的一方将另一方说服。在《罗贝尔法语历史词典》中，"论据"（argument）一词的本义是"作为证据的推论"。因此，对于真正意义上的对话来说，它的首要特征在于以提出命题、理论或厘清事实为目的进行论据的交流，最终，交流各方能够达成共识。正面论据和反面论据的交流能够推动讨论进一步发展，只要这种交流是存在的，对话就是真实存在的。如果交流停滞不前，只是一味坚称自己的观点是正确的，或局限于重复同样的内容，那么这样的对话只算得上是聋人之间的对话。[1] 除此之外，要想让对话的双方最后达成共识，还需要一个先决条件，那就是对话的主导者应当站在同一片土地上谈论同一件事。比如亚历山大·柯瓦雷（Alexandre Koyré）在研究柏拉图的对话时就发现，梅农（Ménon）无法理解苏格拉底的教导，因为"他们的思想处在不同层面上"。[2]

▶▷ 对话是一种辩论形式

带着这个定义，我们再来看一看科学与宗教是否能够开启真正意义上的对话。如果宗教，或者更具体一点，某位基督教、犹太教、伊斯兰教的信徒、某个泛灵论者或是有其他信仰的人想要了解世界的实际情况，只要他想知道的属于广义上的科学范畴，他就可以去问科学家，科学家会为他讲述人类在某一领域已经掌握的情况。比如说，如果要问"人从哪里来"，科学家就会回答说，根据最新的研究成果，人类起源于非洲，其祖先是从更早之前的动物物种进化而来的。如果宗教信徒听了这话便答道，他的宗教并不这样认为，人类是直接由上帝创造的，绝对不是从一个劣等

---

[1] 关于对话局限性的深入研究，参见 Marc Angenot, Dialogues de sourds. Traité de rhétorique antilogique, Paris, Mille et une nuits, 2008; 以及 Yves Gingras (dir.), Controverses. Accords et désaccords en sciences humaines et sociales, Paris, CNRS, 2014。
[2] Alexandre Koyré, *Introduction à la lecture de Platon,* suivi d'*Entretiens sur Descartes,* nouvelle édition, Paris, Gallimard, coll. «NRF Essais», 1991, p. 33.

的物种进化出来的，那么"对话"还会存在吗？恐怕是不会的，因为科学家会说这样的信仰与我们现有的知识是不一致的。红衣主教纽曼在19世纪中叶就已经提出了这个立场，正如我们在前一章所看到的那样，他甚至指出"神学与科学，无论是在各自的观念上还是在二者所涉及领域上，总体来讲都无法沟通"。[1]

所以，真正意义上的对话是不存在的，在涉及感性世界的问题上，不对称性非常明显，交流都是单向的，即从学者向信徒单向传导。大体上，自17世纪以来，节节后退的并不是科学，而是宗教，每每都是宗教被迫根据科学的现状（事实上，所谓的"现状"都已经提出多时了）对经书的内容重新进行阐释。在这里，与其说二者在对话，不如说二者在交流，而这个交流的过程是非常短暂的，而且也是单向的——每次都是科学向宗教指出经书（《圣经》《古兰经》《摩西五经》）中的某些内容与科学研究的现状不一致。当这种分歧出现的时候，宗教的选择余地是很有限的：要么对经书的阐释进行调整，以避免认知上的冲突；要么拒绝接受科学观点，用各种办法来对抗它，就像创世论者以及其他基要主义者所做的那样。我们在第七章将会看到，20世纪80年代以来出现了一些思潮，他们以"地方文化"以及某些社会团体所特有的

---

[1] John Henry Newman, «Le christianisme et les sciences physiques», conférence donnée à l'École de médecine en novembre 1855, dans L'Idée d'université. Les disciplines, Villeneuve-d'Asq (France), Presses universitaires du Septentrion, 1997, p. 171.

"精神"为名，从根本上对科学方法和科学结论提出了质疑。这些思潮的涌现表明人们对世界的认识存在着巨大差异，这种认识上的鸿沟让任何形式的对话都成为天方夜谭。

当然，科学并未触及信仰的方方面面，人们依然可以向上帝祈祷，相信上帝因为爱或是因为无聊在一片虚无中创造了世界。无论人们怎么想，只要不从信仰中得出与科学不符的结论，科学就没有意见。但如果认为某种现象是神迹，那就显然不符合科学常理了。遇到这种情况，科学家要么提出一种符合科学的解释，要么直接承认现有知识还无法解释这一现象，但绝对不会将神迹作为理由。[1] 从这里我们就可以知道，科学并不寻求与宗教展开对话：我们在前面的章节中已经看到，科学有自己的对话空间，它用非宗教的原因进行推理论证。

事实上，如果仔细观察，我们会发现寻求对话的总是宗教这一方，教皇、主教、牧师、神学家这些宗教发言人试图用某些科学发现（如天体物理学、量子力学、神经学等领域）来使他们的宗教言论更加可信。正是因为科学具有极高的可信度，宗教话语的倡导者才希望与某些科学进行"对话"，而也是因为这种可信度，随着科学的进步，宗教越来越捉襟见肘。

---

[1] 我在另一本书中更详细地讨论了神迹的问题，参见 Parlons sciences. Entretiens avec Yanick Villedieu sur les transformations de l'esprit scientifique, Montréal, Boréal, 2008, pp. 213-218。

▶▷ 对话的信徒

邓普顿基金会通过提供资金的方式召集了一些参与者，随后帮助他们出版书籍，这为"对话"起到了助推的作用。作品集《存在的理由：面临考验的科学与宗教观念》就是在基金会的帮助下出版的。[1]

这个作品集以新教神学家热拉尔·西格瓦尔特（Gérard Siegwalt）撰写的序言开篇，题目为"对话是兼容并包的标志"。[2] 西格瓦尔特说，自说自话"让大家自我封闭"，而"对话让观点能够流通"。但是，在他的语境中，"流通"是不对称的，在神学看来，科学总是太过片面，因此神学家有义务为科学知识赋予终极意义。当然，宗教话语一向温和，他用的词都是"谈话""交流""分享"之类。但是从正文的第一页开始，这本与科学"对话"的书就告诉我们，"尽管科学试图走向全面，但本质上是片面的。只有当它向思想敞开大门的时候，才会出现文化。思想的作用在于沟通，即尊重现实的关联性。它才是对现实的有区别的统一"。作者

---

[1] Solange Lefebvre (dir.), Raisons d'être. Le sens à l'épreuve de la science et de la religion, Montréal, Presses de l'Université de Montréal, 2008.
[2] 题目的法语原文为 Le dialogue est signe d'université，意为"对话是大学的标志"。该题目可能出现了印刷错误，将"université"一词换为"universalité"更为合理，更换之后的意思为"对话是兼容并包的标志"。

还很谨慎地补充说，思想"应当尊重科学，尊重科学的各个学科，但不能让自己受到禁锢"。[1]

这个与科学截然不同的"思想"究竟是什么呢？西格瓦尔特写道，"思想，就是我们让科学知识融入科学之上的领域时所承担的风险。而科学之上的领域即全部现实，它是多样性的统一，是人类的总体"。他在后文又补充说道，"因此，从词源来看，思想具有宗教的性质，它由一种看不见的原动力所驱使，受其指引，与其相连"。[2] 这样说来，产生"对话"的条件是非常具体的：科学不思辨（海德格语），不联系，当它试图将现实统一在一起时，其实就是想要归纳总结，而在他看来，归纳总结是"思想"的特权。

但这个思想究竟又是谁的思想呢？神学家的？热拉尔·西格瓦尔特的？作者并没有告诉我们。然而，在全书的最后，西格瓦尔特又一次指出，"人或上帝与现实的直接关系"并不是"学科零散的科学"能够感知到的，"洞悉这一点需要的是能够将各部分联系起来的思想，即总体的思想"。尽管"思想与科学相关"，但它的作用是"对科学进行批评鉴别"，[3] 正如哲学家加斯东·巴舍拉尔（Gaston Bachelard）所言，这仿佛是说科学家们并不具备认识

---

[1] Gérard Siegwalt, «Avant-propos. Le dialogue est signe d'université», dans Lefebvre (dir.), Raisons d'être, p. 7, 请留意。
[2] Ibid., p. 8.
[3] Gérard Siegwalt, «Conclusion. L'idée de sens de l'univers est-elle encore possible devant la science?», dans Lefebvre (dir.), Raisons d'être, p. 162.

论上的自觉、不能自省一样。[1] 总之，在我们看来，对话应当是论据的交流，可西格瓦尔特的文章与作品集的大部分文章一样，竟然都没有给出论据。这些文章篇篇都仅限于斩钉截铁地发表观点，至于凭什么要相信他们，书中并没有给出答案。

如果说科学不思辨，也不尊重"现实之间的关联性"，那我们不禁想问，谁思辨、谁尊重"现实之间的关联性"呢？况且伽利略和牛顿以来的所有现代科学恰恰是注重关联性的，终极存在的幻想已经被人们抛诸脑后了。[2] 当达尔文对物种的起源产生疑问时，他不仅进行了思考，而且还通过进化现象发现了大自然深刻的统一性，构建了从最简单生物到最复杂生物的生命链条。当然，达尔文发现的这种统一性存在于自然之中，并没有超越自然。我们看不出思想为什么可以等同于"超验性"——西格瓦尔特也没有告诉我们为什么——而且"超验性"这个词本身就是很模糊的。

宗教倡导者的反应总是条件反射式的（因为他们的观点不仅没有论证过程，而且似乎并不是在头脑清醒的情况下提出的），这种条件反射常常理所当然地将宗教置于科学之上，并且要求科学向高于它的宗教敞开大门。神学家索朗热·勒费布尔（Solange

---

[1] Gaston Bachelard, *Le Rationalisme appliqué,* Paris, Presses universitaires de France, 1949.
[2] 从物质转向机能的哲学分析参见 Ernst Cassirer, Substance et fonction. Éléments pour une théorie du concept, Paris, Minuit, 1977。 从物质转向机能的历史分析参见 Yves Gingras, «What Did Mathematics Do to Physics?», History of Science, vol. 39, décembre 2001, pp. 383-416。

Lefebvre）正是这样认为的，她在上面提到的那本作品集中指出，"如果我们想要进入一个更加全面、更加复杂的维度去了解人类现实，通过各个学科逐一揭开人类经验中某个特定领域的神秘面纱，那么科学与宗教之间的对话就应当以寻求二者的协调统一为目的"。[1] 与西格瓦尔特一样，勒费布尔也强调指出，她的观点并非出于"协调主义思想"。但问题是，所谓的"更加全面、更加复杂"是相对什么而言的呢？

答案不言而喻：相对自然科学而言。然而，这种说法的前提是，在关于"人类经验"的神经学、心理学、精神病学、社会学、人类学等科学之外，宗教活动另有意义。这个前提有其存在的可能，但和所有观点一样，它也需要得到论证，也就是说，持有这种观点的人应当向世人说明究竟有什么"实在"、有什么"意义"藏匿于事物之中、让各种自然科学和人文科学都无法触及。话说回来，宗教完全是一种可以观察的社会现象和文化现象，自 19 世纪以来，社会学家和人类学家出版的关于宗教的书籍就已经有几千本了。

▶▷ 两个毫无交集的话语空间

索朗热·勒费布尔认为，"科学与宗教之间可能存在且将会

---

[1] Solange Lefebvre, «Introduction», dans Lefebvre (dir.), Raisons d'être, p. 9, 请留意。

富有成效的关系有很多种：二者可以进行话语层次的互补和区分，也可以在某些领域逐渐趋同，比如在人择原理领域"。[1] 勒费布尔并没有进一步阐述具体会有哪些"成效"，所以我们不妨仔细研究一番。

首先，要使两方的话语真正实现"互补"，它们就必须谈论同一个对象。比如说，电子既具有波的特性，也具有粒子的特性，这两个特性对同一个实体——电子——在不同情况（碰撞或干涉）下的表现进行了描述，因此是"互补"的。为了避免冲突、表现出开放的态度，或者仅仅是为了做个好好先生，我们可以说科学是对宗教信仰的"补充"，但这样做并不能让二者展开对话，因为双方针对的对象是不同的。因此，这样的对话实际上更像是一种客气。在教堂的地下室里，或是其他人道主义领域，说科学与宗教"互补"是个不错的提法，但它也只是表面现象而已。在这里，我们有必要再次引用物理学家、天主教哲学家皮埃尔·迪昂的话，"如果两个论断说的是两回事，它们就无所谓一致或是不一致"。[2] 如果既没有一致也没有不一致，那么当然也就不可能产生对话了。

其次，对"话语层次进行区分"就更有意思了，因为科学话

---

[1] Solange Lefebvre, «La religion change-t-elle?», 出处同上，p. 54，请留意。
[2] Pierre Duhem, «Physique de croyant», dans *La Théorie physique. Son objet, sa structure*, deuxième édition revue et augmentée, Paris, Vrin, 1981, p. 429.

语的确被限制在一定的范围之内,"任何与神迹有丝毫关联"[1]的都为科学所摒弃。事实上,科学家即便被神迹所吸引,那也是为了探求其中的道理,揭开其神秘的面纱。正是出于这个原因,才有人说科学"打破了人们对世界的幻想"。但无论如何,可以真正展开对话的空间是很小的。1926 年,玛丽-维克托兰修士得知约翰·托马斯·斯科普斯(John Thomas Scopes)因教授进化论在田纳西州获罪,便提出最好"让科学和宗教朝着各自的目标走上两条平行的道路",[2] 这正是科学对于宗教信仰的态度。到这里为止,客气一下除了能够避免小摩擦之外,并没有对"对话"起到很大帮助。

接下来我们来看看另一种可能的"对话"形式,即让科学与宗教在"某些领域"趋同。尽管作者的用词是"某些",但她举出的例子只有一个:人择原理。然而她也仅限于点到为止,没有给出任何解释。对于一个刚刚接触宗教的人来说,"人择原理"这个词显得格外高深,但事实上它不过是个简单的永真式而已。这个词主要出现在科学与宗教关系的普及性书籍中。物理学从来没有将人择原理作为一种"原理",但物理学家约翰·D.巴罗(John D. Barrow)与弗兰克·J.蒂普勒(Frank J. Tipler)却以此为题写了

---

[1] Solange Lefebvre, «La religion change-t-elle?», dans Lefebvre (dir.), *Raisons d'être*, p. 53.
[2] Frère Marie-Victorin, *Science, culture et nation. Textes choisis et présentés par Yves Gingras*, Montréal, Boréal, 1996, p. 85.

一本广为流传的作品，蒂普勒后来还著书宣扬"永生物理"，我们在后文还会详述。[1] 他们所谓的发现就是认为宇宙似乎是为人类量身定做的这个事实深不可测，很多神学家都对此进行了评述。事实上，这只是用科学外壳对自然神学的目的论观点进行了重新包装。早在 18 世纪时，人们就常说上帝将月球放在了一个恰到好处的地方，使得潮汐既不过于软弱无力，也不至于汹涌肆虐，这个例子时常被用来"证明"上帝的存在。[2] 这当然都属于永真式，因为如果宇宙（或月球）不具备生命存在（或潮汐现象）所必需的条件，那么当然就不会出现生命（或潮汐）。就连认为人择原理很有启发意义的物理学家马丁·里斯（Martin Rees）也表示他"更喜欢用'人择推理'这种不那么自负的表达方式"。[3] 这样做其实更合理，因为这种类型的推理就是通过观察到的结果去推断产生这些结果的必要条件，类似于物理学中的"边界条件"。比如说，要使地球上有生命存在，那么地球显然不能离太阳太近。这个推理过程毫无神秘可言，更没有可以用来构建"对话"、让科学与宗教"趋同"的内容。在被问到"人择原理"的问题时，诺贝尔化

---

[1] John D. Barrow et Frank J. Tipler, *The Anthropic Cosmological Principle*, Oxford, Oxford University Press, 1986; Frank J. Tipler, *The Physics of Immortality: Modern Cosmology, God and the Resurrection of the Dead*, New York, Anchor Books, 1994.
[2] Véronique Le Ru, *La Nature, miroir de Dieu. L'ordre de la nature reflète-t-il la perfection du créateur?*, Paris, Vuibert, 2010, pp. 81-82.
[3] Martin Rees, *Before the Beginning: Our Universe and Others*, Reading (Mass.), Perseus Books, 1997, p. 243.

学奖得主、热力学专家伊利亚·普里果金（Ilya Prigogine）表示，这种说法"没有任何意义"，由此得出的关于生命存在的观点都是些"没有根据的言论"，是在向无知的神人同形同性论倒退，他们认为"上帝创造盐水就是为了满足食盐族群的需要"。[1]

正如我们将在本章稍后部分将会看到的，邓普顿基金会尤为重视的几位作家通过撰写与"人择原理"或"精密微调（fine tuning）"有关的作品获益颇丰（精密微调即自然中使生命能够存在的常数的精细调整）。此外，正如索朗热·勒费布尔所指出的那样，邓普顿基金会为科学与宗教的对话做出了"重大贡献"，其中就包括资助她的作品集出版发行（以及给予她现金支持，虽然她没有提到这一点）。[2] 邓普顿基金会孕育出的成果似乎都具有伪对话的特点。2003年，记者约翰·霍根参加了斯坦福大学举办的类似交流活动，他注意到：

> 这次会议本应是V.S.拉马钱德兰（V.S.Ramachandran）、罗伯特·M.萨波尔斯基（Robert M.Sapolsky）、安东尼奥·R.达马西奥（Antonio R.Damasio）等神经科学家与神

---

[1] Trinh Xuan Thuan *et al., Le monde s'est-il créé tout seul?*, entretiens avec Patrice van Eersel, avec la collaboration de Sylvain Michelet, Paris, Albin Michel, 2008, pp. 88-90.
[2] 正如索朗热·勒费布尔所言，"邓普顿基金会对其资助的学者给予了充分的学术自由"，这是当然的；参见«Introduction», dans Lefebvre (dir.), *Raisons d'être*, p. 13。但是需要指出的是，基金会在选择资助对象时是有倾向的，这就足以确保接受资助的学者所得出的结论绝不会与基金会的信念背道而驰……

学家南塞·墨菲（Nancey Murphy）、澳大利亚天主教大主教乔治·佩尔（George Pell）等宗教要人的一场对话，但所谓的对话只是徒有其名：双方不过是礼貌地聆听了对方的讲话，并没有对讲话的内容展开真正意义上的讨论。多位不信教的科学家都在私下里对我说，他们不愿质疑与会宗教人士的信仰，唯恐引起这些人以及邓普顿基金会组织方的不快。[1]

这次"对话"由邓普顿基金会发起，索朗热·勒费布尔负责组织。受邀参会的物理学家路易·莱萨尔（Louis Lessard）间接地指出了双方并没有展开真正的对话，他说：

> 科学的目的在于明理，终极目的论、上帝的意图都不属于科学的研究方法，尽管人们常用这些理由来解释存在。这种方法论上的选择并非因为科学先天就排斥其他方法，而是因为我们的知识体系需要一个认识论上的秩序，它让人们能够用批评、怀疑的态度去审视各种现象，而不是用神迹、幻象等非理性观点来解释一切。[2]

---

[1] John Horgan, «The Templeton Foundation: A Skeptic's Take», *Edge,* 4 avril 2006, 参见网页 edge.org/conversation/the-templeton-foundation-a-skeptic39s-take。
[2] Louis Lessard, «Les scientifiques et la question du sens», dans Lefebvre (dir.), *Raisons d'être*, p. 26.

莱萨尔还指出，"由于手段有限，这样的科学对于超出其能力范围的现象的确无能为力"，但"如果其他形式的说法与科学结论不相矛盾"，科学就不会"拒不认同"。[1] 换句话说，只要与科学相一致，那就没有问题，反之则是绝对不行的！

所以，这里的"对话"也非常有限，讽刺的是，在勒费布尔的作品集中，一篇题为《分歧之外》的文章竟然以这段文字作为开头，它让读者再一次认识到，科学的目的并不是解释存在。我们当然可以对此表示惋惜，哲学家让·格龙丹（Jean Grondin）在他的文章里就是这么做的，他说，"现代科学遮挡了我们的视线，让我们看不清生命和宇宙究竟将通向何方，芸芸众生将共同面对什么"。[2] 但这句话同样缺少论据的支撑。说科学让我们看不清宇宙"通向何方"，其前提就是认定宇宙是有确定方向的。而这正是一切问题的症结，而且这个论断也并非是科学所得出的。事实上，一眼看穿宇宙的"深意"也许只是一种幻想，现代科学不但没有遮挡我们的视线，反而很可能是帮助我们避开了幻境。正如豪斯医生在同名美剧中所说的那样，"对上帝讲话，说明你是信徒。听到上帝讲话，说明你疯了"。[3]

---

[1] Louis Lessard, «Les scientifiques et la question du sens», dans Lefebvre (dir.), *Raisons d'être*, p. 25，请留意。
[2] Jean Grondin, «Et avant le Big Bang? La science face à la question du sens de la vie», dans Lefebvre (dir.), Raisons d'être, p. 36，请留意。
[3] Henry Jacoby (dir.), Dr House. Les secrets d'un antihéros, Marne-la-Vallée, Music & Entertainment Books, 2009.

这本作品集的最后一篇文章也值得我们稍加关注，因为它涉及时下的一个明星学科——神经生物学。这一学科以新型大脑成像设备为依托，可以与万事万物产生关联，而设备的复杂性则体现了"科学"的全部外在特点。索朗热·勒费布尔在序言中介绍该文章时写道，这篇文章将"证明"加尔默罗会修女的冥想过程"不能归结为单纯的神经元活动"。[1]需要注意的是，她的措辞相当模糊：透过"不能归结为单纯的神经元活动"[2]这句话，我们无法确定她究竟是说这些修女在祷告的同时也会产生个人的情感、联系起过往的人生经历——这是正常现象——还是说通过对大脑的分析我们可以推断出修女们所言非虚，她们真的感知到了上帝、上帝是真实存在的。这两种理解天差地别，所以值得深究。

这篇文章的作者是"神经科学家"马里奥·博勒加尔（Mario Beauregard），他的实验之所以能够开展要归功于"邓普顿基金会以及梅塔尼克斯学会（Metanexus Institute）的财政资助 [原文]"。起先，加尔默罗会修女"称感知到了上帝的邻近"[3]，博勒加尔便通过脑电图和功能性磁共振成像对其神经元活动进行了测量，然后撰写了此文。本文采用了学术期刊文章的经典结构：研究目的与猜想、研究方法、研究结果、讨论。这些内容具有较强的专业性，

---

[1] Lefebvre, «Introduction», dans Lefebvre (dir.), Raisons d'être, p. 11.
[2] Ibid., 请留意。
[3] Mario Beauregard, «La neurobiologie de l'expérience mystique», 出处同上，关于资金来源的内容见 p. 65、p. 76。

但归结起来不过是证明了修女在祈祷时大脑是在运转的。如果大脑不工作，那反倒不正常了。要是在冥想时或是感知到上帝时大脑的任何部位都处于不工作的状态，那才是真正的奇迹呢！博勒加尔写道："关于上帝以及精神世界是否客观存在的问题，神经科学既不能提供肯定的证据，也无法给出否定的理由，这个问题远不是科学可以企及的。"[1] 在这里，我们不禁又一次要问：在种种检测脑肿瘤的设备之中，究竟哪里能够涉及科学与宗教的对话？读过博勒加尔通过"研究"得出的"结论"，另一个事实就不足为奇了：他还在另外一本书中试图用研究证明灵魂的存在，而这本书也得到了邓普顿基金会的资助。[2]

总之，科学与宗教之间所谓的种种关系都缺乏实质内容。即便单纯从方法论自然主义的角度来看，一切超自然因素都被排除在了科学的范畴之外，由此可见：科学话语与宗教话语是没有交集的。这并不是说科学没有形而上学的基础。恰恰相反，将超自然因素排除在外这种做法本身就构成了一种方法论上的选择，在此基础上形成了自然主义的形而上学，即一切科学都应当用源自自然的原理来解释世界。没有任何证据显示这种方法永远行得通。从这一点来看，科学是一种冒险，它将赌注押在了未来：只要某

---

[1] Mario Beauregard, «La neurobiologie de l'expérience mystique», 出处同上，关于资金来源的内容见 p. 73。
[2] Mario Beauregard et Denyse O'Leary, The Spiritual Brain: A Neuroscientist's Case for the Existence of the Soul, New York, HarperOne, 2007.

个问题还不能用自然原理来解释，那么科学家们就要一直探索下去，就这么简单。对于科学来说，"上帝""神秘场""神灵光环""魂魄"不过是些描述未知事物的名词罢了。这种哲学原理最早由对生理学有过研究的哲学家泰勒斯（Thales）、留基伯、德谟克利特等人提出，至今仍然是科学的基石，只是在观念上、物质上都更成熟了而已。如今，科学的这种自然主义假设已经在人们的思想中深深扎根，如果哪位科学家读了马里奥·博勒加德（Mario Beauregard）的作品，看到他说"即使大脑不工作，人们也会产生"[1]关于宗教、精神的神秘体验，一定会错愕不已。若对他们说世间有鬼魂存在、鬼魂是摆脱了物质"枷锁"的纯粹精神，科学家们更是会嗤之以鼻……

需要再次指出的是，尽管科学作为一个整体具有自然主义的特点，但这并不意味着每一位科学家都对信仰具有免疫力（要知道，信仰的根本恰恰在于否定唯物主义）。一些人甚至一再试图从科学中为超自然存在寻找证据。例如，在20世纪末，就有人用以太来"解释"通灵现象——尽管这些"现象"是否确有其事仍然有待证实。如今，充满神秘感，甚至是被认为是不可思议的量子物理越来越成为解释超自然现象的宠儿，而这些超自然现象是否

---

[1] Beauregard, «La neurobiologie de l'expérience mystique», dans Lefebvre (dir.), Raisons d'être, p. 75, 请留意。

属实却成了后话。[1]

▶▷ 物理学被用于玄秘神学

法国哲学家加斯东·巴舍拉尔在其经典著作《科学精神的形成》中总结了科学的发展过程，他写道，"[……]科学进步最明显的几个阶段都具有一个特点，那就是人们放弃了万物都可以被简单归结的哲学思想，如不再认为造物主的创造是单一的、大自然的结构也不应一概而论[……]。18世纪，当人们还没有获得科学的认识时，简单归结的思想一直存在，但此后就再也无人提及了"。巴舍拉尔还指出，"如果现在有哪个学者想要把宇宙学与神学结合在一起，人们都会觉得他太自以为是了"。[2] 如今，半个世纪过去了，社会意识形态出现了明显变化。今天的不少科学家似乎都有意将宇宙学与神学结合起来，或者至少是在大众书籍中谈及神学，以此来提起人们对科学的兴趣，同时告诉世人，科学具有去神秘化的功用。

---

[1] Bernadette Bensaude-Vincent et Christine Blondel (dir.), Des savants face à l'occulte, 1870-1940, Paris, La Découverte, 2002; Sal P. Restivo, «Parallels and Paradoxes in Modern Physics and Eastern Mysticism: I. A Critical Reconnaissance», Social Studies of Science, vol. 8, n° 2, 1978, pp. 143-181; Sal P. Restivo, «Parallels and Paradoxes in Modern Physics and Eastern Mysticism: II. A Sociological Perspective on Parallelism», Social Studies of Science, vol. 12, n° 1, 1982, pp. 37-71.
[2] Gaston Bachelard, La Formation de l'esprit scientifique. Contribution à une psychanalyse de la connaissance objective, 5e édition, Paris, Vrin, 1967 [1934], p. 16.

最早将现代科学（量子力学首当其冲，因其难以理解，大量错误论断由此产生）与古代宗教传统或鬼神习俗联系起来的大众书籍是19世纪末、20世纪初的神智学作品。[1]神智学旨在将科学、哲学和精神认识整合在一起，它不仅没有局限在缺乏科学素养的边缘人群之中，反而还吸引了一些知名科学家。卡尔·弗里德里希·冯·魏茨泽克（Carl Friedrich von Weizsäcker）便是其中之一。他在文化期刊《现代思想之主流》中发表了文章。该期刊创立于1940年，20世纪70年代初由物理学家亨利·马吉诺（Henry Margenau）执掌，此人支持对超感官知觉进行科学研究，也是《物理学基础》杂志的创始人。[2]但是这些人的观点真正流传开来则要归功于物理学家弗里肖夫·卡普拉在1975年出版的《物理学之道》。卡普拉之所以写这本书是因为他受到了冯·魏茨泽克的鼓励，在书中，卡普拉试图证明专业性极强、包含大量运算的量子场论方程式与道教、印度教、佛教、禅宗等"东方智慧"的古老经文有异曲同工之妙，随着"新物理学"的发展，传统的"西方"机械论已然过时。[3]当时的文化环境对物理学是有敌意的，卡普拉就是要通过这本书"证明东方智慧与西方科学之间存在着一种

---

[1] 详细分析参见 Wiktor Stoczkowski, *Des hommes, des dieux et des extraterrestres. Ethnologie d'une croyance moderne*, Paris, Flammarion, 1999。
[2] David Kaiser, *How the Hippies Saved Physics: Science, Counterculture, and the Quantum Revival*, New York, W. W. Norton, 2012, p. 168.
[3] 关于卡普拉的作品产生的反响，参考书目同上，pp. 153-165。

必然的和谐，从而重塑科学的形象"。他试图让人们相信，物理学不仅为战争提供技术支持（例如越南战争），而且"还具有更深远的意义"，"它可以与心灵同行，让人得到精神上的认识，同时成就自我"。[1]

物理学家伊利亚·普里果金（Ilya Prigogine）与哲学家伊莎贝尔·斯唐热（Isabelle Stengers）在1979年共同创作出版的《新联盟》（1979）可以归为"新纪元"文化思潮的一部分，这一思潮批判雅克·莫诺（Jacques Monod）等人提出的机械的、破灭幻想的科学观。1970年，雅克·莫诺在《偶然与必然》一书中描绘了新的世界观，认为人类的出现不过是一种偶然，在某种程度上与大自然的产生并无共通之处。为了与这一悲观的主张相对抗，普里果金与斯唐热指出，以非平衡态的物质状态为研究对象的不可逆过程热力学强调结构的显现，根据这一学科，人类与这个既遵循秩序又充满奇迹的大自然是息息相关的。[2]1979年，在科尔多瓦举行的大型国际研讨会"科学与心智"为科学与宗教的交杂提供了阵地，正如亨利·阿特朗（Henri Atlan）所言，这是一次"科学与神学的大联盟，它要将量子力学、相对论等物理学新成果与东方及远东失而复得的神秘传统相结合，是理性与非理性的融

---

[1] Fritjof Capra, *Le Tao de la physique,* Paris, Sand, 1985, pp. 25-26.
[2] Ilya Prigogine et Isabelle Stengers, *La Nouvelle Alliance*, Paris, Gallimard, 1979.

合"。[1]

然而，20世纪90年代以来，将上帝与科学关联在一起的已经不仅是新纪元思潮了。由于宗教势力再度兴起，公众受到影响，一些知名研究人员为迎合受众也开始在普及科学知识的作品中加入宗教的内容。以此来吸引读者阅读科普书籍只是一方面，诺贝尔物理学奖得主利昂·莱德曼（Leon Lederman）还用它来实现政治目的。他在1993年出版了《上帝粒子》一书，而该书出版之时正是美国就建造超导超级对撞机（SSC）展开激烈讨论之时。建造这样一个大型设备大概要投入数十亿美元，而前期工作已经多次超出预算，为了说服议员、保住这个项目，物理学家需要公众的支持。理论上，超导超级对撞机建成后，人类就能发现理论家物理学家预测的一种基本粒子：希格斯玻色子。这种基本粒子被认为是宇宙中所有粒子的质量之源。由于它创造了质量，进而创造了物质，因此被喻为"上帝粒子"。在这里，科学家在宗教观念上做起了文章，而美国人的宗教观念是很强的。一些行事更为谨慎的科学家指责莱德曼，说他的比喻有些过头了，是在玩火。其实莱德曼不过是在效仿另一位著名物理学家史蒂芬·霍金（Stephen

---

[1] Henri Atlan, *Croyances. Comment expliquer le monde?*, Paris, Autrement, 2014, pp. 21-22; 关于对该思潮的批评分析，参见 Dominique Terré-Fornacciari, *Les Sirènes de l'irrationnel. Quand la science touche à la mystique*, Paris, Albin Michel, 1991; John Horgan, *Rational Mysticism: Dispatches from the Border Between Science and Spirituality*, Boston, Houghton Mifflin, 2003。

Hawking）：在举世闻名的著作《时间简史》中，霍金指出，如果宇宙遵循一个统一的理论，而我们能够找到这个理论中的所有方程式，那么我们就可以洞悉上帝的思想。[1] 由于将上帝与粒子相结合并不是一个太理性的做法，所以莱德曼的这本书在被译为法文时，书名改为了《不俗的粒子》（1996年，Odile Jacob 出版社）。

在亚马逊网上书店的网页上，有一栏叫做"经常一起购买的商品"，这里显示着购买当前书籍的人还购买过哪些其他书籍。在这里，我们不妨以弗兰克·蒂普勒在1995年出版的作品《永生物理：现代宇宙学、上帝与复活》（以下简称《永生物理》为例，他在书中以量子物理为根据提出了灵魂的永生。我们虽然无法知道网页上所谓的"经常"究竟是多少次，但这一点对我们来说并不太重要，我们想知道的是购买这本书的人还会对哪个种类的作品感兴趣。网页显示，购买了《永生物理》一书的读者还（在此前、此后或同一时间）购买了蒂普勒与约翰·巴罗在1986年共同出版的作品《人择宇宙学原理》，而这本书是在宣扬目的论和隐创世论，认为宇宙之所以是现在这个样子（有自己的一套法则、常数等），都是为了人类能够在此出现，暗示自然之上存在着一位隐而未现的造物主。

正如我们在前文提到的那样，这种所谓的"人择原理"并不属于今天的物理学范畴，它实际上不过是将目的论应用到自然

---

[1] Stephen Hawking, *A Brief History of Time,* New York, Bantam, 1988, p. 173.

领域的一种论证模式。自然法则早已"预设"了人类存在观点只会被"智慧设计论"的支持者所欢迎，而"智慧设计论"本身也只是将否认自然主义科学的宗教观念换了一种表述方法而已。其他几本与蒂普勒的书一同售出的作品则都带有宗教词汇，比如保罗·戴维斯在1998年出版的《第五奇迹》，以及他的另外两本书《上帝和新物理学》（1983）与《上帝之思》（1992）。所有这些书都是为了介绍现代科学的发现，但它们的标题都暗示着最前沿的科学或许能够解释生命的奥秘以及宇宙的起源。至于上文提到的莱德曼的作品《上帝粒子》，读者在购买此书时还经常会选择迪克·特雷西（Dick Teresi）的《消逝的发现》，这本书为现代科学追根溯源，讲述所谓已然"消逝"的知识。除此之外的共同购买书目还有朱利安·布朗（Julian Brown）的《精神、机器与多重宇宙：量子计算机的求索》以及汉斯·莫拉韦克（Hans Moravec）的《机器人：从简单机器到卓越智识》。

这些书籍的题目绝不是随意选择的，它们用充满神秘感的字眼燃起了潜藏在很多人内心的精神火焰。另外，这些书大多都在美国销售，而福音派在美国深深扎根，力量强大，科学家以及科学组织都需要考虑到这一点，比如美国科学促进会就接受了邓普顿基金会的一个项目。为人类基因组计划做出重要贡献的美国生物学家弗朗西斯·科林斯（Francis Collins）也参与了科学与宗教的和解，在2007年出版了《上帝的语言》一书。[1]因为如果希格斯玻色子是上帝用来制造物质的粒子，那么遗传密码显然就是上帝为生物"编码"时所使用的"语言"了。

20世纪90年代初以来，类似题目的作品大量问世，而它们多出自著名科学家之手，尤其是物理学家，这个事实令人惊愕。这一现象主要出现在英语世界，但在法语世界也并非无迹可寻，只不过规模较小。采取这种做法的法国代表人物是天体物理学家郑春顺（Trinh Xuan Thuan），他在1989年出版了一本名为《神秘的乐歌》的著作，也提出了前沿科学与自然的神秘观相契合的观点。同年，《新观察家》杂志的圣诞特刊登载了《上帝与科学》栏目，其中一篇文章指出，科学与信仰是相互交融的，其作者是"贝纳科学与信仰对话基金会"秘书长。[2]郑春顺延续科尔多瓦会议的精神，与经常在媒体上露面的佛教僧侣马蒂厄·里卡尔（Matthieu Ricard）联手，在2000年出版了一本访谈作品，名为《掌中无极：从大爆炸到觉醒》。此外，还有伊戈尔·博加诺夫（Igor Bodganov）与格里奇卡·博加诺夫（Grichka Bodganov）两兄弟的作品，记者们常常将其归入科普作品一类。在这股潮流刚刚兴起的时候，兄弟二人就采访了让·吉东（Jean Guitton），在

---

[1] Francis S. Collins, *The Language of God: A Scientist Presents Evidence for Belief,* New York, Free Press, 2007.
[2] *Le Nouvel Observateur,* 21-27 décembre 1989, p. 13.

1991年出版了访谈录《神与科学：走向元现实主义》。他们的作品还有《大爆炸之前》（2004）、《上帝的面孔》（2010）、《上帝的思想》（2012）等，这都是对保罗·戴维斯的《上帝和新物理学》（1983）的延续……

总之，正如美剧《X档案》一样，这些作者故弄玄虚，将零星科学知识与大量超自然信仰交织在一起。这让我们不禁想起路易·保韦尔斯（Louis Pauwels）与皮埃尔·贝尔吉耶（Pierre Bergier）在1960年出版的《魔术师的早晨》，书中描述了一系列匪夷所思的神秘"事实"[1]，还有罗贝尔·沙鲁（Robert Charroux）的《世界的主宰》（1967）、《泄露的秘密》（1970）等作品，他暗示目前无法解释的考古发现都是外星人的手笔。所不同的是，如今的作者通常都以可敬的科学家的身份出现在大众面前，他们不再是普通的记者或科普作家。但尽管如此，他们笔下的文字也并非句句都值得信赖……

▶▷ 自然神学的回归

具有明显宗教意味与唯灵主义特点的科普讲座、书籍之所以大量出现，邓普顿基金会当然起到了重要的推动作用。鉴于邓普

---

[1] 保韦尔斯与贝尔吉耶都属于密教派，关于该教派的解析参见 Stoczkowski, *Des hommes, des dieux et des extraterrestres*。

顿基金会的目的就是加强科学、神学、精神以及宗教之间的联系，可以想见，书名里将上帝与科学联系在一起的作品一定会引起基金会的关注。邓普顿基金会每年不仅将数百万美元投入到形形色色的项目中，还颁发邓普顿奖，奖金甚至高过诺贝尔奖（通常都超过 100 万美元），在当今这个"权威性"似乎只能用金钱来衡量的世界，高额奖金为这个奖项确保了极高的媒体知名度。20 世纪 90 年代中期以前，获奖者大多是秉持保守观念和唯灵论的知名人士，比如 1973 年的第一位邓普顿奖获得者特蕾莎修女、1982 年的著名基督教福音布道家比利·格雷厄姆（Billy Graham）、1992 年的俄罗斯作家亚历山大·索尔仁尼琴（Aleksandr Solzhenitsyn）等，但此后，邓普顿基金会的战略就发生了变化，通过或直接或隐晦的方式为促进科学与精神的连通做出贡献的物理学家（特别是天体物理学家）受到了基金会的青睐。此前，邓普顿奖网站的首页写着该奖颁发给为"宗教进步"做出贡献之人，但在 2004 年之后，这个过于直白的说法被改为了奖励那些为"肯定生命的精神维度做出杰出贡献"之人。[1]

这样看来，保罗·戴维斯成为首批获得邓普顿奖的科学家（1995 年）就一点都不奇怪了。戴维斯是基金会里非常活跃的一

---

[1] 参见邓普顿基金会的网页 www.templetonprize.org/purpose.html；关于邓普顿奖的变化，参见 Sunny Bains, «Questioning the Integrity of the John Templeton Foundation», *Evolutionary Psychology,* vol. 9, n° 1, 2011, p. 94。

位作家，在所有以上帝、科学、精神、神迹等为题著书立说的作者中，他算得上是最高产的一位。作为著名的物理学家，戴维斯不仅在学术期刊上发表文章，还写了许多大众书籍。为了吸引那些期待科学与超验性相结合的读者，他总是将科学与精神联系在一起。物理学家的身份让他的立场备受信赖，如果他的观点是从一个不知名的小人物口中说出来的，恐怕只会被当作不经之谈。

2006年，为普及"人择原理"做了大量工作的联合归正教会成员约翰·巴罗获得了邓普顿奖。在他之前，物理学家、联合教会成员、1964年诺贝尔物理学奖得主查尔斯·汤斯（Charles Townes）因其对"科学与宗教的一致性"的思考成为2005年的邓普顿奖得主。[1] 介绍汤斯获奖的那段文字毫不掩饰地指出，科学与宗教存在关联，甚至说汤斯认为"脉泽原理"（他因此获得诺贝尔奖）是"能够体现科学与宗教、'怎么样'与'为什么'之间相互关系的'启示'和实例"。[2] 由此可见，就连诺贝尔奖获得者也有头脑混乱的时候……

有意思的是，与巴罗一同宣扬"人择原理"的另一位作家弗兰克·蒂普勒尽管写了很多用物理学来证明上帝的作品，但从未获得邓普顿奖。其原因很可能是他用力过猛了，他后来的两本书

---

[1] Charles H. Townes, «The Convergence of Science and Religion», *Think*, vol. 32, n° 2, mars-avril 1966, pp. 2-7.
[2] 参见邓普顿基金会的网页 www.templetonprize.org/previouswinner.html。

《永生物理》（1994）以及《基督教物理学》（2007）让他名声扫地。天体物理学家、贵格会信徒乔治·埃利斯（George Ellis）也是研究科学与宗教关系问题的重要学者之一，他认为，《永生物理》一书的出版时间处于对该问题的研究迅猛发展的时期。[1] 当时，埃利斯刚刚发表了一篇关于"人择原理"的文章，支持了基本自然常数精密微调的观点。他甚至指出，面对精密微调的事实（其实这并非事实[2]），很难不用"神迹"二字来描述它。[3] 可能是担心蒂普勒的作品会让人们对科学与神学的相容性产生疑虑，埃利斯对其进行了严厉的批判。他在英国《自然》杂志上发表了评论文章，开篇便毫不客气地指出，"这本书定然是史上最具误导性的一本"。它虽然看似渊博、权威，实际上却是一本彻头彻尾的"伪科学著作"。在文章的最后，埃利斯重申，读者"不应被此书误导，在科学与神学关系的问题上，这本书并未做出有益的贡献"。[4]

《自然》杂志一向庄重非常，它本可以对蒂普勒的《永生物理》采取无视的态度，可是这样一篇恶毒程度前所未有的文章竟然得以发表，这说明研究科学与宗教关系的"专家"们很可能是想整

---

[1] George Ellis, «Piety in the Sky», *Nature,* vol. 371, 8 septembre 1994, p. 115.
[2] 关于精密微调（fine tuning）的详细评析，参见 Victor J. Stenger, *The Fallacy of Fine-Tuning*: *Why the Universe Is Not Designed for Us,* New York, Prometheus Books, 2011; Mark Colyvan, Jay L. Garfield et Graham Priest, «Problems with the Argument from Fine Tuning», *Synthese,* vol. 145, n° 3, 2005, pp. 325-338。
[3] George Ellis, «The Anthropic Principle: Laws and Environments», dans F. Bertola et U. Curi (dir.), *The Anthropic Principle,* New York, Cambridge University Press, 1993, p. 30.
[4] George Ellis, «Piety in the Sky», p. 115.

肃他们的小圈子，将某些科学家就上帝与现代物理学的关系所发表的荒谬之谈作为不可信的言论排挤出去。2004年，埃利斯将因其对平行宇宙、人类精神的运作、复杂性演变"以及上述问题与超越科学范畴之领域的相互关系"的研究获得了邓普顿奖。[1] 蒂普勒迈着轻快的步伐跨越了"科学的边界"，与之相比，埃利斯的行事方式则更加微妙，不难看出，对于邓普顿基金会来说，这种做法也是更可取的。

事实上，为了实现其目标，即拉近科学、神学与宗教之间的距离，邓普顿基金会需要让人们觉得它值得信赖，所以，它尽可能地与知名人士建立联系。在英国天体物理学家、前伦敦皇家学会主席、皇家天文学家马丁·里斯（Martin Rees）出版了一本普及读物之后，我们完全可以料到邓普顿奖会是他的囊中之物。里斯起初在1989年出版了《宇宙巧合：暗物质、人类与人类宇宙学》，随后又发表了两部与宗教有着微妙关系的作品《开始之前：我们的宇宙与其他》（1997）以及《不过是六个数字：塑造宇宙的深邃力量》（2000），这两本书都提出了自然常数的精确微调。在里斯论述的内容中，不单单是平行宇宙这个话题无法通过实验来验证。他后来还对灾变说进行了研究，创作了《我们的末世：人类能否活过二十一世纪？》。这本书的美国版更是将题目定为《我们的最

---

[1] 参见邓普顿基金会的网页 www.templetonprize.org/previouswinner.html。

后时刻》(*Our Final Hour*），更加令人感到恐慌。他在书中就"我们的命运是否具有宇宙层面的意义"进行了探讨。

里斯的套路很符合邓普顿奖的要求。2011年，评选结果揭晓：马丁·里斯先生因其研究成果"为帮助人类了解宇宙的起源与本质"做出了贡献，成为邓普顿奖得主。尽管这句话有意避免了"宗教"或"精神"这样的字眼，但还是引起了许多科学家的不满，他们很清楚，邓普顿的目的是把基金会和名人联系在一起，从而将科学与宗教混为一谈。芝加哥大学生态学与进化学教授杰里·科因（Jerry Coyne）发表了一篇文章谴责此事，指出"邓普顿投入巨额资金的目的只有一个，那就是将科学原本格外清晰的边界变得模糊，从而为宗教赢得信赖"。他知道，里斯是邓普顿基金会"钓到的一条大鱼"，因为"他不仅仅是教授，还是爵士，是皇家学会前任会长，是剑桥大学三一学院的院长，是皇家天文学家"。[1]

最后，为了不局限在英语世界、加强自身在法语世界的影响力，邓普顿基金会在法国学者中也找到了理想人选：物理学家、科学哲学家贝尔纳·德帕尼亚（Bernard d'Espagnat）。德帕尼亚提出了"蒙着面纱的现实"的观点，而这一观点可以巧妙地暗示上帝隐藏在面纱背后。他在2009年获得了邓普顿奖。[2]

---

[1] Jerry Coyne, «Martin Rees and the Templeton Travesty», *The Guardian*, 6 avril 2011; 另参见 Jerry A. Coyne, *Faith vs. Fact: Why Science and Religion are Incompatible*, New York, Viking, 2015。
[2] 参见邓普顿基金会的网页 www.templetonprize.org/previouswinner.html。

英国记者桑尼·贝恩斯（Sunny Bains）对邓普顿基金会的工作进行了深入调查，她发现，大多数获得邓普顿奖的人起初都是该基金会咨询委员会的成员，戴维·洛奇（David Lodge）描绘的《小世界》在现实生活中似乎确确实实地存在着。[1]以德帕尼亚为例，他与基金会已经有多年的交情了。他曾参与了让·斯陶那（Jean Staune）主编的作品集《科学与意义的探寻》，要知道，斯陶那在1995年创立了巴黎多学科综合大学（UIP），而这个组织的目的就是促进科学与宗教的和解。[2]2005年，复兴出版社首先出版了这本作品集的法语版，次年，在邓普顿基金会出版社的庇护下，该书的英文版问世。[3]除了让·斯陶那和贝尔纳·德帕尼亚的名字之外，我们在这本书中还看到了天体物理学家郑春顺的大名，他贡献的文章题为《科学与佛教》，此外，邓普顿奖的另外三位获得者也位列其中。这本作品集是一系列公开交流与私人会晤的成果，伯克利神学与自然科学中心也参与其中。[4]此外，斯陶那及他创立的巴黎多学科综合大学已从邓普顿基金会获得了数百万

---

[1] Sunny Bains, «Questioning the Integrity of the John Templeton Foundation», pp. 92-115.
[2] 关于巴黎多学科综合大学的详细内容，参见 Cyrille Baudouin et Olivier Brosseau, *Les Créationnismes. Une menace pour la société française?,* Paris, Syllepse, 2008, pp. 45-53; 以及 Cyrille Baudouin et Olivier Brosseau, *Enquête sur les créationnismes. Réseaux, stratégies et objectifs politiques,* Paris, Belin, 2013。
[3] Jean Staune (dir.), *Science et quête de sens,* Paris, Presses de la Renaissance, 2005, 参见邓普顿基金会的网页 www.templetonpress.org/content/science-and-search-meaning。
[4] Jean Staune (dir.), *Science and the Search for Meaning,* West Conshohocken (Penn.), Templeton Foundation Press, 2006, p. 6.

美元用于加强对科学、宗教与精神关系的公开研究：2004—2007年，"伊斯兰世界的科学与宗教"项目获得160万美元；[1]2004—2009年，罗马尼亚科学与神学对话协会与国际跨学科研究中心（CIRET）以及巴黎多学科综合大学共同研究的项目获得200万美元；[2] 2011—2014年，巴黎多学科综合大学还参与了一个名为"科学与伊斯兰教：教化法"的项目，获得80多万美元。[3]这些"项目"的其中一个成果便是尼达尔·盖苏姆在2013年出版的《伊斯兰教和科学》（不仅有法文版，还有英文版），该书旨在"使《古兰经》与现代科学达成一致"——一个世纪之前，"天主教科学"也做过这样的尝试。[4]盖苏姆是邓普顿基金会的董事会成员。他在书中向让·斯陶那致谢，"他不断地鼓励着我，为我提供建议和帮助"，

---

[1] 参见邓普顿基金会的网页 www.templeton.org/what-we-fund/grants/science-and-religion-in-islam。
[2] 参见邓普顿基金会的网页 www.templeton.org/what-we-fund/grants/science-and-orthodoxy；另参见 www.it4s.ro/。
[3] 参见邓普顿基金会的网页 www.templeton.org/what-we-fund/grants/science-and-islam-an-educational-approach。
[4] Nidhal Guessoum, *Islam et Science. Comment concilier le Coran et la science moderne,* Paris, Dervy, 2013, p. 179. 秉持着将科学与伊斯兰教调和的思想，盖苏姆于两年后在同一家出版社又出版了《伊斯兰教、大爆炸与达尔文：令人恼火的问题》。在书中，他抨击了在伊斯兰教中颇具影响力的创世论者的观点。土耳其人阿德南·奥克塔尔（Adnan Oktar，笔名Harun Yahya）就是一位创世论者。2007年，他在学校里免费发放了几千本创世论作品《创造图册》，在欧洲引起轩然大波。关于这一问题，参见 Cyrille Baudouin et Olivier Brosseau, *Les Créationnismes,* pp. 72-76. 另外，盖苏姆还反对莫里斯·比卡耶（Maurice Bucaille）的做法，比卡耶在20世纪70年代中期出版了一本很有影响力的协调主义作品《圣经、古兰经与科学》，盖苏姆认为，这些书中随处可见现代物理学的伟大发现，用这样的方法来调和科学与宗教将问题过于简单化，甚至是很危险的。

"对本书的出版工作"起到了决定性的作用。[1] 位于剑桥的国际科学与宗教学会也享受着邓普顿基金会的资助，2007年，学会因向全世界、"特别是印度、中国以及东欧地区"发行以"科学和宗教"为主题的书籍获得了近200万美元的资金支持。[2]

为了确保基金会的思想得以大范围传播出去，邓普顿基金会还与剑桥大学共同创立了一个记者培训项目，对以科学与宗教关系为主题撰写文章的记者进行培训。2004—2010年，该项目共获得600万美元的拨款。[3] 培训活动在剑桥和纽约举行，组织方会邀请一些研究人员、学者为记者们做讲座，其中就包括基金会的几位老相识，如邓普顿奖获得者约翰·D.巴罗以及约翰·波尔金霍恩，此外还有经常在媒体上露面的伊斯兰问题专家、哲学家塔里克·拉马丹（Tariq Ramadan）——他的出现能够表明邓普顿基金会不止弘扬基督教。在培训的最后，记者们需要以口头形式发表演讲，但演讲内容应当"符合出版要求"。可以想见，这些演讲是不太可能对科学与宗教相互对话的观点进行批判的。每位受邀记者都会获得15000美元的奖学金，交通费用和食宿费用也无须个人承担。[4] 在英国和美国，大部分主流报刊和杂志都有记者受

---

[1] Guessoum, *Islam et Science,* p. 292.
[2] 参见邓普顿基金会的网页 www.templeton.org/what-we-fund/grants/the-issr-science-and-religion-library-initiative。
[3] 参见邓普顿基金会的网页 www.templeton.org/what-we-fund/grants/templeton-cambridge-journalism-fellowships-and-seminars-in-science-and-religion。
[4] Ibid..

到该项目的邀请，《华盛顿邮报》《洛杉矶时报》《发现》《新共和》《新科学家》《自然》《时代周刊》《高等教育纪事报》《科学美国人》BBC World Service 电台均在此列。法国媒体似乎没有成为他们的目标……

1996—2013 年，仅"对话中的科学"这一个项目，邓普顿基金会就投入了 5600 万美元用于 56 个小项的开展，这还不包括专门用于记者培训的那几百万美元。比起人文科学向来捉襟见肘的研究经费，这个数字可以说是天文数字了。因此，不出所料，不仅大众图书的作者纷纷站在宗教的立场上大谈科学与宗教的"对话"，学术界人士也蜂拥而至。

尽管自然神学究竟能否为信仰服务仍然没有定论，但随着科学与宗教的"对话"再度成为热门话题，19 世纪末黯淡下来的玻意耳讲座到了 21 世纪初又恢复了活力。在英国国教牧师迈克尔·伯恩（Michael Byrne）的带领下，讲座依然在圣保罗大教堂和圣玛丽勒波教堂举办，其内容以讲述科学与宗教的关系为主，而不再是对无神论的批判了——这个主题已然过时（但 2014 年的玻意耳讲座又谈到了无神论，那是因为 20 世纪 80 年代以来，公共广场上不断有宗教人士出现，因此英语世界兴起了"新无神论"，玻意耳讲座对此做出了回应）。在最近的 11 场玻意耳讲座中，涉及达尔文和进化论的有 4 场，例如《进化论如何揭示创世之歌》等，其内容都是在重复自然神学的观点。我们在演讲者中又看到了宣扬科学与宗教对话的老熟人。比如尊敬的物理学家、神学家、邓普顿奖获得者约翰·波尔金霍恩在2009年对基思·沃德（Keith Ward）的报告《达尔文学说的误用：进化生物学的唯物主义阴谋》进行了评论，随后又在2013年以"科学与宗教的对话"为题作了自己的报告。2007年，邓普顿奖获得者约翰·D.巴罗、马丁·里斯也来到了玻意耳讲座，巴罗讲述了有关宇宙学和终极目的的内容，里斯发表了评论。虽然历史学并不属于神学，但历史学家也受到了玻意耳讲座的邀请，约翰·赫德利·布鲁克当然是其中之一，他在2010年讲述了《罗伯特·玻意耳的遗产》，另一位历史学家杰弗里·坎托发表了评论。[1]

▶▷ 信仰的合理化无法实现

信仰终归只是一种个人选择、一种心理倾向，其根源在于内心情感，无论人们如何用现代科学来说明造物主的存在，这个事实都是不会改变的。然而，在21世纪初，教皇本笃十六世仍然认为，天主教不是基于意志的（即主观的），而是理性的（即客观的）。他反对方济各会修士邓斯·斯科特（Duns Scot）的唯意志论学说，称唯意志论认为上帝的想法"是我们永远无法触及和发现的"，这

---

[1] 上述讲座的内容参见 Russell Re Manning et Michael Byrne (dir.), *Science and Religion in the Twenty-First Century,* Londres, SCM Press, 2013。

"与圣奥古斯丁以及托马斯·阿奎纳的理智主义相对立"。[1]他主张回归到托马斯·阿奎纳提出的信仰的理性主义,这种观念与新的自然神学非常契合。尽管托马斯·阿奎纳凭借当时以亚里士多德哲学为基础的科学建立起了一个理性体系,但17世纪现代科学的产生以及原子论的传播让这个体系轰然倒塌。自此之后,科学与基督教会的教条就再也不相容了。我们已经看到,基督教会没有根据新的科学发现做出调整,而是否认科学发现与宗教相关、牢牢抓着它的教条不放。历史学让我们能够从历史的角度审视《圣经》,将其作为一份普通的人类文献,而这个学科经过了很长时间才得到罗马教会的认可。《圣经》尚且如此,《古兰经》就更不用说了,敢于做这种尝试的人定然会遇到重重阻碍。对于一本字字句句都被认为是上帝亲口所述的书,又怎么以客观的历史视角、以旁观者身份去审视呢?

用理性一步一步地解读宗教信条以及宗教经文,最终的结果只会是宗教的可信性,尤其是信仰的合理性受到质疑。为什么要相信天堂和地狱?为什么要相信存在着一个"善良仁慈"的人格化上帝、相信他将人间的法则传给了"先知"? 18世纪中叶,当

---

[1] 摘自2006年9月12日本笃十六世在雷根斯堡大会上的讲话《信仰、理性与大学:回忆与反思》。我引用了梵蒂冈网站上该讲话的法文版。关于邓斯·斯科特与托马斯·阿奎纳的对立,参见Yves Gingras, «Duns Scot *vs* Thomas d'Aquin: le moment québécois d'un conflit multiséculaire», *Revue d'histoire de l'Amérique française,* vol. 62, n°s 3-4, 2009, pp. 377-406。

欧洲理性主义达到顶峰之时，人们迈出了质疑仁慈上帝合理性的关键一步。

1755年11月1日，里斯本发生大地震，成千上万人因此丧生，由于这一天恰逢天主教的诸圣瞻礼节，一些人正是在教堂做祷告时遇难的。这场灾难促使伏尔泰创作了长诗《里斯本的灾难》，下面节选的这几句明确地提出了一个难以回答，甚至无法回答的问题——如何解释苦痛折磨的存在：

> 上帝爱他的子民，
> 施予恩惠极尽慷慨，
> 播散苦痛毫不留情。
> 这样的上帝，仁慈的化身，
> 让人如何想象？
> 哪只眼睛看得透他的深意？
> 完美的存在绝非恶之源泉；
> 而恶又怎能来自他处，唯有上帝才是主宰：
> 他是存在的。啊，真相何其可悲！
> 啊，理不清的矛盾撼心灵！

无独有偶，2004年12月26日（即圣诞节次日），印度洋海啸造成了极大的破坏，超过20万人丧生，一些信徒由此也开始思考他们信奉的神灵究竟为何如此行事（或是为何无动于衷）。比如执掌英国国教教会的坎特伯雷大主教就坦言，这场惨剧"使他对上帝的存在产生了怀疑"。[1] 但是，凡事都应该从好的一方面来看，一些人本着这样的想法，认为灾后的国际救援体现出了神的作用，仿佛人道主义是信仰上帝的结果……最后，穆斯林信仰的神似乎就不那么有人情味了，麦加朝觐活动期间经常会有上千人失去生命。2015年9月24日发生的事故就造成了2000多人丧生。死亡事故大多发生在沙特阿拉伯西部的米纳山谷举行射石仪式之时。正如《世界报》所说，"在古尔邦节的第一天，穆斯林朝觐者要向一座象征着撒旦的大石碑扔去7块石头，然后在第二天或第三天向大、中、小三座石碑扔出21块石头"。文中还写道，"在1990年以来的七次重大朝觐事故中，有六次是在射石仪式期间发生的，距现在最近的一次发生在2006年1月，364名朝圣者在米纳踩踏事故中丧生"。[2] 不过，这些事故也许是撒旦的杰作，并非上帝所为……

▶▷ 理性有边界吗？

本笃十六世非常清楚，现代科学的出现对信仰与理性的关系

---

[1] *Le Devoir,* 5 janvier 2005.
[2] *Le Monde,* «L'Arabie saoudite critiquée après la mort d'au moins 717 pèlerins près de La Mecque», 24 septembre 2015. 一个月后，媒体报道2015年朝觐共造成2223人死亡 (*Le Devoir,* 23 octobre 2015)。

产生了很大的影响。2006年9月12日，在著名的雷根斯堡大会上——媒体将这次大会错误地总结为对穆斯林信仰的打击，实际上，会议的主要内容是讨论理性与信仰的关系问题——本笃十六世指出，西方将信仰从理性世界中驱逐出来是不对的。[1]他认为康德的三大批判是信仰受到驱逐的重要原因，后来的自然科学又进一步对理性进行了限制。这都导致"科学与理性受到约束，我们不能对此听之任之"。他认为，尽管科学只涉及可辩驳的实证内容[他在这里引用了哲学家卡尔·波珀（Karl Popper）的话]，

（但）只有人类才会问的那些问题，比如"我们从哪里来"，"要到哪里去"，以及宗教问题、道德问题，是无法在"科学"所限定的一般理性空间内找到答案的，因此必须交由主观来解决。每个主体要根据自己的经历去评判哪些事情从宗教的角度是可以接受的，最终，主观的"良知"会成为唯一的道德裁判。只是这样一来，道德和宗教就变得独断专行，失去了团结其他领域的力量。[2]

本笃十六世认为只有受到上帝指引的理性才能成为道德和伦

---

[1] 相关批评性分析参见 Jean Bollack, Christian Jambet et Abdelwahab Meddeb, *La Conférence de Ratisbonne. Enjeux et controverses,* Montrouge, Bayard, 2007。
[2] Benoît XVI, «Foi, raison et université».

理的基础,他斩钉截铁地指出,"将进化论、心理学、社会学原理作为伦理的基石是绝对不够的"。他甚至还说,"如果理性对上帝充耳不闻,并且将宗教归入亚文化之列,那么它是无法胜任文化之间的对话的"。为什么非宗教的伦理是不够的呢?为什么没有宗教信仰就不能进行文化对话呢?好奇的读者永远不会找到答案,教皇的这些话就是如此简洁,仿佛是命令人们跟着他沿着唯一的那条明路走下去,这条路便是他要走的路。

为了安抚人心,本笃十六世说,"我们并不是要倒退,也不是在批评什么,而是将理性的概念和用途进行扩展。因为人类有很多的可能性,我们在为这些可能性感到欢欣鼓舞的同时,也要看到它们所蕴含的威胁,我们应当问问自己如何才能掌控它们"。然而问题其实很简单:科学之所以将信仰排除在外,正是因为理性无法构建出信仰。所以,本笃十六世在这里使用的花招就是用义正词严的空谈表明信仰与理性之间存在着内在联系,同时在无形中将理性置于信仰之下,这样就可以避免理性摆脱控制、自立门户。"只有当信仰与理性以新的方式再度携手,当我们能够克服理性强加给自己的限制,当我们再次让理性去拥抱一切的时候",我们才能够控制科学新成果给人类带来的威胁。同样,在回答"为什么要这样做?"这个已经不属于科学范畴的问题时,本笃十六世并没有让人们"把它当作物质的理性结构无条件接受就好",而是让自然科学向"其他的层面以及其他的思维方式、向哲学和神学"敞开大门。总之,在康德发表著名的《学院之争》(1798)力陈哲学应当摆脱神学获得自主(见第一章)的两个世纪之后,本笃十六世巧妙地将哲学与神学再次联系在了一起,他想要退回到康德以前的那个世界。

这在某种程度上是调和主义的一种新形势。调和主义知道科学比信仰更有可信度,所以极力要让科学与信仰相结合。通常的做法是用一种能够为天主教自然神学添砖加瓦的方式来解释最新的科学成果,但本笃十六世没有这么做,他直接提出按照信仰的要求设置理性的边界。这样一来,他其实是在制造一台时光机,试图回到过去。即便像一些人所说的那样,理性确实有边界,而且"现在就应当对其进行监控"[1],可问题是这个边界究竟在哪里?更重要的是,谁来将它限制在它的边界之内?对于本笃十六世来说,答案虽未言明但显而易见:信仰负责监督理性,正如理性也会监督信仰。

然而,我们必须指出,这种显性的对称却掩盖了一种根本性的不对称。信奉宗教是一种个人行为,是不公开的,但理性是公开的,是所有正常人都可以获得的。从这个意义上说,理性是大众的、民主的,而信仰是私人的、专制的。理性的讨论最终能够让人们达成共识,可宗教派别众多,互不相容,很难想象信仰如

---

[1] Joseph Ratzinger, «Démocratie, droit et religion», *Esprit,* juillet 2004, p. 23.

何能让人们意见一致。所以，也只有在"对话""开放"这样含糊的字眼上做文章的观点才能被当作有建设性的交流，说到底，理性的"边界"不过是个噱头，教皇真正目的还是想要实现宗教的专制。事实上，他表面上呼吁"对话"，实质上却是要让理性向信仰俯首称臣，这一点是掩盖不住的。

第七章
信仰对战科学

知识的质地比信仰还要坚硬,如果知识与信仰发生碰撞,那么破碎的将是信仰。

——叔本华[1]

---

[1] Arthur Schopenhauer, *Sur la religion*, Paris, Flammarion, 2010, p. 118.

法国历史上的黄金三十年（1945—1975）是信仰搭着科学的顺风车盛极一时的三十年。但20世纪70年代中期以来，世界范围内涌起了一股潮流，人们开始对科学以及科学家一直以来的权威性提出质疑，政治学家吉勒·凯佩尔（Gilles Kepel）将这个现象称为"上帝的复仇"[1]。这股潮流具有新浪漫主义的特点，与19世纪初启蒙运动落幕时的情况相似。有人相信人体——在适当神灵的帮助下——能够"自然"痊愈，他们抵制现代医学的各种"化学"产品，信"神灵"、信"祖宗传下来的古法"，而不信所谓的"西方"科学，各种各样的特殊主义应运而生，这种事例屡见不鲜。就这样，随着激进主义宗教团体势力日盛，世俗权力机关受到压力，科学逐渐被边缘化。科学以及蕴含在科学之中的理性主义追求的是普世主义——尽管有时做不到这一点，而以信仰之名否认科学的团体秉持的是特殊主义，他们更看重自身的不同之处，即自身的文化特点和宗教特点。

20世纪80年代以来，考古学家、人类学家与以色列、澳大利亚、美国等多个国家的宗教团体、原住民群体产生了冲突，特殊主义与普世主义的矛盾由此显露了出来。这些宗教团体和原住民群体认为，在他们的领土上发现的人体骸骨，即便是几千年前

---

[1] Gilles Kepel, *La Revanche de Dieu. Chrétiens, juifs et musulmans à la reconquête du monde,* Paris, Seuil, 1991.

的化石，也应由他们全权管理。[1]20世纪六七十年代，原住民们频频发声，追索自身的权利，他们要求拥有历史土地权，认为他们特有的文化和信仰使他们有别于其他人。多部法律由此诞生，这些法律对在原住民占用或拥有的土地上进行考古研究，以及由此发现的文物的管理工作进行了规定。

例如，在澳大利亚，20世纪80年代中期，原住民代表就从墨尔本大学要回了数百具已有9000—13000年历史的人类骸骨。[2]十年后，塔斯马尼亚岛的原住民又从政府手中拿走了可追溯到12000—17000年前的人类骸骨，他们要让这些骸骨回归故里，使这个被研究人员亵渎的地方得到"复原"。原住民代表认为，这样做完全不是在针对科学家，他们只是在遵从他们的传统、遵从精神上的价值观。[3]也是在这一时期，迫于极端正统派犹太教徒的压力，原属以色列文物部负责的人类骸骨全部改由该国的宗教事务部接管。在文物局长阿米尔·德鲁里（Amir Drori）看来，这次移交"敲响了以色列人类学的丧钟"。但死者圣洁保护协会会长、犹太领袖梅厄·罗戈斯尼茨基（Meir Rogosnitzky）却认为，在犹太教中，身体和灵魂在人死之后仍然是有联系的，即便是科学研

---

[1] Peter R. Afrasiabi, «Property Rights in Ancient Skeletal Remains», *Southern California Law Review,* vol. 70, 1997, pp. 805-839.
[2] Natalie Angier et John Dunn, «Burying Bones of Contention», *Time,* vol. 124, 10 septembre 1984, p. 36.
[3] Virginia Morell, «Who Owns the Past?», *Science,* vol. 268, 9 juin 1995, pp. 1424-1426.

究也不能在尸骸上动手动脚，不应对尸体进行"破坏性的侵害"。研究尼安德特人和早期智人化石的科学家就比较幸运了，因为犹太人认为人类是5000多年前起源的，他们对这之前的遗骸不感兴趣。[1]

正如记者弗吉尼娅·莫雷尔（Virginia Morell）所说，20世纪80年代以来，"世界各地的考古学家和人类学家都发现了一个不幸的事实，那就是相对于科学研究，政府更重视文化传统和宗教信仰"。[2] 政府这样做当然是出于政治以及选举方面的考量，但致力于让宗教观念压制科学研究的团体却因此有了更多的合法理由。特殊主义与人类学家的观点针锋相对。对于人类学家来说，人类遗骨是整个人类历史长河的一部分，并不属于某一个人、某一个团体。[3] 加拿大体质人类学协会在1979年的报告中很好地表达了这种普世主义的科学观："对死者的研究能够使生者受益。仅因为少数人的宗教信仰就对人类遗骸的考古研究加以阻碍或限制，这便是剥夺了包括加拿大原住民在内的多数人享受相关科学成果的权利。"[4]

---

[1] Virginia Morell, «Who Owns the Past?», *Science,* vol. 268, 9 juin 1995, p. 1424.
[2] Ibid., p. 1424.
[3] Ibid., p. 1425.
[4] Jerome S. Cybulski, Nancy S. Ossenberg et William D. Wade, «Committee Report: Statement on the Excavation, Treatment, Analysis and Disposition of Human Skeletal Remains from Archaeological Sites in Canada», *Canadian Review of Physical Anthropology,* vol. 1, n° 1, 1979, p. 36.

一方面，考古学家、史前史学家和人类学家都希望将骨骼化石客观化，以便发掘出更多信息。比如要用这些骸骨研究人类的迁徙，他们就必须将骸骨视为可以进行操作和处理的普通物品，从中提取信息来回答一系列问题，如他们的DNA是什么、他们吃了什么、他们患过什么疾病等。所有这一切都基于进化论，即人类从最早的智人到现在，一直随着时间的推移和地理环境的变化在不断进化。

另一方面，宗教团体和原住民群体认为，发掘出来的人类骸骨是"神圣的"，所以拒绝将其客观化。他们不允许对这些骸骨进行任何操作，不允许通过尸骸获取信息。在他们看来，人类的真正起源——经得起推敲的科学结论——并不重要。对于创世论者来说，人类是在大约6000年前直接由亚当和夏娃创造的。对于北美的许多原住民部落来说，他们的祖先一直就居住在他们现在所在的地方。他们不相信人类最早出现在非洲，在一万两千多年前通过白令海峡或太平洋来到了欧亚大陆，然而几十年来，这一假设已经得到了考古发掘和骸骨研究的不断证实。

1996年发现的"肯纳威克人"进一步肯定了太平洋迁徙路线理论。美国人类学家与居住在该地区（华盛顿州南部）的印第安部落围绕着这具约有9000年历史的完整骸骨展开了论战，而这场论战充分体现了社会学家马克斯·韦伯在20世纪初指出的一个根本事实："对科学真理价值的信仰并不是与生俱来的，它是某些文明创造出来的产物。"[1] 然而，正如我们将要看到的那样，这个冲突是一种范式的冲突。"范式"一词来自哲学家托马斯·库恩（Thomas Kuhn），是指对世界的整体认识。在肯纳威克人骸骨的归属问题上，库恩也发表了自己的观点。他为了解决争端，首先带来了认识论的一课。

▶▷ 两种文化的冲突

从20世纪70年代开始，美国原住民不断因为墓地遭到破坏而发出声讨，所以在1990年，国会通过了《美国原住民坟墓保护与归还法》，缩写为NAGPRA。[2] 根据这部法案，如果某人类骸骨是在原住民的领地上发现的，且某个与该骸骨有文化附属关系的团体要求归还该骸骨，那么就应当将其归还。该法案的首要目的是确保在挖掘过程中发现古代原住民墓地的人类遗骸时，要对遗骸保持尊重并将其交给仍在该领地居住的、与遗骸最具有"文化亲缘关系"的印第安部落的代表。[3] 同一时期，多个联邦州也通过了类似的法律。

---

[1] Max Weber, *Essais sur la théorie de la science,* traduction de l'allemand et introduction de Julien Freund, Paris, Plon, 1965, p. 211.
[2] Douglas H. Ubelaker et Lauryn Guttenplan Grant, «Human Skeletal Remains: Preservation or Reburial?», *Yearbook of Physical Anthropology,* vol. 32, 1989, pp. 249-287.
[3] David H. Thomas, *Skull Wars. Kennewick Man, Archaeology, and the Battle for Native American Identity,* New York, Basic Books, 2000, pp. 214-215.

这些法律对科学界产生影响始于20世纪90年代中期。那时，受联邦政府资助的约5000个研究机构接到了命令，要对各自存有的人类骸骨以及各种丧葬文物进行清点，并将清点结果告知相关的原住民群体。这样一来，原住民们纷纷开始索要他们认为神圣或是有重要文化价值的物品。[1] 与以色列犹太教正统派不同，美国原住民的索要范围不仅是5000年以内的文物，正如一位原住民代表所言，他们"不承认科学家人为划出的任何时间界线，他们与他们的祖先不会被这些时间界线割离开来"。[2] 爱达荷州在1992年通过了一项类似《美国原住民坟墓保护与归还法》的法律，根据这项法律，班诺克人将一具可以追溯到一万多年前的女性骸骨重新安葬，当时距考古学家将其挖掘出来时隔三年。这具骸骨是美国发现的25具超过8500年历史的骸骨中保存最完好的一具。[3] 此后，一些类似的骸骨也在美国其他几个州被再度下葬，而还有一些案件仍在争论之中。[4]

当然，科学家与原住民也有和睦相处的时候，一些研究正是因此得以在骸骨被再度下葬之前完成，但这种相互妥协也引起了

---

[1] Virginia Morell, «An Anthropological Culture Shift», *Science,* vol. 264, 1er avril 1994, p. 20.
[2] Ibid..
[3] Ibid., p. 21.
[4] 例如加州大学圣地亚哥分校与库米亚部落一直相持不下，他们争论的问题与肯纳威克人的问题相类似，参见 «UCSD Backs Off On Bone Bid», *Science,* vol. 324, 17 avril 2009, p. 317; Jef Akst, «Bones Won't Be Buried Yet», *The Scientist,* 10 mai 2012; Helen Shen, «Ancient Bones Stay Put for Now in California Lawsuit», *Nature,* 8 mai 2012.

一些争议，有人认为，技术会进步，不应把科学证据就这样藏匿起来。[1] 另外，和睦相处的前提是人类学家的结论与相关群体的固有观念相一致。例如，乌马蒂拉部落要求收回肯纳威克人的遗骨，对此，有人认为如果将这具骸骨埋入地下，乌马蒂拉部落就亲手毁掉了自己的历史证据，而该部落的一位代表却说，事实上，他们知道自己的历史，他们的历史"通过一代代先人和各种宗教习俗流传至今"。他认为，人类学家得出这具骸骨已有9000多年历史的结论，那只不过是他们部落口耳相传的历史得到了进一步印证而已，他们坚信乌马蒂拉部落从一开始就居住在这片土地上。[2] 最后，只有不质疑常规科学技术的原住民团体才可能与科学家和睦相处，也就是说，这些原住民是接受科学范式的。

但是，如果双方的观点完全不能交融，问题就出现了。当一方是用科学和经验的方法对历史进行研究的人类学，另一方是对人类学成果充耳不闻、只相信祖先文化的神秘观念时，对话的局限性就会凸显出来。乌马蒂拉部落的律师总结得很到位："部落成员都相信他们一直就住在这里。根据他们的创世故事，他们是郊狼或是当地的另一种动物创造出来的，这种动物一直生活在此。这些创世故事必须得到尊重。"[3] 当然，这里的"尊重"就意味着

---

[1] Andrew Lawler, «A Tale of Two Skeletons», *Science,* vol. 330, 8 octobre 2010, p. 171.
[2] Thomas, *Skull Wars*, p. 239.
[3] Martin Kaste, « "Kennewick" Case Fails to End Battle over Bones», *NPR,* 12 juin 2005, 参见网页 www.npr.org/templates/story/story.php?storyId=4699997。

"接受"，就要"认为这是对的"。但正如埃内斯特·勒南在19世纪中叶就已经指出的那样，科学是理性批判的代名词，而"批判是不懂得尊重的；在它的面前，不存在权威，也不存在神秘。它不会被任何事物所迷惑，会撕开所有的面纱。从本质上讲，这种不恭不敬、锱铢必较的力量，无论对人对神，都是极大的冒犯"。[1] 换句话说，任何科学发现只要对深深扎根于某种文化的信仰提出了质疑，那就很有可能导致冲突，或是带来聋人之间的对话。[2]

正是在原住民群体接连索要各自文化遗产的大背景下，1996年7月末，有人在华盛顿州肯纳威克附近的哥伦比亚河畔偶然发现了我们前面提到的肯纳威克人。调查随即展开。当地的考古学家詹姆斯·查特斯（James Chatters）也参与了调查，他取了该骸骨左手第五掌骨的样本，将其交给实验室通过常规的碳定年法来测定其年代。

大家原本以为这个肯纳威克人只有几百年的历史，但测定结果却显示他的年龄在8230岁至9200岁之间。[3] 这一结论使其成为在美国领土上发现的结构最完整、保存最好、年代最久远的

---

[1] Renan, *L'Avenir de la science,* pp. 112-113.
[2] Marc Angenot, *Dialogues de sourds. Traité de rhétorique antilogique,* Paris, Mille et une nuits, 2008; Yves Gingras (dir.), *Controverses. Accords et désaccords en sciences humaines et sociales,* Paris, CNRS, 2014.
[3] James C. Chatters, «The Recovery and First Analysis of an Early Holocene Human Skeleton from Kennewick, Washington», *Society for American Archaeology,* vol. 65, n° 2, 2000, pp. 291-316.

骸骨之一。这具骸骨有着极高的考古价值以及人类学价值，它能够证明人类出现在美洲大陆的时间比我们一直以来所认为的时间要早，而且人类的迁徙路线可能不止白令海峡一条路。更重要的是，在对头骨进行了初步观察之后，科学家认为，他可能不是今天仍然生活在美国西北部的印第安部落的直系祖先，而是其祖先的祖先，可能是从太平洋岛迁徙过来的。[1]

不巧的是，肯纳威克人被发现时所在的位置属于原住民部落的聚居地，原住民认为这是他们的领地，该地是美国陆军工程兵团的管辖范围。因此，《美国原住民坟墓保护与归还法》在此地是适用的。在肯纳威克人的年龄被公布之后，乌马蒂拉部落联盟立即提出要依照祖先的传统将其收回。美国陆军工程兵团不希望与该地区（华盛顿州、爱达荷州和俄勒冈州）的印第安部落出现摩擦，在联邦政府的支持下，遗骸收回的执行程序很快便启动了。就在骸骨将被送往史密森学会体质人类学研究所、由道格拉斯·奥斯利（Douglas Owsley）的团队开展进一步分析的几天前，工程兵团下令停止对该遗骸的一切行动。

拿不到研究骸骨的许可，道格拉斯·奥斯利与密歇根州、俄勒冈州几所大学的多位人类学家很是担心，害怕就这样失去这个不可多得的史料。于是，从1996年10月开始，他们向俄勒冈州联邦

---

[1] 详情参见 Thomas, *Skull Wars*。

地区法院提起诉讼，请求法院发布禁令，阻止工程兵团将骸骨交还给相关部落。俄勒冈州立大学的人类学家罗布·博尼克森（Rob Bonnichsen）也参与了这场诉讼，其实，这并不是他第一次感受到新法案的效力。1994 年，他在蒙大拿州考古遗址发现了一些头发残片，根据《美国原住民坟墓保护与归还法》，当地的一个部落要求将其收回。尽管他认为这些遗迹并不是从坟墓中发掘出来的，因此不适用于该法案，但法案的负责人还是要求他将一部分残片交给联邦调查局，由他们来确认这些头发是否属于人类遗迹。[1]

在诉讼中，科学家们的法律依据是，根据该法案，原住民团体要追回某个文物，首先应当证明其部落与该文物之间存在着相当程度的"文化亲缘关系"。而政府认为，从定义上讲，1492 年以前的任何古迹都与至今仍在遗迹发现地居住的原住民部落有关联。人类学家指出，没有任何科学证据能够证明今天的原住民与九千多年前的人类有着相当程度的文化关联或是基因关联，要想证明这一点，我们反而更应该对遗骸进行细致的研究。

▶▷ 认识论走进法庭

此后，漫长的司法拉锯战开始了。2004 年，上诉法院终于宣

---

[1] Virginia Morell, «A Tangled Affair of Hair and Regulations, *Science,* vol. 268, 9 juin 1995, p. 1425; «Pulling Hair from the Ground», *Science,* vol. 265, 5 août 1994, p. 741.

布维持 1997 年的一审判决，科学家胜诉。法院认为，没有实质性证据能够证明提出收回申请的原住民部落与肯纳威克人骸骨具有文化关联或基因关联。因此，联邦上诉法院的三名法官认同一审判决的观点，即"肯纳威克人距今已有 8000 至 9000 年，由于这一时间间隔过长，仅凭口述历史来证明关联性是远远不够的"。[1] 古尔德（Gould）法官还代表审判团补充指出，证明今天的美洲印第安人与肯纳威克人之间可能存在文化联系的唯一证据就是口述历史。然而专家们"已经证实，口述历史的变化相对较快，其内容可能是事件发生后通过对地质特征的观察得出的推断（而不是事件发生当时的亲身见闻），而且这些口述历史也有可能并不是由肯纳威克人所在的部落传下来的"。[2] 基于上述理由，法官的结论是，《美国原住民坟墓保护与归还法》并不适用此案，科学家可以继续对肯纳威克人的颅骨形态、DNA、牙齿及饮食进行研究。肯纳威克人的骸骨自此便存放于华盛顿大学校园内的伯克自然历史博物馆。[3]

本案的根本问题并不在于如何对法律条文中的个别字词进行司法解释，古尔德法官意识到了这一点：

---

[1] Bonnichsen v. United States, US Court of Appeals, Ninth Circuit, n°s 02-35996, 2004, section IV.
[2] Ibid ..
[3] 参见博物馆网页 www.burkemuseum.org/kman/。

对于科学家来说，这具骸骨是一个不可替代的信息源，它能够让我们对最早踏上美洲大陆的人类有更多了解，因此值得仔细研究。而对于印第安部落来说，这是祖先的尸骸，按照部落的宗教传统和社会习俗，应当立即将其安葬，不应开展任何研究。[1]

原住民部落的这个观点并非对科学研究毫无影响。正如太平洋法律基金会律师在法庭上为科学家辩护时所说的那样，"骸骨从哪一刻起便不再算作是谁的亲属而成为自然遗物，这应当是有限定的。否则，一切考古工作都应停止。"[2]

▶▷ 无法相通的世界观

印第安部落不认同"科学能够解释一切，所以美国公民的宗教权利和信仰都应当服从于科学的观念"。[3] 而考古学家和人类学家认为"人类有对骸骨进行研究并从中获取信息的权利"。[4] 第二

---

[1] Bonnichsen v. United States, introduction.
[2] Brief Amicus Curia of Pacific Legal Foundation in Support of PlaintiffsAppellees Robson Bonnichsen et al., no 02-35996, United States Court of Appeals for the Ninth Circuit, 2003.
[3] Don Sampson, «Ancient One/Kennewick Man: Tribal Chair Questions Scientists' Motives and Credibility», 21 novembre 1997, 网址：introductiontoarchaeology.files.wordpress.com/2013/11/ancient-one-motives-and-credibility-kman2.pdf.
[4] The New York Times, 5 février 2004.

种世界观有助于我们用科学的手段行使认识世界的权利。在考古学和人类学中，这就意味着对骸骨实施各种操作，从而对人类在美洲的起源等问题有更多的了解。而第一种世界观则更赞同基于口耳相传的传统和习俗的信仰。"知道"与"相信"的关系被调转了过来。在围绕肯纳威克人的论战刚刚开始的时候，拉科塔部落的一个代表就曾这样说过："我们从来没有要科学来决定我们从哪里来。我们很清楚地知道我们从哪里来。我们是野牛人的后裔。在神灵让这个世界重新变得适宜人类居住之后，野牛人从地球深处走了出来。如果非印第安人愿意相信自己是猴子的后裔，那是他们的事。但是要想在拉科塔人里找到相信科学和进化论的人，连五个都找不到。"[1]

人类学家大卫·H.托马斯（David H. Thomas）就肯纳威克人的论战写了一本书。正如他在书中所说，《美国原住民坟墓保护与归还法》并没有告诉我们如何"在不同的世界观之间做出选择"。"证据的充分性"在本案中已经不能作为评判依据了，因为"基于科学的信仰和基于传统的信仰存在冲突，二者对于'证据'的理解可能根本就无法调和"。[2] 我们在这里就遇到了马克斯·韦伯所说的"永不休止的众神之战"，"他们的观点互不相容，他们的矛

---

[1] George Johnson, «Indian Tribes' Creationists Thwart Archeologists», *The New York Times,* 22 octobre 1996, 请留意。
[2] Thomas, *Skull Wars,* pp. 242-243.

盾无法调解，我们只能做出选择，支持这个，或者那个"。[1] 因此，并没有什么真正的对话能够让我们向前迈进，只有法院能够根据现行法律作出裁决。就肯纳威克人一案而言，法官们更支持科学家一方。如果他们支持了联邦政府和原住民，那么结果就完全不同了：骸骨被交还、原住民举行葬礼、被人类学家视若珍宝的人类遗骸带着所有的秘密归于尘土。然而，自1990年以来，多具已有7000至10000年历史的人类骸骨正是遭遇了这样的命运，可供考古学家和人类学家研究的珍贵文物就这样一去不复返。[2]

时间似乎并不能填平这两种认识论之间的鸿沟。2012年秋，自始至终参与肯纳威克人研究工作的人类学家道格拉斯·奥斯利将研究结果向原住民部落代表进行了汇报，当时，这些部落仍然认为这是他们祖先的遗体，所以还在要求将其收回。各大报刊都将这一事件报道为"两个世界的历史性会晤"。[3] 奥斯利指出，肯纳威克人可能并非当地居民，而是从波利尼西亚来的渔民。不仅其头骨的特征能够证明这一点，对骸骨的同位素分析也显示他的饮食以海洋哺乳动物为主。然而，这些技术细节并没有动摇所有人的信仰，在场的印第安部落首领都说，看到从不同角度拍摄

---

[1] Max Weber, *Le Savant et le Politique,* traduction de Julien Freund, Paris, Plon, coll. «10/18», 1963, p. 91.
[2] Douglas W. Owsley et Richard L. Jantz, «Archaeological Politics and Public Interest in Paleoamerican Studies: Lessons from Gordon Creek Woman and Kennewick Man», *American Antiquity,* vol. 66, n° 4, 2001, pp. 565-575.
[3] *The Seattle Times,* 9 octobre 2012.

的骸骨照片，他们感到相当不舒服，甚至产生了心理阴影。他们都再次声明，肯纳威克人就是他们的祖先，必须要尽早让其入土为安。

奥斯利的上述结论在 2015 年受到了 DNA 分析结果的质疑。从基因上看，肯纳威克人与华盛顿州的科尔维尔部落关系密切，该部落成员同意提供自己的 DNA 样本供科学家研究。然而，这些样本并不足以为这项研究画上句号：由于其他的原住民群体拒绝参加研究，所以样本数量过少，研究人员无法断定"科尔维尔部落就是现存的、与肯纳威克人血缘关系最近的后代"。总之，根据目前已经得出的结论，《美国原住民坟墓保护与归还法》是否适用于此案仍然难下定论，而且关于此案的争论很可能还会继续下去，因为在奥斯利看来，技术在不断进步，在这些骸骨回答科学家的所有问题之前，就不应将其埋葬。[1]

而相关原住民部落的首领也表示，他们会继续向美国国会施压，以使其对《美国原住民坟墓保护与归还法》进行修改，避免出现任何可能对科学家有利的内容。事实上，改动不需要很大，只要在原来的"现有"二字之后加上"或曾有"三个字，科学家们就会败诉。这一细节至关重要，因为上诉法院的法官已经确定，

---

[1] Corine Lesnes, «L'"homme de Kennewick" retrouve ses origines», *Le Monde,* 22 juin 2105; Carl Zimmer, «New DNA Results Show Kennewick Man Was Native American», *The New York Times,* 18 juin 2015.

依据法律，只有与"美国现有原住民的某一部落、民族或文化"有关联的遗骸才属于"原住民"遗骸。[1] 法院认为，"现有"二字要求必须证明遗骸与美国领土上现存的群体有关联。要取消这种限制，将法律涵盖的时间段从现在扩展到过去便可以了。在这一问题上，原住民向有关部门施加了很多压力，而许多学术团体则表示反对。[2] 通过原住民追要遗骸的事件，我们可以看出，科学研究要想成为可能，不仅需要认识论和文化环境的允许，政治环境也是非常重要的。

▶▷ 当祷告取代医学

肯纳威克人一案以科学家的胜利而告终。通过对这具骸骨的分析，科学家对人类在美洲的定居史以及当地居民的文化习俗有了更多的了解，这些研究结果形成了一本 600 多页的论文集，已于 2014 年出版。[3] 对于对此感兴趣的人来说，这是一件幸事。但

---

[1] Bonnichsen v. United States.
[2] Constance Holden, «U.S. Government Shifts Stance on Claims to Ancient Remains», *Science,* vol. 309, 5 août 2005, p. 861; «Remains Remain Controversial», *Science,* vol. 318, 19 octobre 2007, p. 377; Susan B. Bruning, «Complex Legal Legacies: The Native American Graves Protection and Repatriation Act, Scientific Study, and Kennewick Man», *American Antiquity,* vol. 71, juillet 2006, pp. 501-521.
[3] Douglas W. Owsley et Richard L. Jantz (dir.), *Kennewick Man: The Scientific Investigation of an Ancient American Skeleton,* College Station, Texas A&M University Press, 2014. Voir le compte rendu de Douglas Preston, «The Kennewick Man Finally Freed to Share His Secrets», *Smithsonian Magazine,* septembre 2014.

也有人可能会认为，如果当时法官们支持了原住民的世界观，其实也并不会犯下什么实质性的错误，因为知不知道人类从哪里来似乎不会对我们的日常生活产生什么影响。美国人类学家斯蒂芬·莱克森（Stephen Lekson）曾参与了向普韦布洛人归还数百件人类骸骨和文物的工作，他甚至反思说，"如果考古学会给原住民带来痛苦，那么我们这样做究竟值不值得"。他之所以产生了这样的想法，是因为很多考古发现都断然否定了原住民对自己的认识（经历战乱、同类相食等）。[1] 对于天文学，我们也可以提出同样的问题：如果知道（或者"认为"）宇宙大约有 150 亿年的历史、地球在转动会给基要派基督徒、激进派穆斯林甚至还有原住民带来痛苦，那么知道它们又有什么意义呢？

如果拒绝科学知识、科学方法和科学技术会让孩子失去生命，恐怕就不会有人再对科学的意义提出质疑了。很多人不知道，在美国的大多数州，父母是可以因为宗教的原因拒绝医生给他们的孩子进行治疗的。然而，在 20 世纪 70 年代中期之前，多位父母因为过失犯罪受到起诉并被判刑，法官在判案中——以科学知识为根据——更重视儿童的健康而不是其父母的宗教信仰。例如，对于患儿已经情况危急、而其父母一味遵循耶和华见证会的教义、不同意医生给孩子输血的情况，法院的判决是剥夺这些父母的监

---

[1] Keith Kloor, «Giving Back the Bones», *Science*, vol. 330, 8 octobre 2010, p. 166.

护权。一些基要派基督徒相信信仰疗法（faith healing），宁愿祷告也不愿使用任何形式的医疗救助，这样的教派超过 20 个，分布于美国的 34 个州。

20 世纪 70 年代以来，美国基要派的政治影响力大大增加，于是，大多数州都通过立法的形式对这些教派的信徒进行了保护，他们不再因为对其子女的过失犯罪而受到起诉。不仅如此，受到基要派的影响，美国还成为少数几个尚未批准联合国《儿童权利公约》的国家之一，而该公约明确规定，当未成年人的健康面临危险时，要将未成年人的利益放在优先位置。[1]1974 年，美国通过了一项关于保护儿童的联邦法规。该法规规定，如果父母基于虔诚的宗教信仰认为仅凭祷告就可以治愈其子女，那么就可以用祷告取代常规的医疗措施。由此，宗教在美国的地位大大提升。尽管科学已经证明医学的方法远比祷告更有效，而且我们也可以想见，在重病面前，祷告无济于事，但这一点好像还不够显而易见一样，美国的许多研究人员还煞费苦心地计算基要派的死亡率，并将其与一般人群的死亡率进行比较，试图用"科学"和经验论的方式来验证它。[2]

---

[1] Paul A. Offit, *Bad Faith*: *When Religious Belief Undermines Modern Medicine,* New York, Basic Books, 2015, p. 193.
[2] 研究结果综述参见 Janna C. Merrick, «Spiritual Healing, Sick Kids and the Law: Inequities in the American Healthcare System», *American Journal of Law and Medicine,* vol. 29, 2003, p. 203。

发表于 1998 年的一项研究显示，1975—1995 年，至少有 172 名儿童因为他们的父母相信唯有祷告可以救人而未得到有效救治，最终不幸身亡。他们的病有一些是很容易治疗的，比如其中的 52 例感染性疾病（肺炎 22 例、脑膜炎 15 例、糖尿病感染 12 例）。另外，还有 15 例癌症病例也有很高的治愈率。[1] 在这项统计中，80% 以上的死亡案例都与以下五个教派有关：基督教科学会（Christian Science）、首生教会（Church of the First Born）、终极神甫会（Endtime Ministries）、信仰会（Faith Assembly）以及信仰之堂（Faith Tabernacle）。[2] 由于美国宪法第一修正案关于宗教自由的规定较为宽泛，所以这些教派的代表就抓住这一点，声称只要他们的信徒所做的决定是出于虔诚的信仰，那么即便造成了其未成年子女的死亡，政府也不能对这种信仰加以限制。与美国相比，加拿大只有两名儿童因宗教原因而死亡，而英国则没有一例这样的案件，在这两个国家，出于宗教原因而不让子女就医的父母是不受法律保护的。[3]

在加拿大曼尼托巴省，人们曾依据该省的儿童保护法在父母不同意的情况下为一名少女强制输血。2009 年，加拿大最高法院对这项法律的有效性给予了肯定。法官们认为，"照顾和保护儿童

---

[1] Seth M. Asser et Rita Swan, «Child Fatalities From Religion-Motivated Medical Neglect», *Pediatrics,* vol. 101, n° 4, 1998, pp. 625-629, 参见表 2, p. 627。
[2] 参考文献同上，参见表 4，p. 628。
[3] Offit, *Bad Faith,* p. 184.

是一项紧要的、实质性的立法目标，仅凭这一点就足以证明这项儿童保护法的合理性，该法受《加拿大权利与自由宪章》保护"。[1] 这一判决体现了先进社会（更不用说文明社会）普遍接受的一条准则，那就是国家必须为人民的福祉提供保障，当父母所做的决定与这一准则背道而驰的时候，国家是可以进行干预的。

当拒绝接种疫苗不仅使某些宗教团体所在的地区出现传染病，而且传染病还造成儿童死亡时，由宗教信仰导致的公共卫生问题就更加严重了。例如，1991年，美国费城这样一个发达的大城市竟然爆发了麻疹疫情，其原因正是一些父母出于宗教的原因拒绝给孩子接种疫苗。信仰之堂教派的五个年轻人就这样在十天的时间里失去了生命。费城医院传染病科主任保罗·奥菲特（Paul Offit）认为，这是"美国历史上最严重的一次麻疹疫情"。[2] 为了控制局势，卫生部门向法院要来了一道法令，要求该教派信徒必须为子女接种疫苗，共涉及400余名儿童。法官认为，宗教自由并不是绝对的，儿童以及全体公民的健康更为重要。[3]

20世纪初，美国还出现了一次天花疫情。当时，美国最高法院核准了一项法律，对拒绝接种疫苗的人处以罚款，即便出于宗教的原因也不能例外。最高法院称，宪法所提供的自由并不是

---

[1] Cour suprême du Canada, A.C. c. Manitoba (Directeur des services à l'enfant et à la famille), 2009, CSC 30, p. 190.
[2] Offit, *Bad Faith,* p. 101.
[3] Ibid., p. 111.

绝对的，因为绝对的自由只会使社会陷入一片混乱。[1] 尽管如此，2014 年 3 月，美国众议院还是通过了奥巴马总统的计划，因宗教信仰而反对任何医疗救助的信徒不必像其他美国公民一样被强制购买医疗保险。[2] 对于这数十万人信徒来说，只有耶稣和上帝才是真正的医生，只有祷告才能治病。这样看来，在这些抵制医学的基要主义教派，婴儿死亡率与第三世界最不发达的国家大体相当也是情理之中的事情了。[3]

▶▷ 西医范式对战祖传医术

如果对宗教、民族或文化的特殊性过于注重，而对科学过于轻视，最终就会产生我们不愿见到的结果，2014 年 11 月安大略省第一审法院的一次判决就说明了这一点。案件中的未成年儿童患有虽然严重但仍然可以治疗的癌症，医生要求采取医疗措施，患儿父母却相信祷告就能让自己的孩子康复。负责审理本案的法官与患儿父母是同一个民族的原住民，他的判决是，加拿大最高法院的决定不适用于本案。他说，这名儿童不需要国家的保护，因为其父母身为原住民，他们有权使用传统医学为其治病，相关

---

[1] Offit, *Bad Faith*, pp. 105-106.
[2] Ibid., p. 192.
[3] Ibid., p. 101.

权利是受到加拿大宪法保护的。这一判决引起了加拿大媒体的一片哗然。[1] 在美国佛罗里达州，有一位冒牌医生假借"整体"医学之名也用这样的方式给人治病，他遭到了非法行医的指控，但在本案中，法官竟然从头至尾都没有对各种治疗方式的实际治愈率进行考量。尽管医生在接受讯问时表示，该案女童患有急性淋巴细胞白血病，治愈率为90%左右，而且该病没有不治自愈的案例，但法官的结论仍然是"[母亲]D. H. 决定采取传统医学方法为女儿J. J. 治病是她作为原住民的权利"。他还补充说，"不能因为西医范式是有效的，就对原住民的权利进行限制。这扇大门一旦敞开，就会有更多的原住民权利受到侵蚀"。[2] 在这位法官看来，本案的父母没有错，他们只是在行使宪法赋予的权利而已。他盲目地保护着原住民的权利，无视这些权利的本质，似乎为了不让这些"权利受到侵蚀"，所有的原住民孩子就应当继续接受"传统医学"的治疗，即便统计数据已经证实这些"精神"疗法毫无效果、只会带来死亡。

非原住民，比如耶和华见证会的教徒，是不享有宪法赋予原住民的"权利"的，因此，他们必须遵守关于医疗卫生的各项规定，

---

[1] 例如 Alyshah Hasham, «Aboriginal Medicine Ruling Sparks Instant Controversy», *Toronto Star,* 19 novembre 2014; Joanna Frketich, «Aboriginal Girl's Chemo Case Returns to Court Friday», *Hamilton Spectator,* 23 avril 2015。
[2] Ontario Court of Justice, Brantford, Ontario, juge G. B. Edward J., *Hamilton Health Sciences Corp. v. D.H.,* 14 novembre 2014, paragraphe 81, 请留意。

可以被强制就医。上文中安大略省法官所谓的"西医范式"实际上是指顺利通过各项测试检验的所有医疗知识。一些古法就是因为没有通过某些测试而逐渐被人们所摒弃，比如在19世纪前非常流行的放血疗法在今天已经很少用到了。这位法官将"传统"医学与"西方"医学相对立，这实际上是一种极端形式的相对主义，他甚至对医疗效果的经验事实置之不理。就这样，当出生于非原住民家庭的同龄患儿有望通过先进医学的救治重获新生的时候，上文中的小女孩被法官判了死刑。

令人宽慰的是，在舆论的压力下，安大略省司法部对这一令人震惊的判决提起了上诉。2015年4月底，经过与各方律师的庭外协商，法官对判决做出了修改，明确指出"要把儿童的最大利益放在首位"，在行使传统医学治疗权时也应当"与这一原则保持一致"。[1]2014年11月至2015年3月，患儿的父母可能也意识到他们的女儿快要死去了，因此决定在采用"传统疗法"的同时立即接受化疗。他们在妥协的同时也保全了自己的颜面，一方面，化疗是已经得到证实的有效治疗手段，在此基础上加上祷告完全无害；另一方面，这种方式还让两种治疗手段仿佛成为"互补"的关系……

人们常说"没有人可以无视法律"。面对那些后果无法挽回的

---

[1] Kelly Grant, «Aboriginal Girl Now Receiving Both Chemo and Traditional Medicine», *The Globe and Mail,* 24 avril 2015.

判决，我们不禁想问，对于科学的"法律"，即已经得到妥善证明的科学结论，法官和法学家就可以置若罔闻吗？如果祷告没能救回因父母执着于宗教信仰而未得到医疗救治的那几百个孩子，那么无视知识与技术的进步、盲目宣扬"传统医学"、激进地支持"原住民权利"的人恐怕会将更多孩子的生命摆上特殊主义观念的祭坛。

▶▷ 选择及其后果

本章分析的例子以触目惊心的方式说明了科学世界与宗教世界之间可能存在的对立。在对立的两个极端之间当然也存在着中间地带，然而，在实践中，法官经常只能在两种相对立的观念中选择一种，而这个选择就会决定科学在社会中的地位。在肯纳威克人的案例中，一种选择是认同骸骨的神圣性，将其交还于原住民，另一种是将其视为值得研究的普通物品，将其托付给人类学家和考古学家。第一种选择基本上为人类学判了死刑，而第二种则更注重人类起源及其迁徙史的文化意义。在安大略省患儿救治的案例中，办案法官重传统而轻理性，如果不是迫于社会压力对判决作出了修改，他带来的不仅是一个学科的终结，更是一个生命的陨灭。

因此，这些选择至关重要。在弘扬各式朴素的、非常"后现代"

的"地方真理"之前,也许应当先想想做出这样的选择必须承担哪些后果。支持各种性质的基要主义、相信祷告或是"祖先"传下来的"天然"汤药具有神奇的功效、拒不接受经过充分验证的"西方"科学方法和科学结论可能会导致悲剧性的结局。同样,以某些少数群体的宗教信仰为由,对科学研究(如干细胞研究)下达禁令也不是没有后果的。这些研究也许会徒劳无功,甚至会带来危险,但也有可能获得美好的发现,有朝一日甚至还会为人类造福。人类社会存在很多致命的危险,这一点众所周知。但正如传染疫情的再度出现是因为有人拒绝接种疫苗,人类的下一场医疗卫生灾难很可能是因为世间的浪漫信仰太多了,而不是因为我们的科学知识太丰富了……

| 结　论 |
理性的赌局

即便被当作眼界狭窄之人，也应坚持与理性为伍。

——乔治·康吉扬（Georges Canguilhem）[1]

---

[1] Georges Canguilhem, «La philosophie d'Hermann Keyserling», *Libres Propos*, n° 1, 20 mars 1927, p. 19. 该文章还收录于 Georges Canguilhem, *OEuvres complètes*, tome 1: Écrits philosophiques et politiques 1926-1939, Paris, Vrin, 2011, p. 156。感谢卡米耶·利摩日（Camille Limoges）向我推荐了这篇文章。

科学试图通过自然的原因而不是超自然原因来解释自然现象和社会现象，使世界不再神秘。正如我们所看到的，自然主义立场逐渐成为各个知识领域的必需。科学以方法论自然主义为基础，而方法论自然主义这个假设当然是无法论证的，它实际上是对未来的一个赌注，赌的是科学最终能够实现它所要达到的结果。在某种程度上，人们因为对科学成果的期待才允许了科学研究的开展，而科学的成果之一就是在科学发展的过程中，人类的认识能力得到了提升。正是因为非宗教的理性得到了越来越广泛的运用，我们才对自然环境及其极端变化有了更加深入的了解和更加全面的掌控能力。[1] 例如，几个世纪以来，在上文中受到宗教团体反对的疫苗和很多医疗措施已经挽救了许多儿童和新生儿的生命，若没有医学，这些孩子很早就会夭折了。

分子生物学的进步也证明了自然主义假设的生命力。许多人都认为生物学家克雷格·文特尔（Craig Venter）是个狂妄之徒，他声称有朝一日能够通过合成最小的 DNA 来创造生命。我们可以谴责这种想法，说他"把自己当作了上帝"，许多人也确实毫不犹豫地这样做了。[2] 我们也可以冷静下来，将这件事看作是特尔在对未来下注，然后拭目以待，看他能不能根据生物化学的规律

---

[1] Yves Gingras, Éloge de l'homo techno-logicus, Montréal, Fides, 2005.
[2] Henk van den Belt, «Playing God in Frankenstein's Footsteps: Synthetic Biology and the Meaning of Life», *Nanoethics*, vol. 3, n° 3, 2009, pp. 257-268.

成功创造出一个合成病毒，接下来又能不能创造出一个能够自我复制的合成细胞。在这里有一点很重要，那就是文特尔的研究之所以能够继续下去，是因为他的假设是以唯物主义、还原论以及生物化学为基础的。并不是所有人都有这样的认识。比如唯灵论哲学家亨利·贝格松在20世纪初提出了"生命冲力"，现代创世论者则相信"生命之气"，而且认为"生命之气"只能来自造物主，还有人甚至认为生命是一件圣物，所以不能不加限制地对其进行研究。这么说来，人类就没必要费力从事生物化学方面的工作了，可如果这样，我们就不会有任何新的发现，特别是像DNA双螺旋结构这样伟大的发现就再也不会产生了。然而，正是因为沃森和克里克在1953年发现了DNA的结构，才有了今天的分子生物学以及生物技术产业。

科学并不是不言自明的，它建立在抽象的、伦理的以及方法论的假设之上，这些假设都是漫长历史岁月的产物。美国社会学家罗伯特·K．默顿（Robert K. Merton）最早指出了科学的这种规范性的结构。[1] 这个结构非常实用，它将普世主义的假设摆在了调整科学活动的核心位置，即强调知识是面向世界的，独立于个体的特殊主义。换句话说，尽管欧几里得（公元前300年左右）是古希腊人、也许信仰着当地的某个神灵，但他的几何学是属于全世界的。同样，

---

[1] Robert K. Merton, *The Sociology of Science,* Chicago, University of Chicago Press, 1973.

托勒密（90—168）的天文学经过了海什木（Ibn al-Haytham, 965—1040）等穆斯林天文学家的批判，得以进一步发展，他们让人类对天体运动有了更加全面的认识，而天主教议事司铎尼古拉·哥白尼（1473—1543）又在此基础上提出了日心说。在普世主义科学观看来，世界上既不存在纳粹主义所谓的"雅利安"科学，也没有斯大林主义所认为的"无产阶级"科学，一些知识分子在19世纪末幻想出来的"天主教"科学以及20世纪70年代后期以来在沙特阿拉伯等国家的支持下声势渐长的"伊斯兰"科学就更是无稽之谈了。[1]科学的规范性还要求每一个科学观点都要接受集体的核查。归根结底，知识的主体间性是科学客观性的一部分。科学从其定义来讲是集体性的，而信仰是个人的、主观的，在某种程度上是私事、是无法由专业人士核实的。如今的宗教信仰门派众多，鬼神之说也难以计数，所以尽管它们中的一些颇具影响力，但仍然都属于特殊主义的范畴，与之相比，科学恰恰是要通过一系列经验验证和逻辑关系达到超越特殊主义的目的。最后，对自然的科学研究是以理性主义的假设为基础的，即认为世界可以被理解、可以通过自然内在的

---

[1] Dominique Lecourt, *Lyssenko. Histoire réelle d'une science prolétarienne,* Paris, Presses universitaires de France, coll. «Quadrige», 1995; François Laplanche, «La notion de science catholique: ses origines au début du xixe siècle», *Revue d'histoire de l'Église de France,* tome 74, n° 192, 1988, pp. 63-90; Taner Edis, *An Illusion of Harmony: Science and Religion in Islam,* Amherst (New York), Prometheus Books, 2007; Alan Beyerchen, *Scientists under Hitler: Politics and the Physics Community in the Third Reich,* New Haven (Conn.), Yale University Press, 1977.

法则来解释。正如埃内斯特·勒南在 19 世纪中叶就已明确说过的那样，科学让一度被认为是超越自然、高于自然的东西回归自然。[1]

批判"西方理性"的人常常将科学主义与理性主义混为一谈，如果他们以化学污染、原子弹、核废料等为例指责"技性科学"（technoscience），一定会轻而易举地说服不少人。不过，我们首先应当将科学与技术区别开来。科学只是通过自然原因来解释现象，而技术以民用或军用为目的对物体（技术）进行改造。现代科学离不开各种仪器（望远镜、显微镜等），这一点显而易见，但这并不意味着科学就是一种技术，更不能说科学等同于"技性科学"，因为谁也不相信没有科学知识的启明人类将看得更远。事实上，"技性科学"这个说法含混不清，定义尚不明确，不仅无益于分析问题，而且本身就值得争议。[2] 如果说科学，更确切地说是某些社会团体对科学的使用造成了不良后果，那么只有通过更多的科学——而不是更多的斋戒或祷告——才能解决这些问题。过去的每一次科学进步和技术进步之所以成为可能，都是因为人们秉持着世界是可知的、是遵循普遍规律的、不是任凭神灵摆布的观念，勇于冒险、勇于对祖先的信仰提出质疑。

---

[1] Ernest Renan, *L'Avenir de la science,* Paris, Flammarion, coll. «GF», p. 116.
[2] François-David Sebbah, *Qu'est-ce que la technoscience? Une thèse épistémologique ou la fille du diable?,* Paris, Encre Marine, 2010; 另参见 Dominique Raynaud, «Note historique sur le mot "technoscience" », *Carnet Zilsel,* 4 avril 2015, 网址 zilsel.hypotheses.org/1875。

科学是客观的，它的客观基于主体间性，即了解相关问题的人经过讨论、辩论能够得出一致的观点。正是因为共识成为可能，所以科学成为一个组织，人们得以借科学之名来表达观点。为了能够交流，学者们纷纷默认了一些原则，其中就包括人们应当从自然中寻找原因，并尽可能地用经验来验证观点，也就是说，要让观点直面现实。若是没有这条基本原则，真正意义的讨论就无从谈起，各种观点也就无法互通了。当诺贝尔物理学奖或化学奖得主讲起自己的专业时，他不会将其作为纯粹的个人观点或信仰，而会将其作为得到集体认可的知识。因此，科学的客观性不仅表现在它在一定条件下与现实相符（不仅是现实的影子），更表现在它具有主体间性而且是面向世界的。科学理论并非一成不变，它会随着新观点、新发现而变化。即便是所有学说的理论硬核（即最为根本的物理假说和化学假说）有的时候也会随着科学革命而改变。[1] 犯错误和改正错误是科学不可或缺的一部分。

与科学相比，尽管一些宗教也以开放包容自诩，但这些信仰从根本上讲依然是主观的，所谓的普世宗教不过是一场空谈。此外，科学是动态的，是需要变化发展的，而信仰除了在表面上做出了些许调整之外，总体上是静止的，基要派基督徒时至今日仍

---

[1] Thomas Kuhn, *La Structure des révolutions scientifiques,* Paris, Flammarion, 1972; Imre Lakatos, *Preuves et Réfutations. Essai sur la logique de la découverte mathématique,* Paris, Hermann, 1984.

然以《圣经》为由拒绝让孩子接受治疗就是实例。

"知识（知道）"与"信仰（相信）"都有着丰富的含义，抛开认识论和语义学不谈，让我们来明确一下二者的常用意义。一般来讲，"知识"是指通过普遍接受的方法而获得的、受到集体认可的认识，而"信仰"是指尚未得到集体认可的个人信念。[1] 后现代犬儒主义者很喜欢将这两组词放在一起，比如有人提出，人们总是"相信自己知道"，而应该做的是"知道如何相信"。如果我们相信在神灵之外，一切知识都是历史上某一时期某一集体的发现，它有可能是错误的、也许有某一天会被修改、被推翻，那么知不知道似乎无关紧要。可即便如此，"我相信 2 + 2=4"显然毫无意义，而"我知道 2 + 2= 4"却是有意义的。没有被视为教条的信仰是可以修改的，但只要它仍然是个人的、主观的，且没有通过合理的途径得到集体的认可，它就依然有别于知识。这里所说的合理途径也是随着时间而变化的。科学史早已证明，尽管人们并不是无时无刻都在质疑一切，但科学知识的确在不断发展。此外，比起科学理论，经验事实更为稳定，面对同样的经验事实，科学理论是可以发生改变的。比如物体会下落是一个事实，而亚里士多德、牛顿乃至爱因斯坦给出的解释各不相同。无论不同的观点之间有多少细微的差别，我们都应避免混淆，将科学与信仰区分

---

[1] 更深入的讨论参见 Jacques Bouveresse, *Peut-on ne pas croire? Sur la vérité, la croyance et la foi,* Paris, Agone, 2007。

开来。

2004年,教皇本笃十六世曾提出要承认"理性与信仰、理性与宗教之间的必然联系,它们需要彼此净化、相互促进"。[1]这句话是在呼吁科学与宗教展开"对话",其隐含的前提是信仰可以为理性指点迷津。对此,我们需要重申,理性的界限自古以来就是在不断发展的,如今的科学论战、伦理论战、政治论战都是理性的体现,因此,教皇所说的"理性之病"只能由理性自己来医。宗教不能把自己置于理性之上、对理性进行评判:它并不是理性的"超我"。正如马克斯·韦伯所说,在这个并不神秘的世界,"众神之战"永无休止,若要纠正科学的错误,唯有依靠更多的科学。

---

[1] Joseph Ratzinger, «Démocratie, droit et religion», *Esprit,* juillet 2004, p. 28.

鸣　谢

在此，我谨向阅读本书手稿并提出宝贵意见和建议的各位同事、朋友表示感谢，他们的帮助使本书更加完善。他们是：樊尚·邦唐（Vincent Bontems）、西尔维·迪歇纳（Sylvie Duchesne）、让·艾森施泰特（Jean Eisenstaedt）、罗贝尔·加尼翁（Robert Gagnon）、吉勒·让松（Gilles Janson）、迈赫迪·凯法伊（Mahdi Khelfaoui）、热罗姆·拉米（Jérôme Lamy）、卡米耶·利摩日（Camille Limoges）、皮埃尔·吕西耶（Pierre Lucier）、维克托·斯托科夫斯基（Wiktor Stoczkowski）、弗朗索瓦丝·奥利维耶－尤塔尔（Françoise Olivier-Utard）以及让－菲利普·瓦朗（Jean-Philippe Warren）。另外还要感谢博雷亚尔出版社（Éditions du Boréal）的让·贝尼耶（Jean Bernier）先生，在他的鼓励下，这本几年前就已许诺的作品终于得以完成。感谢马克·贝尔坦（Marc Bertin），他帮助我制作了文中的图表。

我在本书中部分引用了此前发表的两篇文章，这两篇文章分别为：《何为科学与宗教的对话？》（Argument, vol. 11, n° 2, printemps-été 2009, pp. 16-27）以及《理性的赌局》（Heureux sans Dieu, Daniel Baril et Normand Baillargeon (dir.), VLB éditeur, 2009）。

索引

《爱丁堡评论》220

《北美评论》221

《创造性进化》196

《达尔文主义》186

《大众科学月刊》204, 205, 216

《费加罗报》214

《基督教世界的科学与神学战争史》202, 204, 205

《基督教哲学家：科学和哲学与宗教的联系》217

《进化与教条》190

《进化与神学：人类起源问题》196

《科学与宗教冲突史》202

《灵魂是大脑的功能》186

《人类》159, 198, 199

《人类起源与智力进化》196

《圣经的科学谬误》186

《圣经手册》194

《圣经中的神话》186

《天主教视角下的达尔文主义》192, 193

《天主教文明》183

《唯心主义之需与进化之实》196

《物质与能量》186

《创世记》127, 133, 175, 188

《有机物种的进化》187

《有机物种的有限进化》189

《哲学新研究：致年轻学子》183

《宗教科学杂志》192

《宗教与科学》212

《X档案》270

Zygon 232, 233

《百科全书》072, 074

《不过是六个数字：塑造宇宙的深邃力量》274

《布里奇沃特论文集》113, 127

《初述》014

《纯粹理性界限内的宗教》005

《纯粹理性批判》006

《刺激与精神错乱》170

《从地学角度论证人类的古老》134

《存在的理由：面临考验的科学与宗教观念》250

《打开尘封的档案：伽利略其人、其案、其罪》084

《大爆炸之前》270

《大洪水前的凯尔特古文化》133

《大洪水前的人类及其制品》134

《大自然的时期》168

《当科学遇到基督教》240

《笛卡儿传》146

《地球形成史》引言 015

《地质学原理》124, 125, 126

《第五奇迹》268

《动物学哲学》131

《发现》279

《法律篇》111, 220

《反对"地动说"》034

《浮体论》015

《伽利略案：新资料，新审视》084

《伽利略的革命》093

《伽利略与宗教裁判所：纪实与审视》083

《伽利略之生平与著作》088

《高等教育纪事报》279

《哥白尼天文学概要》037, 038, 044

《古兰经》引言 010, 003, 007, 017, 240, 248, 277, 281

《关于多重世界的对话》161

《关于托勒密和哥白尼两大世界体系的对话》/《关于潮汐的对话》041, 046, 047, 049, 051, 061, 062, 075, 077, 081, 108, 116, 147, 149

　　查禁　061, 079

　　出版　075, 081

《关于两门新科学的对话》引言 014

《关于哲学的对话》102

《光学》113

《捍卫伽利略》015

《华盛顿邮报》279

《机器人：从简单机器到卓越智识》268

《基督教物理学》273

《基于新观察法的有机化学新体系》169

《吉尔伽美什史诗》174

《旧约全书》．请参阅"《圣经》"

《开始之前：我们的宇宙与其他》274

《科学、文化与宗教》232

《科学、艺术和手工艺分类词典》072

《科学精神的形成》263

《科学美国人》279

《科学与基督教信仰》231

《科学与意义的探寻》276

《可悲矣》（法令）178

《昆虫的神学：用与昆虫有关的一切见证上帝的完美》111

《量子的跃迁》237

《论潮汐》046, 050

《论动物的本质》117

《论法的精神》168

《论科学与基督教信仰》231

《论人的肉体与精神的关系》170

《论物理学》102

《论约伯》025

《洛杉矶时报》279

《美国科学协会杂志》231

《美国原住民坟墓保护与归还法》293, 294, 297—299, 301, 303

《谬论举要》173, 178, 225

《摩西五经》003, 248

《魔术师的早晨》270

《牧放主羊》178

《穆罕默德》074

《欧洲科学与神学杂志》232

《偶然与必然》265

《人类存在及大型哺乳动物化石新考》134

《人类的由来及性选择》139, 140

《人类精神进步史表纲要》171

《人类理智新论》072

《人择宇宙学原理》267

《上帝的面孔》270

《上帝的思想》270
《上帝的语言》269
《上帝和新物理学》268, 270
《上帝粒子》266, 268
《上帝粒子》/《不俗的粒子》266, 267, 268
《上帝之思》268
《上智之天主》177
《神秘的乐歌》269
《神学、物理、伦理及数学：人人皆可寻求满足或得到锻炼的问题》149
《神学大全》028
《神学与科学》231
《神与科学：走向元现实主义》270
《审判官指南》031, 059, 060
《生物控：有机生命之法则》171
《圣经》引言019, 引言021, 005, 007, 010, 011, 013—017, 174, 230, 248, 320

 历史性 281

 诠释 023, 026, 034, 119, 135, 149, 162, 177, 178

天文学假说 016

 与亚里士多德 007, 011

《时代周刊》279
《时间简史》267
《实证哲学教程》171
《世界报》090, 283
《世界的主宰》270
《世界论》143, 145, 146
《试金者》046—048, 051, 156
《天体运行论》012—014, 018, 021, 024, 030, 039, 081
《天主教百科全书》086
《我们的末世：人类能否活过二十一世纪？》274
《物理神学：由万物论证神性》111
《物理学基础》264
《物理学之道》引言003, 264
《物性论》155
《物种起源》126, 127, 129—131, 133, 139, 182, 225

《喜乐与希望》088, 092, 095

《现代科学与基督教信仰》231

《现代思想之主流》264

《消逝的发现》268

《写给女士的牛顿学说》163

《写给女士的天文学》080, 165, 171

《泄露的秘密》270

《新共和》279

《新观察家》269

《新科学家》279

《新联盟》265

《新天文学》015, 019, 021, 037

《新天文学大成》150

《星际信使》021

《学院之争》005

《要释》016

《耶稣传》（勒南）136, 172, 213

《耶稣传》（施特劳斯）135, 172

《伊斯兰教和科学》277

《伊斯兰教与科学》232

《伊斯兰科学》232

《以圣经为依据的历史起源与东方人民的传统》175

《永恒的天主》011

《永生物理：现代宇宙学、上帝与复活》267

《犹太传统与达尔文主义的挑战》239, 240

《宇宙的奥秘》017, 037

《宇宙和谐论》043

《宇宙巧合：暗物质、人类与人类宇宙学》274

《宇宙体系论》118

《宇宙万物中的上帝智慧》111

《月球上的世界》162

《月球世界的发现：关于月球上可能存在另一个可以居住的世界的论证》161

《哲学学报》110

《哲学原理》146, 158

《自传》（达尔文）130, 131

《自然》（杂志）273, 279

《自然的奇观》112

《自然神学——由自然现象论证神灵的存在及其特质》111

自然史 121, 165—168, 183, 186—190, 192, 194, 196, 198, 202, 204, 205, 209, 212, 214, 216, 217, 220

《自然哲学的数学原理》113, 164

《宗教史研究》172

《作为经验科学的生理学》171

阿德里安·巴耶 146

阿尔贝特·爱因斯坦 前言 013, 094, 244, 320

阿尔吉努斯 014, 163

阿米尔·德鲁里 290

阿尔贝·德·拉帕朗 188

埃德蒙·拉马勒 088, 095

埃尔兴格 089—091

埃利亚·迪奥达蒂 063, 067

埃米尔·利特雷 136

埃内斯特·勒南 136, 172, 227, 296, 318
　　进入禁书目录 172

艾蒂安·唐皮耶 引言 013, 008, 009, 029

受到谴责的观点 009

艾尔弗雷德·拉塞尔·华莱士 125

艾哈迈德·达拉勒 244

艾萨克·牛顿 引言 017, 074, 080, 105—107, 109, 112—115, 118, 119, 121, 122, 220, 164, 252, 320
　　科学与宗教 109, 113, 115
　　自然神学 114, 115

爱因斯坦 引言 013, 094, 105, 244, 320

安德烈亚斯·奥西安德 016, 017, 021, 039

安德鲁·迪克森·怀特 202

安东尼奥·法瓦罗 084

安东尼奥·杰诺韦西 158

安东尼奥·瓦利斯内里 121

安尼巴莱·凡托利 083, 098

安萨里 引言 003, 007

奥巴马 309

奥拉齐奥·格拉西 046, 156

澳大利亚 258, 289, 290

柏拉图 002, 014, 111, 220, 246, 247

班诺克人 294

保禄六世 010, 086—089, 092

保罗·安东尼奥·福斯卡里尼 026—028

  作品被禁 037

保罗·奥菲特 308

保罗·戴维斯 231, 268, 270, 271

保罗·瓜尔多 040

保罗·普帕尔 095, 096

保罗三世 012, 030

保罗五世 035

贝尔纳·德帕尼亚 275, 276

贝尔纳·居伊 031

贝内德托·卡斯泰利 022, 034, 045, 098

贝纳科学与信仰对话基金会 269

贝涅 145

本笃十六世 006, 280, 281, 283—286, 321

本笃十四世 073—075, 079

  书籍查禁 078

本质主义 233, 235

比利·格雷厄姆 271

彼得·戈德曼 063

彼得·哈里森 016

彼得罗·帕伦特 089

庇护九世 173, 225

庇护七世 080

庇护十二世 159, 182, 198

庇护十世 178, 180

庇护十一世 085, 195, 197

庇护五世 011

边界条件 256

玻意耳定律 引言 012

玻意耳讲座 111, 112, 279, 280

伯克自然历史博物馆 299

伯纳德·勒博维耶·德·丰特内勒 161

布封 引言 015, 116, 121—124, 132, 168, 169

  与洪水 122, 123

  自然史（假说）165—167

查尔斯·达尔文 引言 006, 125—131, 133, 171, 182—186, 192, 193, 195, 213, 225, 252, 279

  与上帝 138—140

查尔斯·金斯利 130

查尔斯·赖尔 引言017, 124—127, 133, 134

 与大洪水 125

查尔斯·泰勒 241

查尔斯·汤斯 272

查禁 006, 014, 007, 102. 请参阅"禁书目录"

 伽利略传 086

 进化论 125

 科学 142

 天主教学者的自我查禁 143

 修改 078

禅宗 264

长老会 185, 186, 235

超导超级对撞机（SSC）266

潮汐 046, 054, 055, 060, 108, 116, 256

传布信仰圣部 044

创世论 115, 244, 248, 267, 277, 292, 316

达尔文主义 引言009, 183, 184, 186, 192, 193, 213, 225

达妮埃尔·埃尔维厄-莱热 引言008

达维德·弗里德里希·施特劳斯 135, 136, 138, 172

大爆炸理论 引言019

大公夫人克里斯蒂娜 022, 075, 176

 伽利略的信 022, 039, 049, 075, 098, 176

大卫·C.林德伯格 引言014, 208, 238, 240

大卫·H.托马斯 301

大学

 巴黎多学科综合大学 276, 277

 巴黎文学院 007, 009

 贝鲁特美国大学 引言009, 185

 比萨大学 022, 045

 博洛尼亚大学 038

 都柏林天主教大学 117, 222

 华盛顿大学 299

 剑桥大学 278

 柯尼斯堡大学 171

 拉特朗大学 087

鲁汶大学 150, 151, 192, 193, 196

罗马大学 080

墨尔本大学 290

斯坦福大学 257

索邦神学院 引言 015, 102, 149, 151, 157, 165, 166, 168, 169

图宾根大学 018

亚历山德鲁伊万库扎大学 238

芝加哥大学 275

祷告（治疗方法）306, 307, 309

道格拉斯·奥斯利 297, 302

道教 264

德国 134, 172

德谟克利特 155, 156, 262

邓普顿基金会 231, 234—246, 250, 257, 258, 260, 261, 268, 270—272, 274—279. 请参阅 "邓普顿奖"

"对话中的科学"项目 279

对科学史的影响 235

对科学与宗教对话的资助 235, 237—241, 257, 260, 271, 277—279

记者培训项目 278

咨询委员会 276

邓普顿奖 233, 235, 237, 241, 271, 272, 274—276, 278, 280. 请参阅 "邓普顿基金会"

邓斯·斯科特 280

狄德罗 072

迪克·特雷西 268

抵制医学 309

地球

潮汐（现象）046, 054, 108, 116

"地动说" 引言 021, 035—042, 053—055, 057—058, 080, 144, 150, 154, 164

"地动说"与《圣经》014, 016, 019, 026, 034, 061

混合体系 041, 047

演化 121

地质学 引言, 102, 107, 119, 120, 124—127, 221, 226

与洪水 120, 122—124
第二次梵蒂冈大公会议 引言 019, 010, 087, 090, 092—095, 182
 科学与宗教的关系 088
 与伽利略 087
第谷·布拉厄 019, 041, 047, 050, 147
调和主义 引言 018, 224, 286
动物学 120
多米尼克·迪巴勒 090, 093, 097
多明我会 010, 015, 031, 033, 035, 051, 086, 090, 187, 189
多神论 003
迭戈·德·苏尼加 025, 037
恩斯特·冯·黑森－莱茵费尔斯 070
发现语境 105, 106
法国 112, 132, 149, 166, 172, 269
法国科学家天主教联盟 090
法国史前学会 101
法兰西公学院 136, 165, 180—182, 197
法兰西科学院 101, 167, 214
法齐耶·法丽达·沙尔菲 244

反现代主义. 请参阅"现代主义(危机)"
反正统文化 引言 002, 232
泛神论 引言 010, 115, 118, 173, 184
梵蒂冈
 档案 082, 083
梵蒂冈天文台 096
方济各会修士 189, 280
菲利普·梅兰希通 015
腓特烈·威廉二世 005
腓特烈·威廉三世 006
费城
 麻疹疫情 308
费代里科·切西 028, 048, 101
分类学 引言 004
佛教 264, 269, 276
弗吉尼娅·莫雷尔 291
弗兰克·J.蒂普勒 255, 267, 272
弗朗切斯科·阿尔加罗蒂 163
弗朗切斯科·巴尔贝里尼 045, 058, 062, 065, 067, 146
弗朗切斯科·英戈利 041, 044

索　引

伽利略的信 049, 050
弗朗索瓦 – 樊尚·拉斯帕伊 169
弗朗索瓦 – 约瑟夫 – 维克托·布鲁赛 170
弗朗索瓦·勒诺尔芒 174—176
弗朗索瓦·雅基耶 164
弗朗西斯·科林斯 268
弗朗西斯·培根 128
弗朗西斯科·阿亚拉 231
弗朗西斯科·贝雷塔 011, 033
弗朗西斯科·培尼亚 031
弗雷德里克 – 克里斯蒂安·莱塞 111
弗里肖夫·卡普拉 引言 003, 264
伏尔泰 074, 163, 282
福音派基督徒 引言 009, 106, 107, 234
傅科摆 076
伽利略 引言, 011, 015, 018, 021, 081, 101, 108, 116, 128, 141, 143, 176, 252
　　贝拉尔米内的立场 028, 040
　　第二次梵蒂冈大公会议 087
　　伽利略案/判决/获罪 引言, 011, 033, 051, 066, 081, 089, 090, 091, 143, 147
　　公开放弃异端邪说 061
　　恢复名誉 088, 090, 091, 093, 098
　　教廷圣职部办案 (1615-1616) 033
　　诘问神学家 021
　　去世 077
　　软禁 063, 067, 069
　　乌尔班八世当选教皇 045
　　遗嘱 064
　　原子论 156
　　葬礼 078
　　致信大公夫人 022, 039, 049, 075, 098, 176
　　致信英戈利 048, 054
　　作品全集 084
干细胞 引言 006, 313
格奥尔格·约阿希姆·雷蒂库斯 014
格里奇卡·博加诺夫 269
格列高利九世 007
格列高利十五世 044

格特弗里德·莱布尼茨 069, 071, 072, 115, 129, 150

古尔德（法官）299

古希腊 002, 003, 007, 155

光行差 076

贵格会信徒 273

国际跨学科研究中心（CIRET）277

戈德弗鲁瓦·德·方丹 009

谷歌图书 209

海德格 251

海什木 317

海洋生物 121

汉斯·赖兴巴赫 105

汉斯·莫拉韦克 268

亨利·阿特朗 265

亨利·奥尔登堡 110

亨利·贝格松 196, 316

亨利·德·莱皮努瓦 083, 084

亨利·马吉诺 264

亨利·普安卡雷 076

洪水 119, 120, 122—126, 133

后现代主义 233—235

化学 159, 169

彗星 046, 119

基督教 010, 020

    科学与宗教的对话 230

    信仰与理性的冲突 003

基督教会 引言 005, 引言 009, 002, 141, 281

基督教科学会 307

基思·沃德 280

吉勒·凯佩尔 289

吉勒·佩索纳·德·罗贝瓦尔 144

几何学 024, 025, 316

技性科学 318

加布里埃尔-马里·加龙内 089, 095

加拿大 205, 232, 291, 307, 310

加拿大体质人类学协会 291

加拿大最高法院 307, 309

加斯东·巴舍拉尔 251, 263

贾科莫·曼佐尼 082

焦尔达诺·布鲁诺 027, 162

索 引 335

教廷圣职部 引言 008, 015, 026, 031,
　　035, 036, 038, 039, 041, 044,
　　053, 054, 057, 058, 061—063,
　　074, 077, 078, 080, 081, 083,
　　084—086, 088, 089, 092, 146,
　　149, 153, 190, 193, 195, 196
　　调查 030
　　伽利略案 (1615-1616) 033
　　伽利略案卷宗 083
　　伽利略传 086
教育
　　邓普顿基金会的作用 237
　　教会的明文规定 148
　　进化论 引言, 125, 182—187,
　　　　192, 193, 195, 196, 198,
　　　　199, 234, 242, 255, 279,
　　　　285, 292, 301
　　　　反进化论法律 243
　　科学理论 引言, 106, 159, 319, 320
　　思想自由 005, 185
　　用科学外壳来包装宗教观念

引言 006
原子论 157
接种疫苗 308, 313
杰弗里·坎托 239, 240, 280
杰里·科因 275
解剖学 171, 172
金承哲 010
禁书目录 引言 015, 006, 010, 014,
　　026, 037, 038, 044, 066, 074,
　　079, 081, 120, 138, 143, 146, 149,
　　151, 154, 158, 162, 164, 166, 167,
　　170, 172, 177
　　1544 年版 149
　　1559 年版 014
　　1757 年版 079
　　1835 年版 081
　　鲁汶大学 151
　　作品的翻译 170, 171
禁书审定院 引言, 008, 075, 079. 请参
　　阅"禁书目录""教廷圣职部"
　　成立 030

地球的运动 036

哥白尼天体系统 036, 044, 163

世界的多重性 161

唯物主义 169, 172

精神病学 253

卡巴尼斯 170

卡尔·波珀 284

卡尔·弗里德里希·布尔达赫 171

卡尔·弗里德里希·冯·魏茨泽克 264

坎特伯雷大主教 283

康斯坦丁·惠更斯 152

考古学 133, 301, 305

 原住民遗物追索 291, 294, 301, 302

科尔维尔部落 303

科西莫二世 034

科学．请参阅"科学与宗教的对话"

 边缘化 289

 查禁 142

 独立自主 引言, 004, 005, 015, 092, 109, 173

集体性 引言, 013, 317

客观性 317, 319

普世主义 289, 291, 316, 317

权威性 引言, 007, 289

与《古兰经》引言, 010, 240, 277

与上帝 引言, 003, 017, 100, 266

与神学 101, 109, 248

与信仰 248, 289, 291, 292, 296, 301, 305, 309, 312, 317, 319

与宗教 引言, 016, 018, 023, 104, 174, 249

基要派 引言, 003, 194, 305, 306, 319

自然主义假设 262, 315

科学方法 引言 007, 116, 126, 249, 305, 313

脱离教会 099

科学家 引言

科学与宗教的对话 269, 271

思想自由 014

自我查禁 143

宗教信仰 引言, 104, 105

科学与宗教的对话
    辩论形式 247
    话语层次 254
    记者培训 278
    交集 253
    趋同 254, 255
    人择原理 254—267, 272, 273
    条件 246
    资助 235, 257, 260, 277

科学主义 318

科学自然主义/方法论自然主义
    引言 007, 107, 141, 261, 315

克雷格·文特尔 315

克雷芒十三世 074

克里克 316

克里斯蒂安·惠更斯 148, 151

肯纳威克人 292—297, 299, 301—304, 312

孔多塞 171

拉尔夫·温德尔·伯霍 232

拉科塔部落 301

拉克坦提乌斯 120

拉特朗大公会议 011, 023, 035

勒布朗（修道院院长）168

勒内·笛卡儿 102, 158
    进入禁书目录 158
    自我查禁 143—145

理查德·奥尔森 引言 015

理查德·本特利 112

理性 314
    边界 283
    与信仰 003
    自我约束 006

理性的自我约束 006

理性主义 173, 317, 318

历史学 108
    科学方法 135
    科学史 005, 238, 320
    历史批评 135, 136, 169

现代主义 178
    与神学 136
    与宗教 169

宗教史 引言
历史学宗座委员会 087
利昂·莱德曼 266
利奥十三世 011, 177, 225
联邦上诉法院 299
联合国《儿童权利公约》306
联合教会 231, 272
留基伯 155, 262
卢多维科·德科隆博 034
卢克莱修 155
路德教徒 014, 023, 037, 106
　　贬责开普勒 017
路易·保韦尔斯 270
路易·莱萨尔 258
伦敦皇家学会 101, 110, 112, 161,
　　163, 236, 274
论证语境 105, 106
罗贝尔·沙鲁 270
罗伯特·J.罗素 231
罗伯特·K.默顿 316
罗伯特·贝拉尔米内 017, 018, 026,

027, 028, 036, 039, 040, 047,
076, 077, 096, 098, 124, 168
"讨伐异教徒的铁锤" 027
哥白尼体系 027, 047, 076, 077
罗伯特·玻意耳
　机械唯物主义 109
　科学与宗教 109
　自然神学 112, 279
罗布·博尼克森 298
罗马教廷 引言, 026, 030, 041, 048,
　　062, 063, 078—080, 087, 146,
　　154, 177, 184, 192, 193, 195, 198
罗马尼亚 238
罗马尼亚科学与神学对话协会 277
罗纳德·L.南博斯 引言, 014, 240
罗纳德·里根 234
马蒂厄·里卡尔 269
马蒂亚斯·哈芬雷弗 018
马丁·艾蒂安·范费尔登 150—154
马丁·里斯 256, 274, 275, 280
马丁·路德 015

索　引　339

马费奥·巴尔贝里尼 029, 045

马克斯·韦伯 引言, 292, 301, 321

马兰·梅森 143—147, 149

马里奥·博勒加德 262

马里奥·博勒加尔 260

马里奥·圭杜奇 050

马里尼 083, 084

玛丽-维克托兰修士 引言 001, 255

迈克尔·伯恩 279

迈克尔·马斯特林 018—020

梅厄·罗戈斯尼茨基 290

梅西耶 006, 193, 194

梅塔尼克斯学会（Metanexus Institute）260

美国 引言, 006, 234, 268, 289

　　邓普顿基金会的作用 237, 279

　　反进化论法律 243

　　基督教基要主义 236, 242, 244

　　拒绝科学 305

　　肯纳威克人 293, 296, 297, 299, 301, 303, 304, 312

美国科学促进会（AAAS）222, 236, 240, 268

美国科学协会 231

美国最高法院 243, 308

孟德斯鸠 168

米开朗基罗 078

米凯莱·马卡罗内 087, 088, 093, 095

米歇尔·塞尔韦 020

冥想（加尔默罗会修女）260

木星 045

穆斯林 引言 020, 283

　　科学与宗教的对话 232, 240

　　天文学 017, 317

　　信仰与理性的冲突 003

穆扎法尔·伊克巴尔 232

拿破仑 082, 118

纳粹主义 317

尼达尔·盖苏姆 240, 277

尼古拉·哥白尼 引言, 030, 120, 143, 317

《百科全书》072, 073

　　被查禁 036

　　世界的多重性 160

数学假设 016, 054

天体系统 012, 021, 024, 033, 047, 050, 052, 073, 076, 081, 147, 150, 160, 163

尼古拉斯·鲁普克 234

尼古劳·埃默里克 031, 059

尼科拉西-克洛德·法夫里·德·佩雷斯克 066, 069, 147, 148

尼科洛·里卡尔迪 051

尼科洛·洛里尼 033

纽伦堡 012, 014

诺埃尔-安托万·普吕什 112

诺贝尔奖 256, 266, 271, 272, 319

欧几里得 316

皮埃尔-西蒙·德·拉普拉斯 118, 119

皮埃尔·贝尔吉耶 270

皮埃尔·迪昂 引言, 228, 254

皮埃尔·伽桑狄 147, 148, 157

 世界的多重性 160

皮奥·帕斯基尼 085, 088, 095

皮耶罗·迪尼 039

平行宇宙 274

奇里洛·杰内雷利 121

启蒙运动 116, 289

启示经文/神圣经文 引言 019, 023, 107, 248. 请参阅"《圣经》""《古兰经》""《摩西五经》"

 批判审视 107, 135

 与量子物理 264

 字面阐释 149, 177

乔瓦尼·巴蒂斯塔·里乔利 149

乔瓦尼·巴蒂斯塔·蒙蒂尼 086, 088

乔瓦尼·钱波利 029

乔治·V.科因 096, 097

乔治·埃利斯 231, 273, 274

乔治·古斯多夫 093

权力斗争 引言

让-巴蒂斯特·拉马克 131—133

让·达朗伯 072, 073

让·格龙丹 259

让·吉东 269

让·斯陶那 276, 277

热拉尔·西格瓦尔特 250—253

热力学 265

人类基因组 268

人类起源 引言, 133, 139—141, 188, 192, 247, 312

人类学 108, 125, 140, 253

  原住民遗物追索 289, 291, 292, 295, 297, 298, 301, 302

人择推理 256

人择原理 254—257, 267, 272, 273

人种学 120

日内瓦共和国 020

日心说. 请参阅 "哥白尼, 伽利略"

若望·保禄二世 引言, 066, 094, 095, 097—099, 199, 226, 230, 234, 246

若望二十三世 087

撒切尔夫人 234, 235

桑尼·贝恩斯 276

沙特阿拉伯 317

上帝 引言, 120, 249, 256

  复仇 289

诠释 002, 281

万能 引言, 014, 029, 052, 147, 163

无用的假设 118

与科学 引言, 100, 266

与自然神学 110

作为 283

社会学 253

神迹 103, 108, 124, 130, 135—137, 156, 219, 249, 255, 258, 272, 273

  圣餐变体说 156

神经生物学 260

神经学 249, 253

神人同形同性论 257

神学

  与科学 101, 109, 248

  与历史学 137

  与原子论 158

  与哲学 003, 005, 006, 008, 010, 011, 015, 024—026, 102

神学家 002, 156, 160, 161, 163

神学与自然科学研究中心 231

生理学 171, 172, 223, 262

生物化学 315, 316

生物技术 316

生物学 引言, 004, 107, 202, 243, 315

圣奥古斯丁 024, 281

圣餐变体说 156, 159

圣母玛利亚（贞洁）162

圣廷大人. 请参阅"教廷圣职部"

史蒂芬·霍金 266

史密森学会 297

史密斯&富兰克林学术出版公司 232

史前史 125, 193, 197, 292

首生教会 307

输血 307

数学 引言, 004, 013

思想自由 005, 014, 185

斯宾诺莎 116

斯大林主义 317

斯蒂芬·莱克森 305

斯蒂芬·斯诺伯伦 115

死者圣洁保护协会 290

苏格拉底 065, 069, 246, 247

索朗热·勒费布尔 252, 253, 257, 258, 260

塔里克·拉马丹 278

太平洋法律基金会 300

太阳黑子 021, 045, 060

太阳系 121

 日心说. 请参阅"哥白尼""伽利略"

 上帝的作用 114, 115, 121

 自然史（布封）166

泰勒斯 262

特蕾莎修女 271

特伦托会议 023, 035, 038, 186

特殊主义 289, 291, 312, 316, 317

天花 308

天文学 引言, 026, 163, 176, 317

 哥白尼的天文学 016, 022

 假说 016

 科学学科 020

世界的多重性 163

与宗教相冲突 003

天主教 引言 019, 021, 117, 280, 317.

请参阅"天主教会"

天主教会 引言, 006. 请参阅"宗教裁判所"

《圣经》的字面诠释 149

惩治伽利略 066

反现代主义危机 006

亚里士多德 007, 010

突尼斯 244

土星 045

托勒密（体系）047, 050, 076, 317

托马·勒叙厄尔 164

托马斯·阿奎纳 010, 157, 281

托马斯·狄克逊 239

托马斯·库恩 293

托马索·卡奇尼 033, 035, 036

托马索·坎帕内拉 015

万有引力定律 106, 114, 115, 121, 129, 164

威廉·德勒姆 111

威廉·劳伦斯 172

威廉·佩利 111, 130

威廉·休厄尔 002, 127

唯物主义 134, 136

查禁 169—171

温琴佐·伽利略 047

温琴佐·马库拉尼 058—060

温琴佐·维维亚尼 064, 077

文献学 135, 136, 172

沃森 316

乌尔班八世 029, 045, 046, 052, 056, 069, 077, 088, 146, 153

乌马蒂拉部落 295, 297

无神论 引言, 109, 112, 117, 133, 136, 279

物理学 引言, 010

被用于玄秘神学 263

量子物理 引言, 002, 262, 267

永生物理 256, 272

与宗教相冲突 003, 102, 155, 159

物种变化论 188

西尔韦斯特罗·盖拉尔迪 083, 084

西塞罗 060

希格斯玻色子 266, 269

狭义相对论 244

现代主义（危机）006

相对主义 233

心理学 253

辛普利休斯 056

新纪元运动 引言 002, 232, 265, 266

新教 引言, 014, 015, 020, 130, 163

    禁书 038, 171

新浪漫主义 289

信仰

    与理性 003

信仰会 307

信仰之堂 307, 308

信仰主义 引言 019

虚空 引言 014, 155

叙利亚新教学院 引言, 009, 185

学科划分制度 023, 025

学者．请参阅"科学家"

雅克·布歇·德·佩尔特斯 133, 134,
139

雅克·罗奥 102

雅克·莫诺 265

亚里士多德 引言, 004, 006—008,
010, 034, 041, 155, 320

    伽利略《对话》055, 056

    重新阐释 010

    自然哲学 003, 006, 010, 281

亚历山大·柯瓦雷 247

亚历山大·索尔仁尼琴 271

亚瑟·叔本华 引言 021

言论自由 005, 075

研究语境 105

耶和华见证会 305, 310

耶稣 135

耶稣会士 引言 017, 026, 046, 047,
070, 072, 086, 088, 095, 096,
104, 147, 149, 156, 183, 191

    教授原子论 157

一神论 002, 113, 232

伊本·路世德 004

伊恩·巴伯 231, 238

伊戈尔·博加诺夫 269

伊拉斯谟·达尔文 171

伊利亚·普里果金 257, 265

伊曼纽尔·康德 004—006, 284, 286

    思想自由 005

伊莎贝尔·斯唐热 265

伊斯兰教 233, 240, 247, 277

伊斯兰研究中心 232

伊斯梅尔·布利奥 146, 148

医学 289, 310

    传统医学 引言 020, 309

    拒绝科学 305, 320

以色列 289, 290, 294

以太 262

异端 020, 027

    程度 031, 032

    公开放弃 032

    世界的多重性 160

    异端言论 008, 031

异教徒 014, 032, 038, 064

意大利猞猁之眼国家科学院 029, 046, 101

印度教 264

英国 111, 113, 234, 278, 307

英国国教 102, 103, 112, 113, 127, 161, 172, 237, 279, 283

    掌控教育 172

英国基督徒科学家同盟 231

英国科学促进协会 102, 103, 113, 212, 218, 220, 237

英诺森三世 030

犹太教 引言 010, 002, 205, 247, 290, 294

宇宙学 引言 010, 080, 107, 202, 222, 263, 280

    哥白尼的宇宙学说. 请参阅"哥白尼体系"

    基督教宇宙论 003

基要主义 141, 186, 202, 233, 236 242, 243, 244, 248, 309, 313

原住民 引言 020, 289

传统医学 309

遗物追索 290, 294, 295, 297, 304

约翰·D.巴罗 255, 267, 272, 278, 280

约翰·波尔金霍恩 231, 237, 278, 280

约翰·邓普顿 引言 003, 235. 请参阅"邓普顿基金会"

约翰·赫德利·布鲁克 引言, 239, 280

约翰·亨利·纽曼 103, 104, 117, 221, 248

约翰·霍根 238, 257

约翰·雷 111

约翰·托马斯·斯科普斯 255

约翰·威尔金斯 161, 162

约翰·威廉·德雷珀 202, 239

约翰·伍德沃德 120, 122

约翰·雅各布·朔伊赫策 122

约翰内斯·开普勒 015, 017, 026, 076, 106, 141

《圣经》阐释 017, 018

神学与天文学的分离 042

神学自律 019

作品被禁 037, 081

约瑟夫·热罗姆·勒弗朗索瓦·德·拉朗德 079, 165, 170

约书亚 071, 165

造物主. 请参阅"上帝"

"生命之气" 316

作用 引言 019, 114, 140, 267

詹姆斯·布拉得雷 076

詹姆斯·查特斯 296

詹姆斯·赫顿 124

詹姆斯·克拉克·麦克斯韦 106

哲学 引言 002

独立自主 004, 005, 015

实验哲学 115

实证主义 136

唯物主义 134, 169

与神学 003, 005, 006, 008, 010, 011, 015, 024—026, 102

郑春顺 269, 276

芝加哥大学出版社 240

植物学 120

智慧设计论 引言 006, 114, 268

中世纪 003, 016

学科划分制度 023
终极神甫会 307
朱利安·布朗 268
朱利安·德梅迪奇 040
朱利安·约瑟夫·维雷 132
朱塞佩·塞泰莱 080
逐出教会 007, 008, 031, 038, 074, 180
主体间性 317, 319
自然常数的精密微调．请参阅"人择原理"
自然历史学 引言, 125, 126, 222, 226
　　　动物的自然史 131
　　　人类的自然史 131
　　　自然史假说（布封）165
　　　宗教的自然史 135
自然神学 引言, 110, 111—117, 127, 214, 224, 256
　　　回归 270, 279, 281, 286
自然选择 125, 126, 130, 131, 139, 192
宗教．请参阅"科学与宗教的对话"
　　　定义 引言 008, 253

　　　与科学 001, 004, 005, 007, 011, 016, 018, 104, 174, 249
　　　主观性 319
宗教裁判所 引言, 008, 027．请参阅"教廷圣职部"
　　　《可悲矣》（法令）178
　　　惩治伽利略 引言, 011, 036, 061, 062
　　　创立 013, 030
　　　审理程序 030—032, 059
　　　与原子论 158
宗教改革 引言 009, 008, 014, 030
宗教团体．请参阅"基要主义"
　　　拒绝科学 308
　　　科学与宗教的对话 230
　　　同盟 233
　　　影响 289
　　　与科学研究 020
宗座科学院 085—087, 094, 097, 197, 198
宗座文化委员会 095
佐阿 089